流动人口发展报告

湖北省卫生计生委　编

2014—2017

REPORT ON HUBEI'S MIGRANT POPULATION DEVELOPMENT

武汉大学出版社

图书在版编目(CIP)数据

湖北流动人口发展报告.2014－2017/湖北省卫生计生委编.—武汉：武汉大学出版社,2018.5
ISBN 978-7-307-20098-2

Ⅰ.湖… Ⅱ.湖… Ⅲ.流动人口—研究报告—湖北 —2014－2017 Ⅳ.C924.256.3

中国版本图书馆 CIP 数据核字(2018)第 053666 号

责任编辑:郭　静　　　责任校对:李孟潇　　　版式设计:马　佳

出版发行：**武汉大学出版社**　　(430072　武昌　珞珈山)
　　　　　　(电子邮件：cbs22@whu.edu.cn　网址：www.wdp.com.cn)
印刷：虎彩印艺股份有限公司
开本:720×1000　1/16　　印张:22.5　　字数:311 千字　　插页:3
版次:2018 年 5 月第 1 版　　2018 年 5 月第 1 次印刷
ISBN 978-7-307-20098-2　　　　定价:68.00 元

版权所有，不得翻印；凡购我社的图书，如有质量问题，请与当地图书销售部门联系调换。

湖北流动人口发展报告编委会

主　编：朱惠民　姚锡武
副主编：郑正春　石智雷
编　委：孙光文　田艳平　赵颖智　岳志明
　　　　王　凡　李波平
课题组成员：
曹立斌　徐　玮　朱明宝　彭　慧　张　勇
施　念　李　楠　刘康妮　杨雨萱　吴为玲
吕　琼　王　佳　高　晴　江婷婷　房士运
吴岚倩　徐旌皓　杜　婷

湖北流动人口发展报告
编委会

主　编：朱惠民　姚锡武
副主编：郑正春　石智雷
编　委：孙光文　田艳平　赵颖智　岳志明
　　　　王　凡　李波平
课题组成员：
曹立斌　徐　玮　朱明宝　彭　慧　张　勇
施　念　李　楠　刘康妮　杨雨萱　吴为玲
吕　琼　王　佳　高　晴　江婷婷　房士运
吴岚倩　徐旌皓　杜　婷

前　　言

　　频繁的人口流动迁移，是当前中国最为显著的社会现象之一，也成为影响社会经济发展和人们生产生活的重要因素。准确把握人口流动迁移的特点、趋势和规律，对促进流动人口服务管理和经济社会发展有着重要的现实意义。我省是人口流出大省，也有大量的外省流入人口在我省务工就业。截至2016年年底，我省有常住人口5885万人，净流出人口487.6万人，占户籍人口的9.48%。近年来，我省人口流动呈现出一些新的变化：一是外省流入人口的规模和比重逐年上升。跨省流动人口的比重从2012年的23.4%上升到2017年的28%。二是产业转移背景下湖北省流出劳动力回流特征明显，并在2013年形成拐点。从2011年到2013年，省内跨市的流动人口占比一直呈现上升趋势，在2013年形成拐点，开始转为下降。三是流入湖北的人口主要集中于基础服务业就业，高端服务业就业比重在2014年后上升明显。四是流入湖北的人口呈现家庭化迁移态势，3人及以上迁移占比一半以上。

　　大规模的人口流动为我国经济腾飞提供了丰富的劳动力，同时也给政府公共服务和管理带来了严峻的挑战。对流动人口生存发展状况的研究，成为一项重要课题。国家卫生计生委连续8年开展了流动人口动态监测工作，湖北省卫生计生委积极参与其中，逐步建立健全了人员培训、入户调查、质量控制、数据开发利用工作机制，流动人口动态监测数据质量逐年提高。为充分开发流动人口动态监测数据，省卫生计生委专门成立以委领导为组长的动态监测课题组，并整合各方资源，借助中南财经政法大学等多个专业机构的智力支持,组织相关专家参与数据分析和政策研究,利用流动人口动态监测数据分析,形成相关研究报告,及时上报国家卫生计生委及省委、省政府,得到了省委、省政府领导的高度重视。相关研究成果和报告获得省政府《决策与调研》的采用,分管副省长还亲自作出批示,为领导科学决策提供了依据。在国家卫生计生委组织的流动人口动态监测数据分析报告评审中,我省多篇研究报告获得优秀奖。

为充分发挥流动人口动态监测研究报告的决策参考作用,现将2014年以来的湖北省流动人口动态监测报告结集出版,希望对统筹解决流动人口问题有所帮助。

编者

2018年1月

目 录

一、主报告 …………………………………………………………… 1

报告一
2014 年湖北流动人口发展报告 …………………………………… 3

报告二
2015 年湖北流动人口发展报告 ………………………………… 18

报告三
2016 年湖北流动人口发展报告 ………………………………… 35

报告四
2017 年湖北流动人口发展报告 ………………………………… 49

二、人口流动迁移与城镇化专题 …………………………………… 65

报告一
湖北省农业转移人口基本特征及变动趋势 …………………… 67

报告二
人口流动的健康选择效应研究 ………………………………… 74

报告三
人口流动与湖北省人口红利分析 ……………………………… 83

报告四
人口流动背景下湖北小城镇化建设的现状、问题与路径选择 …… 94

报告五
　　人口流动与宜昌市现代化特大城市建设……………………………106

三、流动人口城市生计与社会融合专题……………………………113

报告一
　　产业转移背景下湖北省流动人口就业变动……………………………115

报告二
　　新生代农业转移人口就业现状与存在的问题…………………………126

报告三
　　流动人口失业特征及其生存困境分析…………………………………138

报告四
　　二孩政策与女性流动人口就业变化分析………………………………147

报告五
　　家庭化流动人口的城市融入分析………………………………………155

报告六
　　重启社区的力量：流动人口的社会融合与健康促进…………………163

四、流动人口基本公共服务专题……………………………………………175

报告一
　　流动人口参加社会保险的现状及原因…………………………………177

报告二
　　流动人口公共卫生服务均等化现状……………………………………186

报告三
　　农业转移人口的基本公共服务状况及对市民化的影响………………193

报告四
　　农业转移人口的长期保障状况分析……………………………………207

报告五
　　城市化进程中的社会保护不平等………………………………………215

五、流动人口家庭发展与生育专题 …… 231

报告一
符合单独二孩政策流动人口的生育意愿分析 …… 233

报告二
湖北各地市流动人口计划生育免费服务项目评估 …… 240

报告三
流动人口离婚率特征及其原因 …… 254

报告四
流动人口婚姻稳定性研究 …… 265

六、流动人口卫生计生服务管理专题 …… 277

报告一
湖北流动人口健康素养现状 …… 279

报告二
湖北各地市流动人口健康教育状况评估 …… 290

报告三
农业转移人口基本医疗保险异地对接研究 …… 308

报告四
无缝隙政府理论视角下流动人口计划生育服务与管理 …… 318

报告五
推动户籍制度改革，提升流动人口管理效率 …… 326

报告六
基于移动互联网络实现流动人口管理模式创新 …… 331

报告七
流动人口计划生育协会组织建设研究 …… 341

一、主报告

报告一

2014年湖北流动人口发展报告

加快农业转移人口城市融入推动新型城镇化建设

随着工业化的快速发展和城市化水平的不断提高,越来越多的农业转移人口离开土地,从农村转移到城市,成为城市建设和工业发展的主力军,但受诸多因素的限制和影响,大量为城市建设和工业发展做出巨大贡献的农业转移人口被挡在了城市大门之外。推进农业转移人口市民化,不仅关乎我国城镇化和现代化的未来,更是实现公平正义和维护社会稳定的需要。

本报告将在2014年湖北省流动人口动态监测调查数据的基础上,结合原国家计生委2010—2013年流动人口动态监测数据及相关资料,以新型城镇化建设为背景综合分析湖北省农业转移人口①的基本情况和结构变动,探讨农业转移人口在城市融入过程中存在的主要问题,在此基础上为推动湖北省农业转移人口的管理服务提出相关政策建议。

2014年流动人口动态监测调查采用分层、多阶段、与规模成比例的PPS抽样方法。抽样范围覆盖武汉市、黄石市、十堰市、宜昌市、襄阳市、鄂州市、荆门市、孝感市、荆州市、黄冈市、咸宁市、随州

---

① 在本报告中提到的农业转移人口,指由农业转移到当地及外地的非农产业,包含农业和非农兼业、农村和城镇之间来回流动的农业人口。

市、恩施州、潜江市、神农架林区等 15 个市州的居委会/行政村，对跨县（市、区）及以上行政区域流动、且在流入地居住达一个月的人群中年龄为 15~59 周岁的人口进行访谈，回收 5998 份有效问卷。调查数据中，男性占 59.3%；跨省流动占 24.8%；25~34 周岁的占 41.2%；未婚的占 11.7%；从受教育程度来看，小学及以下文化占 8%，初中文化占 58%，高中文化占 23.7%，大专及以上文化占 10.3%。作为对比分析的数据还有湖北省 2011 年、2012 年和 2013 年流动人口动态监测数据，各有样本 6000 份。本报告的研究对象不仅包括户籍地在省内或者省外，目前在湖北省内城市就业的农业转移人口，界定为流入湖北省内的农业转移人口，还包括户籍地在湖北省，目前流出到省外就业的农业转移人口，界定为跨省流出农业转移人口。

一、湖北省农业转移人口的结构变动

（一）产业转移背景下湖北省流出劳动力回流特征明显，于 2013 年形成拐点。

近些年，跨省流入湖北省内的农业转移人口所占比重基本稳定，保持在 24% 左右。从 2000 年到 2013 年，省内跨市的农业转移人口所占比重一直呈现上升趋势，在 2013 年形成拐点，开始转为下降。2014 年，市内跨县农业转移人口首度超过省内跨市，比重上升到 39.2%，成为湖北省农业转移人口最主要的流动方式（见图 1）。市内跨县农业转移人口比重的增加，是湖北省流到省外的农业转移人口返回到家乡就业的结果，有利于推动湖北省产业化和就近城镇化的发展。

（二）跨省流入湖北省的农业转移人口主要来自中部地区省份，跨省流出农业转移人口主要集中地从珠三角转向长三角（见图 2）。

自 2010 年以来，跨省流入的农业转移人口主要来源地是中部地区省份。根据 2014 年湖北省流动人口动态监测数据，跨省流入的农业转

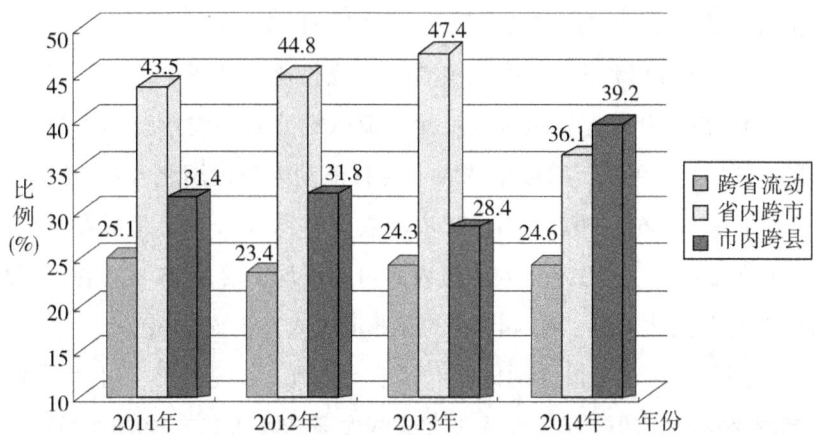

图 1　2011—2014 年湖北省农业转移流动人口流动范围

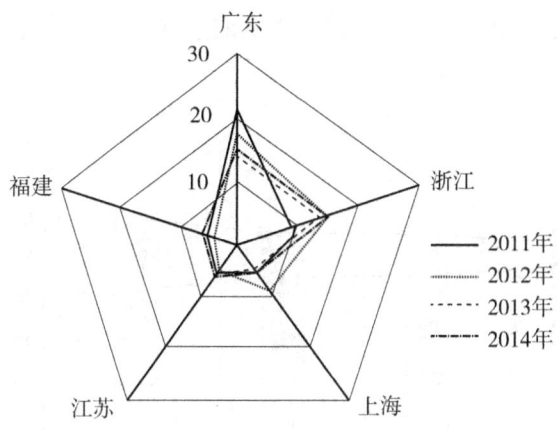

图 2　2011—2014 年湖北省农业转移人口主要流出省份变动

移人口有 24.2%来自河南省,16.2%来自重庆市,其次是湖南、江西和安徽,并且在近五年都基本保持稳定①。

湖北省跨省流出的农业转移人口主要流入地从珠三角向长三角转变。流入广东的农业转移人口比例逐年下降,从 2011 年的 20.8%,下

---

①　根据湖北省全员库数据分析结果和动态监测数据分析结果基本一致。

降到2014年的14.5%。而流入浙江省的湖北省农业转移人口比例在逐年上升,从2011年的9.7%上升到2014年的15.2%。

(三)农业转移人口呈年轻化趋势,女性流动性下降。

根据2014年动态监测数据显示,流入湖北省的农业转移人口平均年龄为34岁,在该年龄以上的农业转移流动人口占湖北省农业总流入人口的比重为46%,其中40~49岁的农业转移人口占湖北省农业总流入人口的25%。而2013年农业流入人口的平均年龄为35岁,在此平均值以上的占比达48%,40~49岁的农业流入人口占比达30%。

在湖北省流动人口性别构成上,不管是流入还是流出,男性人数占比都越来越高。2014年,流入湖北省的农业转移人口有59.8%为男性,女性仅为40.2%。2013年农业流入人口的男女比例分别为54.2%和45.8%。与此同时,2014年流出的农业转移人口中有59.2%为男性,40.8%为女性。2013年,流出湖北省的农业转移人口男性占比55.7%,女性占比44.3%(见图3)。

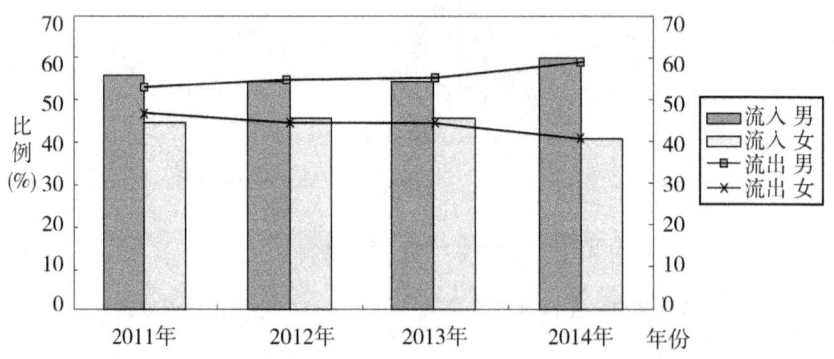

图3 2011—2014年湖北省流入与流出农业转移人口性别比变动

(四)农业转移人口逐渐由单个劳动力流动向家庭化流动转变。

农业转移人口逐步从原来一人独自流动的模式,逐步转变为家庭化的流动模式,夫妻两人甚至举家同时转移流动。2014年流动人口动态监测数据显示,流入湖北省的农业转移人口中夫妻一同流动的占85.3%。

此外，子女随父母流动现象普遍，有子女的农业转移流入人口至少携带1个孩子一同流动的占湖北省农业转移流入总人口的25%，其中带2个孩子一同流动的占带子女流动家庭数量的93.6%。在农业人口家庭化迁移中，3人共同流动的比例最高，为48.3%；4人共同流动的占比26.8%（见图4）。

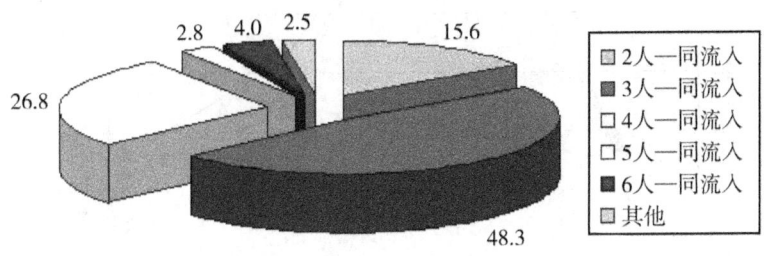

图4　2014年湖北省农业转移流入人口家庭化迁移状况

（五）湖北省流入人口"人力资本"整体有所提升。

从受教育程度看，2014年流入湖北省的农业转移人口仍以初中学历为主，但这一比例呈下降趋势，而高中及以上学历农业转移人口比重逐年增加。2011年初中学历的农业转移流动人口占比为67.8%，2014年下降为62.3%。2014年高中学历的农业转移人口达22.6%，明显高于2013年的15.7%和2012年的13.3%。2014年大专及以上学历的农业转移人口占比6.5%，而2012年这一比例仅为3.1%。因此，流入省内的农业转移人口的"人力资本"整体呈上升趋势（见图5）。

二、湖北省农业转移人口在城市发展状况

通过对市民化程度进行频数分布的正态拟合检验，农业转移人口市民化呈现标准的正态分布，市民化进程态势良好。武汉市农业转移人口

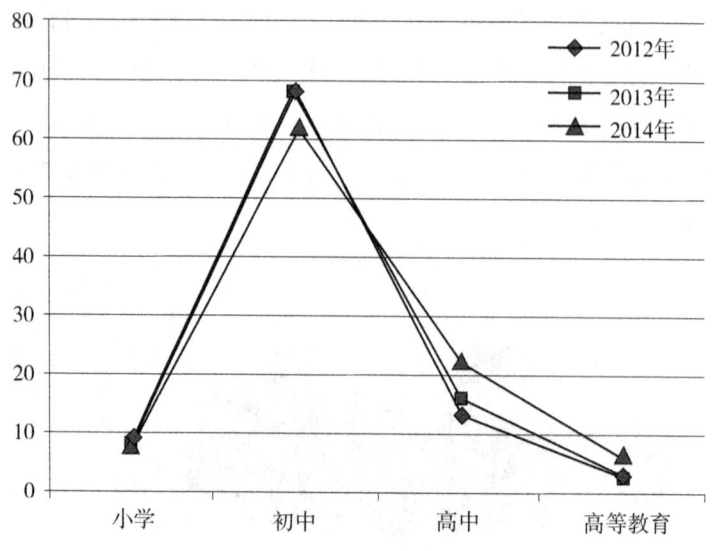

图5　2012—2014年湖北省农业转移人口教育状况

已经处于中等市民化阶段。整个农业转移人口群体的市民化水平达到了73.05%，其中有78.8%的农业转移人口市民化程度超过了60%，处于中等市民化阶段。中小城市的农业转移人口市民化程度则明显低于大城市。

（一）农业转移人口在城消费以生存型消费为主。

据2014年监测数据显示，农业转移流入人口家庭在本地平均月总收入为5676.28元，平均月总支出为3078.84元。其中每月食品支出1338.66元，房租支出727.90元，分别占月总支出的43.5%和23.6%，两项合计支出占总支出的67.1%，而2013年两者比重分别为39.6%和25.4%，两项合计支出占总支出的65%。可以看出房租支出和食品支出在农业转移流入人口消费中占据很大的比重，且呈上升趋势。可以看出农业转移流入人口的消费依旧停留在对生活必需品的满足层次，而用于娱乐、发展性消费等其他方面的支出比例不高，这种维系生存的消费方式不利于农业转移人口适应城市生活。

（二）流入省内的农业转移人口就业行业主要集中在基础服务业，

但比重有所下降。

湖北省内农业转移人口的行业分布特征为，省内农业转移人口主要从事基础服务业，但近些年比重在逐渐下降，劳动力分流到高端服务业和制造业。根据2014年动态监测数据，湖北省流入人口就业行业主要分布在第三产业，其中有53.4%从事基础服务业①，4.5%从事高端服务业②；而2012年湖北省内的农业转移人口有56.7%从事基础服务业，1.4%从事高端服务业。从事制造业的农业转移人口的比重从2012年的17%逐渐上升到18.2%（见图6）。

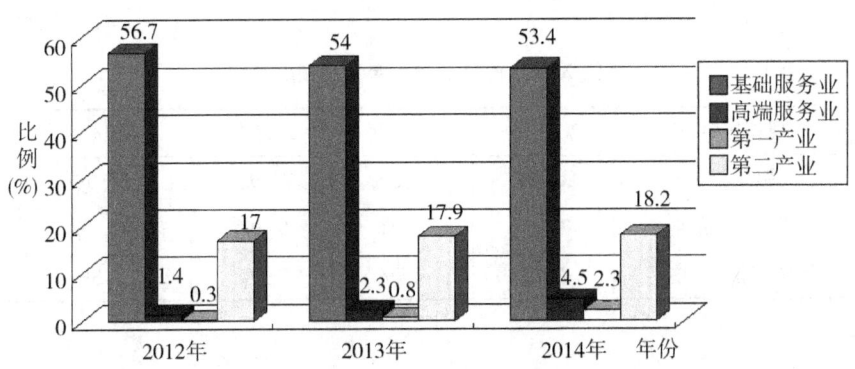

图6 2012—2014年湖北省农业转移流动人口行业主要行业分布

（三）农业转移人口平均恩格尔系数呈现上升趋势。

流入湖北省内农业转移人口的恩格尔系数呈现上升趋势，2011年农业转移人口的平均恩格尔系数为0.426，2013年上升为0.428，2014年又进一步上升到0.473。与此同时，农业转移人口在本地的家庭月收入呈上升趋势，但是幅度不大。2014年，农业流入人口在本地的家庭月总收入均值为5734.84元，相对于2013年增加了274.32元。在住房

---

① 基础服务业包括：批发零售、住宿餐饮、交通运输、仓储通信。
② 高端服务业包括：金融保险房地产、信息传输、软件和信息技术服务、文体娱乐、公共管理、社会保障和社会组织、科研和技术服务以及教育。（下同）

方面，2014年流入湖北省农业转移人口仍以租住私房为主，其中月房租1000元以上的农业转移人口比重达19.1%，高于2013年的14.3%以及2012年的9.4%。

（四）农业转移人口在城市购买商品房的比重逐年增加。

从表1可以看出，2014年流入湖北的农业转移人口现住房以租住私房为主，其次是已购商品房和租住单位或雇主房，且租住私房比例逐年下降，而自购商品房/自建房的比例逐年上升，从有房率和住房质量两方面可以看出湖北省流入人口房屋购买能力有所升高，其住房环境正逐步改善。

表1　　　　　　　　流入农业转移人口住房性质频率表

现住房性质	2011年	2012年	2013年	2014年
租住私房	80.6%	77.5%	73.9%	70.9%
已购商品房	7.0%	7.5%	9.3%	14.3%
租住单位/雇主房	7.5%	4.7%	7.0%	5.5%

（五）农业转移人口社会保障覆盖面在逐步扩大，但比重依然较低。

据2014年监测数据显示，农业转移流入人口在户籍地的新农保覆盖率较高，达62.3%，较2013年监测数据显示的农村养老保险覆盖率（25.3%）有很大幅度的提升，其他各类社会保障的参与率则较低。农业转移流入人口在本地享有的社会保障类型按参与率排名依次为城镇居民养老保险（6.9%）、城镇职工养老保险（6.4%）、失业保险（3.7%）、住房公积金（1.5%），而2013年湖北省流入人口这几项社会保障类型的参与率排名为城镇养老保险（7.9%）、失业保险（3.9%）、住房公积金（0.8%）。对比这两年的数据可以发现，农业转移流入人口在本地各类社会保障参与率有所提升，但总体上仍处于较低的水平。

（六）新农合依然是农业转移人口医疗卫生服务的主要保障。

一方面，流入农业转移人口在本地的医疗保险覆盖率普遍偏低。根据 2014 年监测数据，湖北省流入农业转移人口在户籍地的新农合覆盖率较高，达 78.8%，但其在本地的各类医疗保险参与率均不高，他们在本地享有的医疗保险类型按参与率排名依次为城镇居民基本医疗保险（6.9%）、城镇职工基本医疗保险（5.8%）、工伤保险（4.7%）、商业医疗保险（4.4%）、城乡居民合作医疗（0.8%）；另一方面，新农合是农业转移流入人口住院费报销的主要途径。在患病后住院治疗的流入农业转移人口中，39.2% 的人没有报销，43.4% 的人的报销途径是新农合出院减免，10.4% 的人在新农合办公室报销。总体来说，农业转移人口的医疗卫生服务主要依靠户籍地的新农合政策来保障。

三、湖北省农业转移人口城市融入过程中面临的主要问题

本部分主要分析湖北省内各城市中农业转移人口的城市适应和城市融入过程中面临的问题。

（一）农业转移人口医疗卫生支出占家庭月总支出比重总体较高，抗风险能力不足。

由 2014 年流动人口动态监测调查数据可知，随着湖北省农业转移人口的自费医疗家庭月均支出比①水平的上升，其比重也是上升的，自费医疗家庭月均支出比在 50% 水平以下的，湖北省农业转移人口占比在 20% 左右；自费医疗家庭月均支出比为 50%~100% 水平间的，湖北省农业转移人口占比在 23% 左右；自费医疗家庭月均支出比在 100% 水平以上的，湖北省农业转移人口占比超过 52%（见图 7）。农业转移人口医疗卫生支

---

① 自费医疗家庭月均支出比，即最近一次住院自费部分医疗支出占家庭平均月总支出比重。

出占家庭月总支出比重总体过高，农业转移人口在城市生计风险大。

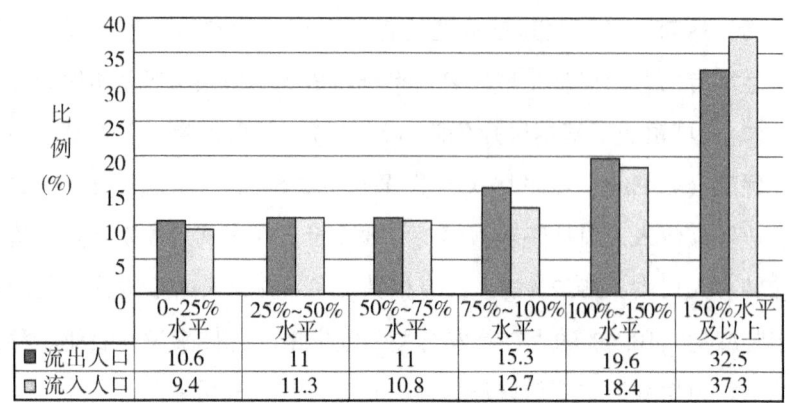

图7　湖北省农业转移人口的自费医疗家庭月均支出比分布状况

（二）农业转移人口劳动合同签约率低，就业稳定性差。

根据2013年湖北省流动人口动态监测数据显示，当地居民的就业稳定性明显高于农业转移人口（见图8）。农业转移人口就业区域稳定率①在0~0.3、0.3~0.7的人数比例分别为45.7%和29.0%，而在0.7~1.0的比例为25.3%，显然就业区域相对稳定的转移人口比例较低。统计结果还表明，就业职业稳定率在0.5~1.0的农业转移人口数量比例为65.9%，高于职业稳定率在0~0.5的相应比例31.8个百分点。从签订劳动合同情况来看，未签订合同的占49.4%，接近一半。总体来看，我国农业转移人口就业稳定性差，劳动合同签约率低。

（三）城市生活的高成本使农业转移人口对自身人力资本投资不足。

以武汉市为例，农业转移人口人均家庭月收入为6002元，人均家

---

① 本报告中就业稳定性用就业区域稳定率和就业职业稳定率两个指标反映。就业区域稳定率是农业转移人口在本地就业时间和外出务工时间的比值；就业职业稳定率是农业转移人口从事当前工作的时间和外出务工时间的比值。

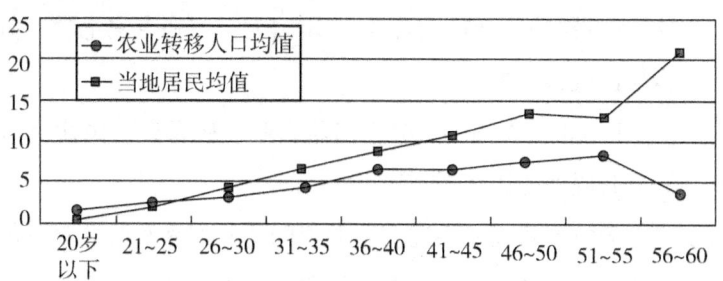

图 8　农业转移人口与当地居民就业稳定性对比图

注：图中横轴为受访者年龄，纵轴为就业稳定性系数。

庭月支出3172.3元，支出占家庭总收入一半以上。较高的生活成本使农业转移人口极少有闲暇资金用于开拓当地的社交网络，因此，农业转移人口的社会网络依旧处于血缘、亲缘、地缘阶段，与本地人有较大的社会隔离；经医生诊断需要住院而未住院的农业转移人口中，有超过30%的是由于经济困难未住院，有超过20%的是因工作没有时间而未住院。同时较高的生活压力也使农业转移人口没有多余精力去参加政府提供的职业培训，最近三年农业转移人口参加政府免费培训的比率仅为16.5%，没有参加培训使农业转移人口的职业能力无法得到提高，因此工作稳定性无法得到保障，进而会影响其收入，这是导致农业转移人口无法实现职业上升的恶性循环。

（四）农业转移人口子女的学龄期不在学问题突出，面临着贫困代际传递和社会阶层固化的双重风险。

农业转移人口子女获得同等受教育机会是落实基本公共服务均等化的重要内容，也是农业转移人口在城市中实现向上流动的主要通道。但是目前湖北省内农业转移人口子女学龄期不在学问题严重。调查结果显示，湖北省农业转移人口随迁子女中，6~18岁的不在学率达到7%，其中6岁适龄随迁儿童的不在学率达到12.7%。在6~12岁的随迁子女中，有15.2%在上幼儿园。无论是随迁子女还是留守子女，第一个孩子的不在学率均低于第二、第三个孩子，多子女的流动人口家庭面临两难选择：孩子都带在流入地入学，经济压力大；留在老家上学，监护督促不足，容易造成孩子失学。

（五）中小城市发育尚不充分，满足农业转移人口市民化所需要的公共产品及公共服务能力较弱。

由于城市的发展建设尚不完善，城市的公共产品和公共服务仍是属于相对稀缺的资源。城市居民与农业转移人口因此处于一个相对竞争的位置，58.4%的当地居民认为农业转移人口对本地社会治安没有好处；52.3%的当地居民认为农业转移人口对本地的公共交通没有好处；53.5%的当地居民认为农业转移人口对本地居住环境没有好处；58.4%的当地居民认为农业转移人口对本地的社区卫生没有好处。以社会保险为例，除了城镇职工养老保险外，特大城市（8.0%）比其他规模城市高（大城市的7.2%和中小城市的3.9%）；大城市在失业保险、城镇居民养老保险、城镇居民医疗保险、工伤保险和生育保险的服务供给方面分别高于特大城市0.9%、0.4%、1.1%、1.8%和0.9%；而中小城市在城镇居民养老保险及城镇居民医疗保险等公共服务的供给方面又明显高于大城市和特大城市（见图9）。

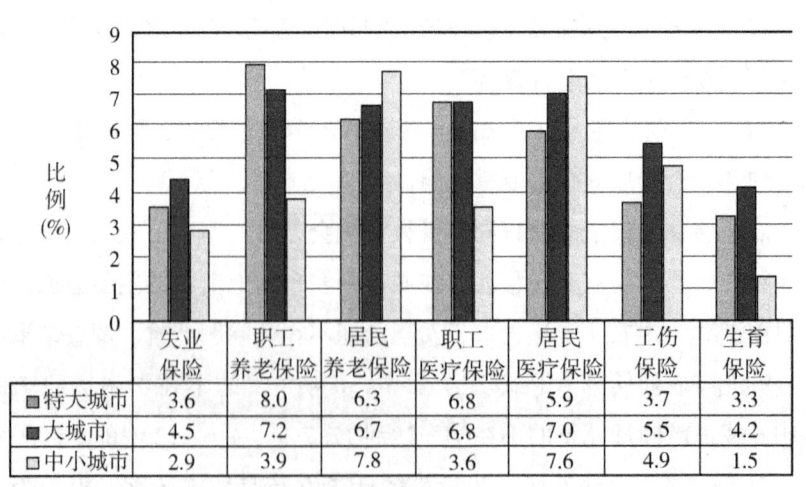

图9 湖北省流入农业转移人口在不同规模城市享有社会保险状况

四、关于促进农业转移人口融入城市的政策建议

（一）加快中小城市发展的步伐，促进农业转移人口更好地融入城市。

《国家新型城镇化规划（2014—2020年）》中明确提出了要加快中小城市的发展。在我国过去的城市化实践过程中，大城市以及城市群的发展对农业转移人口的市民化起到了关键作用，大城市的发展固然重要，但是并不能因此而忽略了中小城市。鉴于湖北省武汉市"一城独大"的特殊省情，在新型城镇化过程中，要注重中小城市特别是周边城市的发展，以武汉、宜昌和襄阳三大城市圈为基础，形成长江、汉江和清江经济带，充分发挥中小城市资源相对富足、环境相对优良的优势和特点，以其特有的政策吸引外来人口，为农业转移人口提供大量稳定的就业机会，使他们能够"留得住"并且"活得好"，真正实现城市融入。

（二）推进服务性政府建设，完善均等化的财政转移支付。

现代政府应把工作重心转移到为市场主体提供公共服务上来。首先应进一步明确中央政府与地方政府之间在提供义务教育、公共卫生、生态环境保护等方面的事权，根据各类公共服务的不同性质和特点承担不同的责任，地方政府在提供公共服务时应注意将外来农业转移人口考虑其中。中央政府的财政转移应采用纵向转移与横向转移相结合的模式，缩小不同区域之间、不同城市之间获取公共服务的差异，尤其要注意保障农业转移人口能够获得与城市居民平等公共服务的权利，可以设立专项转移支付标准，加强监督检查和绩效评估，将农业转移人口纳入财政转移支付的覆盖对象中。

（三）调整并完善居住证制度，保障农业转移人口的合法权益。

居住证制度要承担起人口登记管理和福利权益分配的双重功能，将

管理与服务相结合。首先,要以"低门槛申领,阶梯式赋权"为原则,降低居住证的申领条件,细化相关规定,建立居住证与户籍的制度衔接机制;其次,增加与居住证相适应的服务功能,特别注重保障流动人口子女教育、医疗保险和养老保险等公共服务或福利的权利。考虑到居住证申领者多为迁移人口这一特点,有必要开发居住证兼容信息存储和信息修改两大功能。在部分地方探索成熟的居住证的衔接办法后,逐次在地市级直至全省范围内建立统一的居住证制度,最终逐步用居民身份证取代居住证。

(四)强化用人单位的社会责任意识,提高农业转移人口的就业稳定性。

稳定的工作对于农业转移人口的城市融入起着至关重要的作用。作为用人单位,要设立专门的劳动保障监察部门,杜绝同工不同酬、拖欠和克扣工资、限制人身自由等侵犯农业转移人口合法权益的行为。此外,还应对新进职工进行集中培训,提高专业化和技能化水平。由于用人单位在传递信息、实施服务等方面扮演着十分重要的角色,它们还可以和政府联动,开展相应的基本公共服务,比如设立职工服务中心等。另外,农业转移人口流入城市之后,被迫与农村社会的各项资源与福利割裂,因此企业需要提供基本的社会保障,如企业职工养老保险、企业职工医疗保险、失业保险和生育保险,这样农业转移人口的稳定就业问题和基本生活问题才能得到有效保障。

(五)用信息化手段加强农业转移人口的监控和管理,整合基本信息。

从信息采集渠道方面来说,农业转移人口的管理要摒弃过去单一通过公安部门或社区采集信息的模式,融入民政局、劳动保障局、卫计委、教育局等多部门的基础信息,以信息为纽带建立人口信息管理系统,实现部门之间的数据库对接工程,使各类数据库定期或不定期进行数据信息的比对和交换,形成对未来人口的综合管理态势。从基本公共服务的供给上来说,农业转移人口流入城市加大了人口信息统计的难度,由于农业转移人口与常住人口在空间流动形式上的不同,因此需要开发一套不同于常住人口信息管理的模式。只有流动人口的个人信息被统计到相应数据库中,才能享受到基本公共服务。

(六)建立平等向上的流动通道,实现农业转移人口的"中国梦"。

就业是实现不同群体间流动的重要渠道。建立机会平等的向上流动通道,有助于人力资源的合理配置与优秀人才的健康成长,有助于社会的和谐稳定。政府、社会和企业都应该通过制度安排促进公平有序的社会流动,打破各种就业壁垒,畅通晋升渠道,努力营造一个有利于向上流动的社会环境和氛围。要让所有人都能够怀有一个"中国梦",即只要是中国公民,不论是农村人口还是城市居民,只要努力向上,每个人都有平等的机会和上升的空间,都可能凭借自身的才华和拼搏,改变命运。只有这样,才会对整个社会形成正向激励,农业转移人口才有可能真正的市民化,中国未来的可持续发展才有保障。

报告二

2015年湖北流动人口发展报告

促进农业转移人口有序市民化

农业转移人口市民化是我国新型城镇化建设的核心命题。党的十八大提出要有序推进农业转移人口市民化，党的十八届五中全会进一步提出了加快提高户籍人口城镇化率的目标。足见中央政府对农业转移人口市民化问题的重视，但是，如何实现农业转移人口市民化目前并没有清晰的政策路径。

本报告将在2015年湖北省流动人口动态监测调查数据的基础上，结合原国家计生委2010—2014年流动人口动态监测数据及相关资料，以新型城镇化建设为背景综合分析湖北省农业转移人口①的基本情况和结构变动，探讨农业转移人口在城市融入过程中存在的主要问题，在此基础上为推动湖北省农业转移人口的管理服务提出相关政策建议。

2015年流动人口动态监测调查采用分层、多阶段、与规模成比例的PPS抽样方法。抽样范围覆盖武汉市、黄石市、十堰市、宜昌市、襄阳市、鄂州市、荆门市、孝感市、荆州市、黄冈市、咸宁市、随州市、恩施州、潜江市、神农架林区等16个市州的居委会/行政村，对跨县（市、区）及以上行政区域流动且在流入地居住达一个月的人群中

---

① 在本报告中提到的农业转移人口，指由农业转移到当地及外地的非农产业，包含农业和非农兼业、农村和城镇之间来回流动的农业人口。

年龄为15~59周岁的人口进行访谈，回收6000份有效问卷。调查数据中，男性占50.9%；农业户籍占86.5%；跨省流动占25.2%，省内跨市流动占36.1%；25~34周岁的占41.2%；未婚的占11.7%；从受教育程度来看，小学及以下文化占9.4%，初中文化占54.2%，高中文化占26.0%，大专及以上文化占10.5%。作为对比分析的数据还有湖北省2011年、2012年、2013年和2014年流动人口动态监测数据，各有样本6000份。本报告研究对象不仅包括户籍地在省内或者省外，目前在湖北省内城市就业的农业转移人口，界定为流入湖北省内的农业转移人口，还包括户籍地在湖北省，目前流出到省外就业的农业转移人口，界定为跨省流出农业转移人口。

一、湖北省农业转移人口的结构变动

（一）产业转移背景下湖北省流出劳动力回流特征明显，并在2013年形成拐点。

近些年，跨省流入湖北省内的农业转移人口所占比重基本稳定，保持在24.0%左右。从2011年到2013年，省内跨市的农业转移人口所占比重一直呈现上升趋势，在2013年形成拐点，开始转为下降，2015年下降至25.9%。2014年，市内跨县农业转移人口首度超过省内跨市，比重上升到39.2%，成为湖北省农业转移人口最主要的流动方式，2015年这一趋势进一步加强（见图1）。市内跨县农业转移人口比重的增加，是湖北省流到省外的农业转移人口返回到家乡就业的结果，有利于推动湖北省产业化和就近城镇化的发展。

（二）湖北省对流动人口的用工模式呈现年轻化趋势，26~30岁流动人口比重增加。

由图2知，2015年，湖北省30岁以下流入人口比重更多些，表明流入人口呈现年轻化趋势。而31~45岁流入人口比重较2010年更少

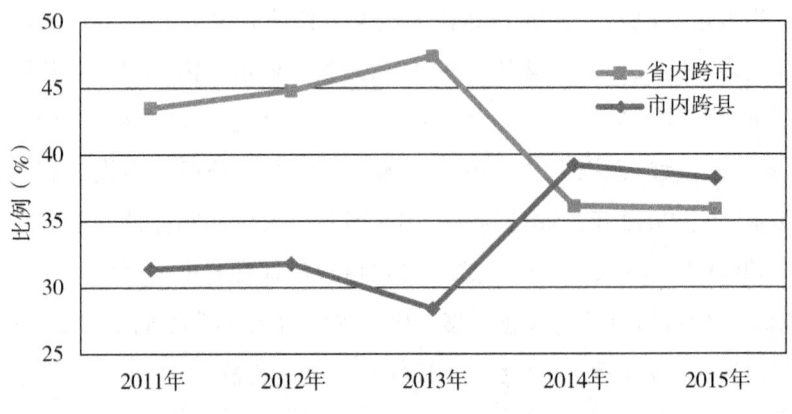

图1 2011—2015年湖北省农业转移人口流动范围

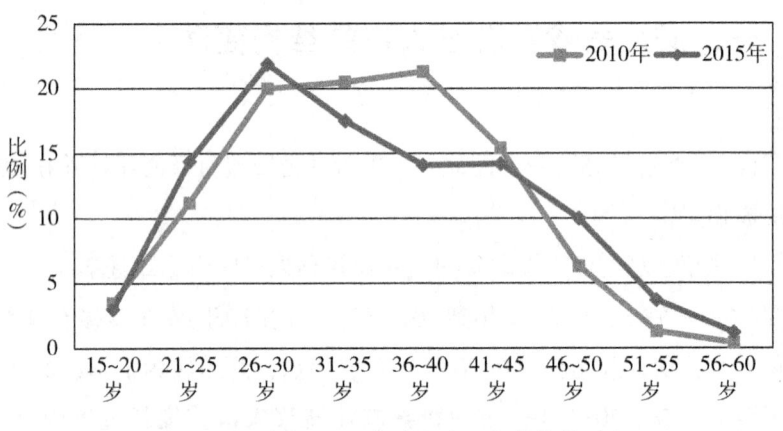

图2 2010年和2015年流入人口年龄结构对比

些。从2015年湖北省流入与流出人口对比来看,各年龄段流动人口所占比重基本一致,这说明近几年来,湖北省的人口流动结构趋于平衡,并从人力流失向人口红利转变。

(三)特大城市农业转移人口以省内跨市流动为主,中小城市则以市内跨县为主。

2015年,湖北省不同城市规模农业转移人口的流动范围差异较大。

其中，武汉市60.5%的农业转移人口是省内跨市流动，仅有13.3%是市内跨县流动。而对于非武汉市的一些中小城市而言，市内跨县是其最主要的流动方式（见图3）。同时，我们也看到，省内跨市和市内跨县流动的比重越来越高，说明湖北省就地城镇化的条件已基本具备，正逐步进入"中小城市"加速发展阶段。

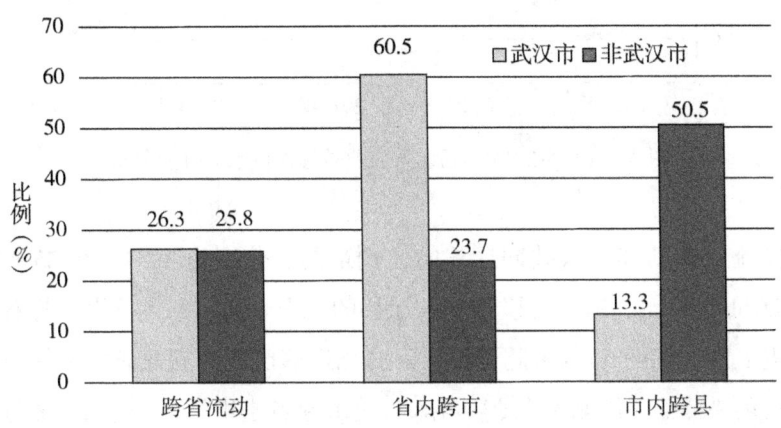

图3 2015年武汉市与非武汉市农业转移人口的流动范围

（四）农业转移人口的就业主要聚集于基础服务业，高端服务业就业比重上升明显。

根据2011—2015年动态监测数据，湖北省农业转移人口就业行业主要分布在第三产业，约70%流入人口就业于服务业，其中又以基础服务业为主，占到50%以上。2014年，高端服务业就业的农业转移人口较2013年增加了近10个百分点，2015年依然保持着较高的比重。相比较而言，第二产业就业人数却在2015年有所减少（见图4）。部分农业转移人口主要从基础服务业和第二产业分流到高端服务业。

（五）农业转移人口继续保持家庭化迁移态势，3人及以上迁移比重上升。

2015年流动人口动态监测数据显示，在家庭化迁移的人口中，3人

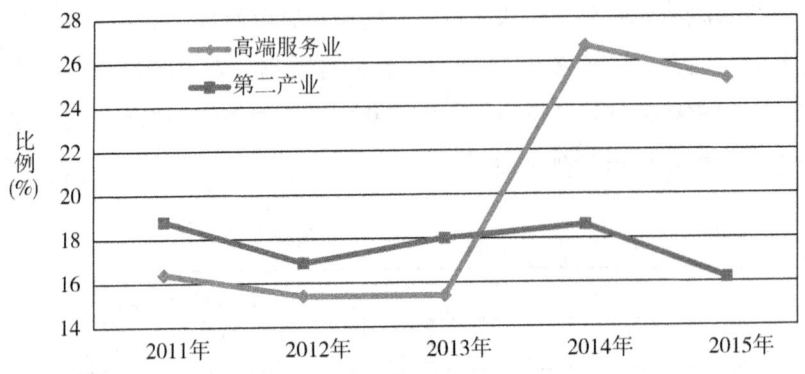

图 4　2011—2015 年湖北省农业转移人口就业行业分布

共同流迁移动和 4 人共同迁移的比例最高,分别为 49.1% 和 25.6%。与 2011 年相比,单独迁移和 2 人迁移的比重下降,3 人及以上迁移的比重上升(如图 5)。由此可见,家庭化迁移已成为湖北省农业转移人口的重要特征。湖北省农业转移人口越来越多地和配偶、子女等家庭成员一起流入或逐步流入,即从非家庭化迁移、半家庭化迁移向家庭化迁移方式转变。

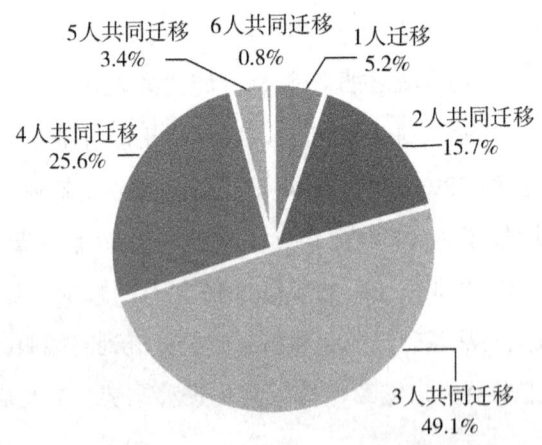

图 5　2015 年湖北省农业转移人口家庭化迁移模式分布

（六）湖北省流动人口的人力资本整体呈上升趋势。

从受教育程度看，2011年到2015年，湖北省流入人口学历以初中学历为主，超过50%，高中学历者保持在20%左右，高等学历者比重较低。从流动人口的年际变化来看，2015年，流动口的人力资本较2011年均有了较大幅度提高，其中高等学历流动人口比重的增加十分值得关注，其中流入人口增加了4.1个百分点（见图6），流出人口增加了5个百分点。流入省流入和流出人口的人力资本均呈现上升趋势，但流出人口的整体受教育程度更高些。

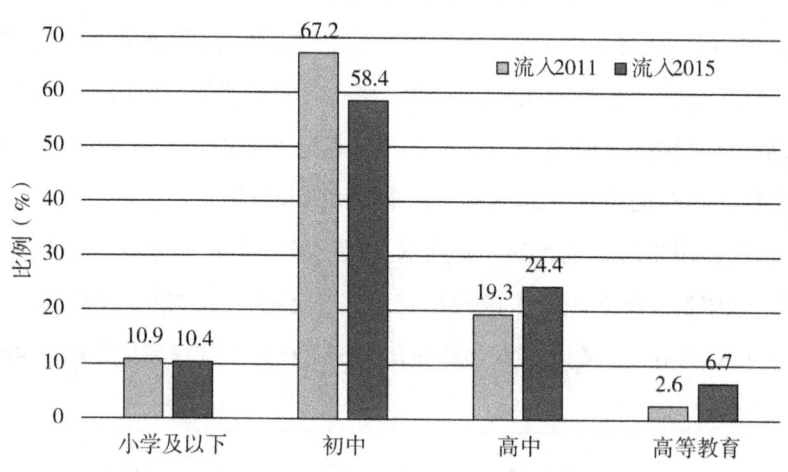

图6　2011年和2015年湖北省流入人口的受教育程度

二、湖北省农业转移人口在城市发展状况

流入湖北省的农业转移人口的市民化意愿较高，据2015年湖北省流动人口动态监测数据统计，愿意在流入地长期居住的湖北省农业转移人口占总数的65.4%，其中，中小城市的农业转移人口市民化意愿低于大城市的农业转移人口市民化意愿。具体来看，打算在流入地长期居

住的农业转移人口比例从高到低依次为大城市（69.4%）、特大城市（65.5%）、小城市（65.2%）、中等城市（61.8%）。本报告主要从消费、住房、就业、社会保障等方面来反映农业转移人口在城市的发展状况。

（一）农业转移人口在城消费以生存型消费为主，恩格尔系数逐年上升。

据2015年湖北省流动人口动态监测数据显示，农业转移流入人口家庭在本地平均月总支出为3523.48元，其中每月食品支出1527.18元，房租支出840.85元，分别占月总支出的43.3%和23.9%，两项合计支出占总支出的67.2%，可以看出房租支出和食品支出在农业转移人口消费中占据很大的比重，农业转移人口的消费依旧停留在对生活必需品的满足层次，而用于娱乐、发展等其他方面的消费支出比例不高。这种维系生存的消费方式不利于农业转移人口适应城市生活。进一步分析发现（如图7），流入湖北省内农业转移人口的恩格尔系数呈现上升趋势，2012年农业转移人口的平均恩格尔系数为0.426，2013年上升为0.428，2014年又进一步上升到0.473，2015年这一数值达到0.496。

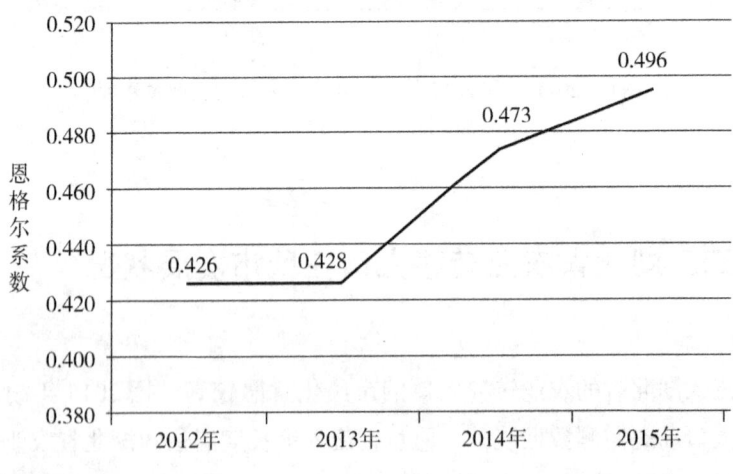

图7 湖北省农业转移人口恩格尔系数的变化趋势

（二）城市规模越大，农业转移人口住房支出占总支出的比例越高。

虽然农业转移人口在本地的家庭月收入呈上升趋势，但是幅度不大。2015年，农业转移人口在本地的家庭月总收入均值为6197.74元，相对于2014年的5734.84元增幅为8.1%，但月支出总额较2014年上升了14.4%，农业转移人口消费支出增幅高于收入增幅。具体来看（如图8），住房支出占总支出的比例从高到低依次为特大城市（29.3%）、大城市（23.4%）、中等城市（19.8%）、小城市（18.0%），可以看出随着城市规模的扩大，农业转移人口的住房支出占总支出的比例增大，这与不同规模城市的住房成本相挂钩。

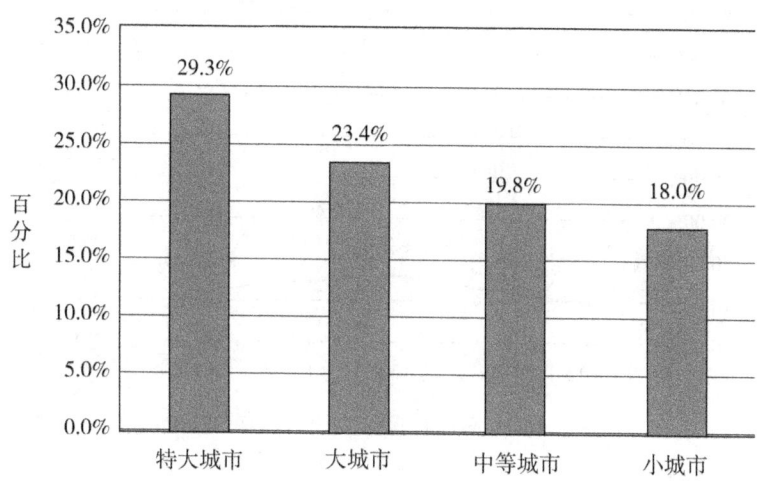

图8　不同规模城市农业转移人口住房支出占总支出比例

（三）农业转移人口随年龄增长，就业领域由第二产业向第三产业转移明显。

从流动人口就业产业分布来看，第三产业从业比重远超第一、第二产业，本次调查表明，81.4%的劳动年龄人口从事第三产业，从业比重较2014年的80.1%略有上升。具体分年龄来看（如图9），与父辈多从事建筑业等脏、苦、累、险行业不同,大量95后、85后农业转移人口涌入第三产业就业。但随着年龄的增长,就业领域由第二产业向第三产业转移的现象明显,30~39岁年龄组、40~49岁年龄组、50~59岁年龄组从事第三产业的比重逐步升高,而从事第二产业的比重降低。根据2015年湖北省流动人口动态监测数据,湖北省农业转移人口在流入地的就业身份以自营劳动力者为主,占总数的52.9%,其后依次为雇员(36.8%)、雇主(8.0%),其他(2.3%),且不同规模城市农业转移人口就业身份分布差异不大。

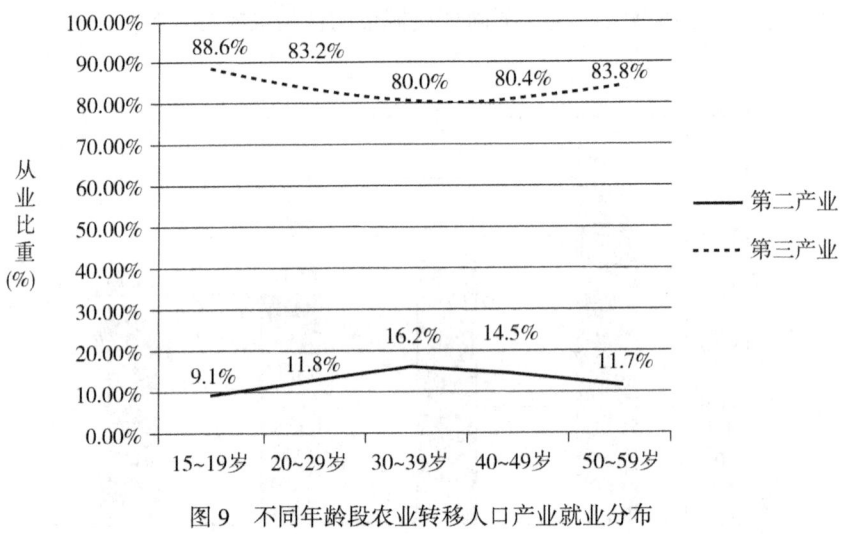

图9 不同年龄段农业转移人口产业就业分布

(四)农业转移人口工作时间较长,但平均工作时间逐年降低。

不同规模城市的农业转移人口都存在工作超时严重的现象,数据分析显示,湖北省农业转移人口每周平均工作时间为57.12小时,76.4%的农业转移人口每周工作时间超过44小时(法定工作时间),29.9%的农业转移人口每周工作时间超过70小时,还有11.5%的农业转移人口每周工作时间超过84小时(平均每天工作12小时以上),过长的工作时间一方面容易造成农业转移人口的疲劳积累,影响其身心健康,另一方面，过长的工作时间会导致农业转移人口业余生活时间减少，业余生活质量下降，降低农业转移人口在城生活满意度及其市民化意愿。另外，农业转移人口每周工作时间逐年降低（如图10）。

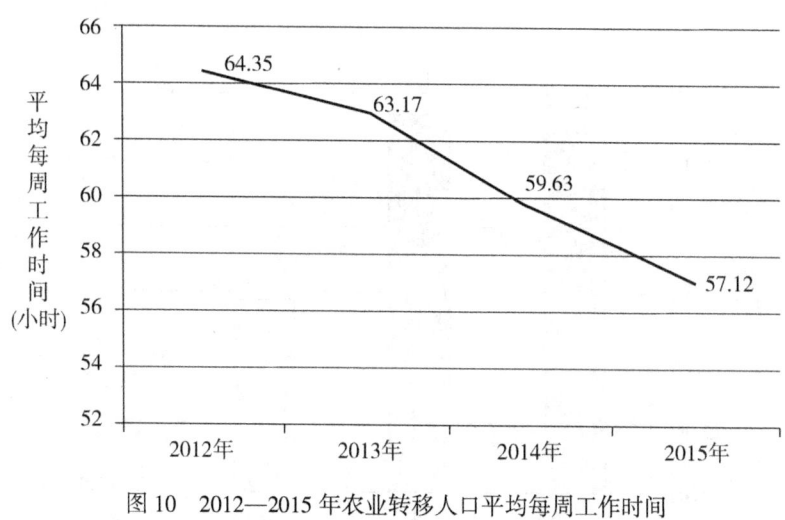

图10 2012—2015年农业转移人口平均每周工作时间

（五）农业转移人口在中小城市医疗保障水平较大城市高。

一方面，流入农业转移人口在本地的医疗保险覆盖率普遍偏低。根据2015年监测数据，湖北省流入农业转移人口在户籍地的新农合覆盖率较高，达70.2%，而城乡居民合作医疗保险、城镇职工医疗保险、公费医疗的参保率分别为3.8%、10.9%、0.1%，可以看出户籍地的新农合政策依然是农业转移人口医疗卫生服务的主要保障；但另一方面，2014年，农业转移人口的新农合、城乡居民合作医疗保险、城镇职工医疗保险参保率分别为78.8%、0.8%、5.8%，比较来看，农业转移人口新农保参保率有所下降，而其在流入地的医疗保障水平有所提升。与此同时，95%的农业转移人口知晓居民健康档案政策，其中，73.2%的农业转移人口建立了社区居民健康档案，这为农业转移人口均等化地享有基本卫生服务创造了良好的前提条件。具体分城市规模来看，流入中小城市的农业转移人口健康档案未建档率要低于大城市（如图11）。而除了城镇职工医疗保险外，其他各类医疗保险的农业转移人口参保率都呈现出中小城市高于大城市的规律。由此可见，流入中小城市的农业转移人口医疗保障水平高于流入大城市的农业转移人口。

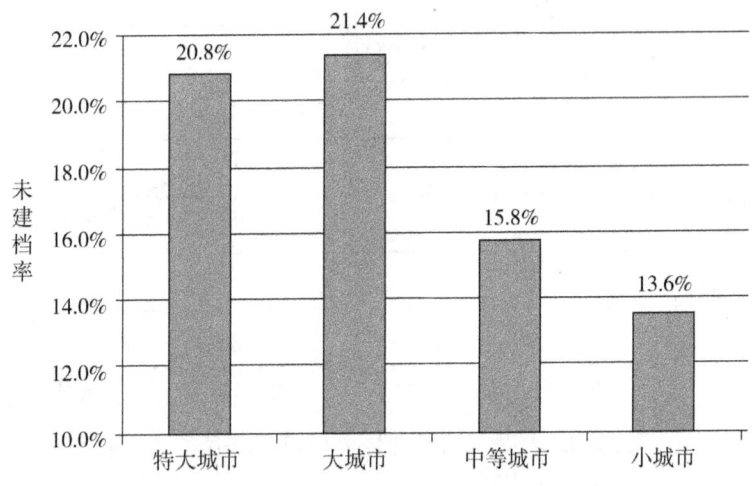

图11 不同规模城市农业转移人口健康档案未建档率

三、农业转移人口城市化过程中存在的问题

（一）农业转移人口城市基本公共服务享有率偏低，中小城市最为明显。

根据2015年湖北省流动人口动态监测数据显示，2015年湖北省特大城市、大城市、中等城市和小城市①中流入农业转移人口新农村基本

---

① 根据国务院2014年3月公布的《国家新型城镇化规划（2014—2020年）》的相关定义，结合湖北省各地方统计年鉴和第六次人口普查数据可知，湖北省城市规模可大致划分为四类，即：特大城市、大城市、中等城市和中小城市。

医疗保险享有率分别为 66.1%、69.4%、72.4%、74.9%，随着城市规模的降低而升高，而农业转移人口享有的城市职工医疗保险参保率分别仅为 11.7%、7.6%、6.9%、4.3%，是随着城市规模的降低而降低的（如图12）。农业转移人口享有的基本公共服务仍以农村为主，城市基本公共服务享有率偏低，中小城市最为明显。

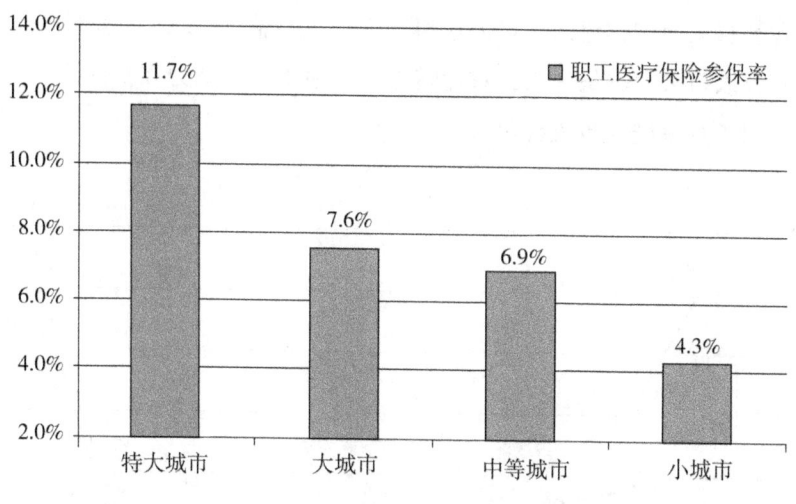

图 12　农业转移人口职工医疗保险参保情况

（二）农业转移人口用工方式上存在明显的"掐尖式"用工问题。

所谓的"掐尖式"用工，即在劳动力用工方面偏向使用青壮劳动力，只提供劳动力个人生存的必要条件，不关注劳动力素质的提升和长期发展。根据 2015 年湖北省流动人口动态监测调查数据显示，劳动力市场用工方式总体上更加偏向于 25~34 岁的农业转移人口群体。这种在劳动力选用过程中偏向年轻劳动力的"掐尖式"用工方式，使得流动劳动力随时可以被年轻、精力旺盛的劳动力代替，农业转移人口存在巨大的工作压力，年龄较大的劳动力更易离开企业，这不利于农业转移人口个人和家庭的发展。

（三）农业转移人口中的年轻劳动力和女性劳动力失业问题突出。

根据 2015 年湖北省流动人口动态监测数据显示，总体而言，15~34 岁年龄段农业转移人口失业率高于 35~59 岁农业转移人口，且适龄劳动力年龄越小，失业率越高，其中流入农业转移人口中的年轻劳动力失业率最突出，明显高于流出农业转移人口中的年轻劳动力失业率（见图 13）；在农业转移人口中，男性劳动力失业率约为 7.5%，而女性劳动力失业率超过 26%，女性劳动力的失业率明显高于男性，且女性农业转移人口中，流入人口失业率比流出人口高出 3.2%，女性流入农业转移人口失业率最突出，农业转移人口中年轻劳动力和女性劳动力的就业问题有待进一步改善。

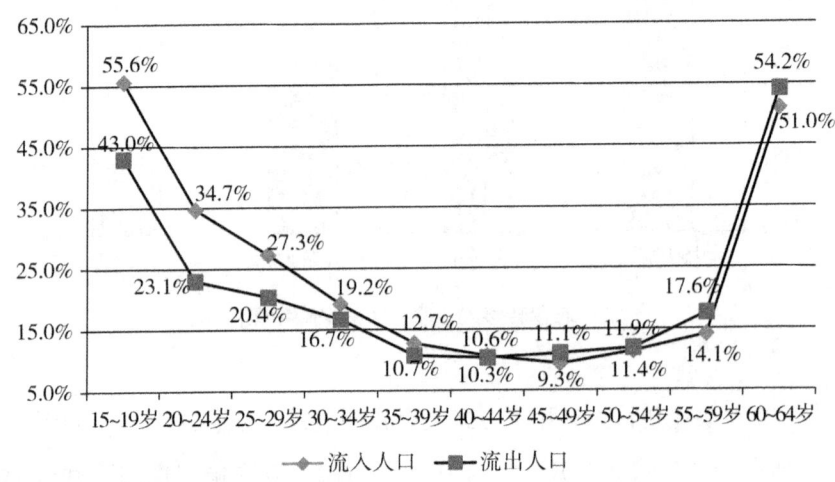

图 13　各年龄农业转移人口失业率分布

（四）中小城市农业转移人口家庭贫困问题更为突出。

国际上通用恩格尔系数来测量个体或家庭的生活水平①，根据 2015 年湖北省流动人口动态监测数据测算可知，2015 年湖北省有 24%

---

① 国际上通用恩格尔系数（食品支出占总消费支出的比重）来反映个人或家庭的生活水平，食品支出比重小于 30% 的为最富裕，30%~40% 的为富裕，40%~50% 为小康，50%~59% 为温饱，59% 以上的为贫困。

以上的流入农业转移人口家庭食品支出占总支出的比重超过59%，即有24%以上的流入人口家庭为贫困家庭，流入农业转移人口家庭的贫困问题较为突出；其中，特大城市、大城市、中等城市和小城市的贫困家庭比重分别为16.8%、24.0%、29.1%和28.0%，农业转移人口贫困家庭比重随着城市规模的扩大而总体下降（见图14），中小城市的农业转移人口家庭贫困问题更为突出。在农业转移人口市民化的背景下，中小城市在解决农业转移人口贫困问题上的任务更为艰巨。

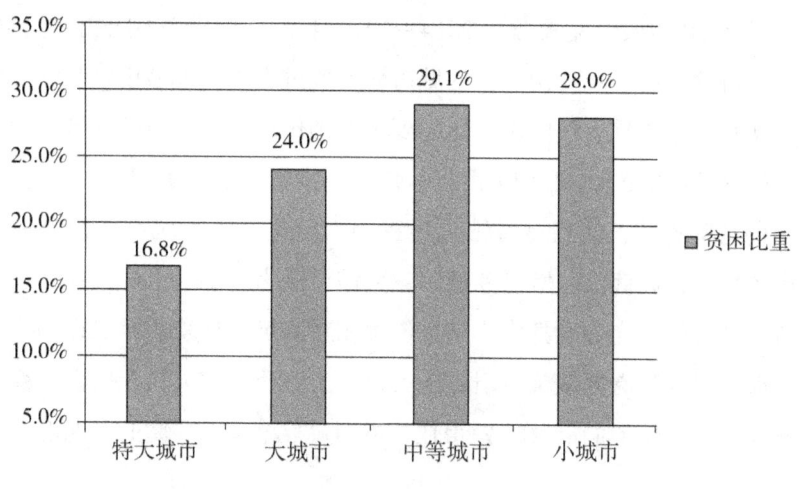

图14　湖北省各规模城市农业转移人口贫困家庭分布状况

（五）农业转移人口子女的学龄期不在学问题突出，面临着贫困代际传递和社会阶层固化的双重风险。

农业转移人口子女获得同等受教育机会是落实基本公共服务均等化的重要内容，也是农业转移人口在城市中实现向上流动的主要通道。但是目前湖北省内农业转移人口子女学龄期不在学问题严重。调查结果显示，湖北省农业转移人口随迁子女中，6~18岁的不在学率达到7.0%，其中6岁适龄随迁儿童的不在学率达到12.7%。在6~12岁的随迁子女中，有15.2%在上幼儿园。无论是随迁子女还是留守子女，第一个孩子的不在学率均低于第二、第三个孩子,多子女的流动人口家庭面临两难选择:孩子都带在流入地入学,经济压力大;留在老家上学,监护督促不足,容易造成孩子失学。

四、促进农业转移人口有序市民化的政策建议

(一)加快中小城市发展的步伐,实现农业转移人口有序市民化。

《国家新型城镇化规划(2014—2020年)》中明确提出了要加快中小城市的发展。在我国过去的城市化实践过程中,大城市以及城市群的发展对农业转移人口的市民化起到了关键作用,大城市的发展固然重要,但是并不能因此而忽略了中小城市。鉴于湖北省武汉市"一城独大"的特殊省情,在新型城镇化过程中,要注重中小城市特别是周边城市的发展,以武汉、宜昌和襄阳三大城市圈为基础,形成长江、汉江和清江经济带,充分发挥中小城市资源相对富足、环境相对优良的优势和特点,以其特有的政策吸引外来人口,为农业转移人口提供大量稳定的就业机会,使他们能够"留得住"并且"活得好",真正实现市民化转变。

(二)推进服务性政府建设,完善农业转移人口在城市中的社会保护体系。

构建农业转移人口的社会保护体系应从政府、企业和家庭三个维度展开:其一,城市政府应依法将农业转移人口纳入城镇职工医疗体系,允许灵活就业农业转移人口参加居住地城镇居民医疗保险,完善农村养老保险和医疗保险与城镇社保的转移续接问题。为了降低农业转移人口对同质性社会网络的依赖,政府还应积极构建就业信息平台,拓宽就业渠道,及时向农业转移人口发布就业信息和提供就业援助,通过提供免费方言培训、开展社区活动等形式加强农业转移人口与市民的互动。其二,企业应强化社会责任意识,与农业转移人口签订正式的、长期的劳

动合同，构建稳定的雇佣关系，鼓励企业提供适合农业转移人口租赁的夫妻公寓。其三，鼓励农业转移人口家庭化迁移，完善发展型家庭政策，重建农业转移人口家庭功能，为农业转移人口家庭特别是那些承担养老和育幼责任的家庭提供社会扶持或经济帮助。

（三）完善居住证制度，加强流动人口劳动权益保护，进一步改善就业环境。

居住证制度要承担起人口登记管理和福利权益分配的双重功能，将管理与服务相结合。首先，要以"低门槛申领，阶梯式赋权"为原则，降低居住证的申领条件，细化相关规定，增加与居住证相匹配的服务功能，特别注重保障流动人口子女教育、医疗保险和养老保险等公共服务或福利的权利。考虑到居住证申领者多为迁移人口这一特点，有必要开发居住证兼容信息存储和信息修改两大功能。其次，优先解决涉及流动人口的劳资纠纷、工作环境恶劣等劳动权益问题。建立健全维权机制，如日常巡视检查和举报投诉等制度，解除流动人口的后顾之忧。再次，针对目前湖北省高学历人才流出较多的情况，要加强其所学专业与劳动力市场的匹配性，尽快转变就业观念，增强转岗就业能力，国家应继续在各种新闻媒体出台和发布城市用工信息，引导流动人口有序合理流动；加强职业培训，促进高中以上教育向专业化、技能化、实用化发展；对学有所长者，鼓励其创业。

（四）强化用人单位的社会责任意识，提高农业转移人口的就业稳定性。

稳定的工作对于农业转移人口的城市融入起着至关重要的作用。作为用人单位，要设立专门的劳动保障监察部门，杜绝同工不同酬、拖欠和克扣工资、限制人身自由等侵犯农业转移人口合法权益的行为。此外，还应对新进职工进行集中培训，提高专业化和技能化水平。由于用人单位在传递信息、实施服务等方面扮演着十分重要的角色，它们还可以和政府联动，开展相应的基本公共服务，比如设立职工服务中心等。另外，农业转移人口流入城市之后，被迫与农村社会的各项资源与福利相割裂，因此企业需要提供基本的社会保障，如企业职工养老保险、企业职工医疗保险、失业保险和生育保险，这样农业转移人口的稳定就业问题和基本生活问题才能得到保障。

（五）以移动互联网络技术为基础，推动流动人口管理模式创新。

基本公共服务的均等化以全面完善人口登记制度为前提，然而传统人口登记管理模式下，政府管理体制的缺陷加剧信息的失真性，各基层政府部门间的垄断割据导致信息的孤岛性。在移动互联时代，移动网络管理能够全面覆盖流动人口信息采集盲区，获取最为客观的数据，充分发挥信息规模效应，呈现一种新型流动人口管理态势。在此模式的设想下，首先建立"运营商—政府"合作机制，构建信息初步采集系统，灵活配置网络联结通道，实现通信信息的双向流转，进而优化指令保证信息对接，强化多部门协作，最终打破各部门之间信息共享壁垒。虽然目前移动网络人口管理模式还面临"运营商—政府"合作机制不成熟和基站数据交换技术亟待革新等多方挑战。但总的来说，以移动网络为基础的信息化政务将会成为未来流动人口管理模式发展的新趋势。

报告三

2016年湖北流动人口发展报告

流动人口的社会融合与健康促进

流动人口市民化是我国新型城镇化建设的核心命题。党的十八大提出要有序推进流动人口市民化，党的十八届五中全会进一步提出了加快提高户籍人口城镇化率的目标。本报告将在2016年湖北省流动人口动态监测调查数据的基础上，结合原国家计生委2010—2015年流动人口动态监测数据及相关资料，以新型城镇化建设为背景综合分析湖北省流动人口的基本情况和结构变动，探讨流动人口在城市融入过程中存在的主要问题，在此基础上为推动湖北省流动人口的管理服务提出相关政策建议。

2016年流动人口动态监测调查采用分层、多阶段、与规模成比例的PPS抽样方法。抽样范围覆盖武汉市、黄石市、十堰市、宜昌市、襄阳市、鄂州市、荆门市、孝感市、荆州市、黄冈市、咸宁市、随州市、恩施州等14个市州的居委会/行政村，对跨县（市、区）及以上行政区域流动且在流入地居住达一个月的人群中年龄为15~59周岁的人口进行访谈，回收5000份有效问卷。调查数据中，男性占51.7%；农业户籍占84.6%；跨省流动占28.4%，省内跨市流动占39.4%；25~34周岁的占41.6%；未婚的占9.9%；从受教育程度来看，小学及以下文化占9.0%，初中文化占49.0%，高中文化占28.2%，大专及以上文化占13.8%。作为对比分析的数据还有湖北省2011年、2012年、2013年、2014年和2015年流动人口动态监测数据，各有样本6000份。本报告研究对象不仅包括户籍地在省内或者省外,目前在湖北省内城市就业的流动人口,界定为流入湖北省内的流动人口,还包括户籍地在湖北省,目前流出到省外就业的流动人口,界定为跨省流出流动人口。

一、湖北省流动人口规模与结构变动趋势

(一)产业转移背景下湖北省流出劳动力回流特征明显,并在2013年形成拐点,2016年流动特征再次回转。

近几年,跨省流入湖北省的流动人口占比基本稳定,保持在24%~29%。从2011年到2013年,省内跨市的流动人口占比一直呈现上升趋势,在2013年形成拐点,开始转为下降,在2016年出现了小幅上升。2014年,市内跨县流动人口首度超过省内跨市,比重上升到39.2%,成为湖北省流动人口最主要的流动方式,2015年这一趋势进一步加强,但2016年湖北省省内跨市人口比重再次高于市内跨县(见图1)。市内跨县流动人口比重的增加,是湖北省流到省外的流动人口返回到家乡就业的结果,有利于推动湖北省产业化和就近城镇化的发展。同时,省内跨市流动人口比重的再度上升,也说明湖北省内一些城市的吸引力在增强。

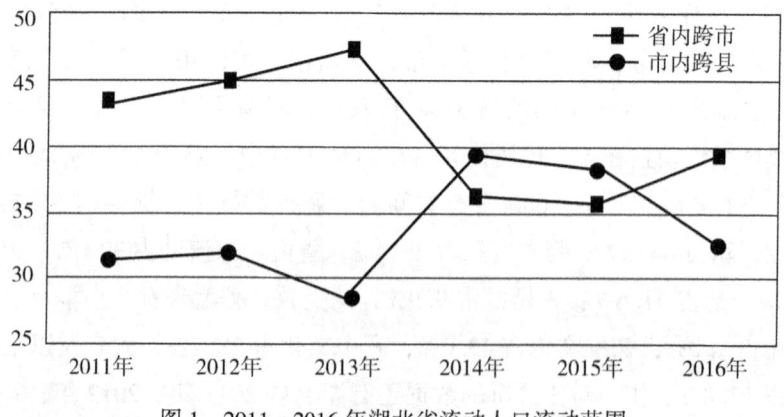

图1 2011—2016年湖北省流动人口流动范围

（二）湖北省的流入人口呈现年轻化趋势，21~30 岁流动人口比重增加。

由图 2 可知，2016 年，湖北省流入人口中 21~30 岁比重较高，表明流入人口呈现年轻化趋势。而 31~45 岁流入人口比重较 2010 年更少些。2010 年以来，青壮年逐渐成为湖北省流入人口的主体，而中年流入群体的比重却在下降，表明湖北省的人口流动结构趋于平衡，正从人力流失向人口流入转变。

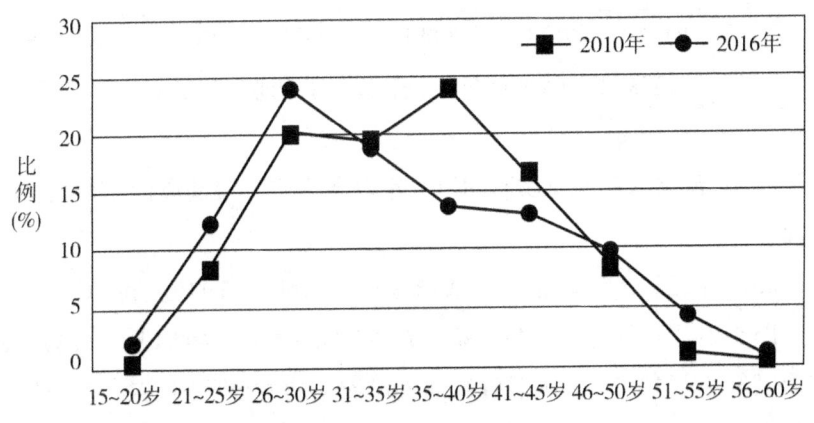

图 2 2010 年和 2016 年流入人口年龄结构对比

（三）流动人口主要集中于基础服务业就业，高端服务业就业比重在 2014 年后上升明显。

根据 2011—2016 年动态监测数据，湖北省流动人口就业行业主要集中在第三产业，约 70% 流入人口就业于服务业，其中又以基础服务业为主，占到 50% 以上。2014 年，高端服务业就业的流动人口首次超过第二产业就业人数，并且在 2016 年高端服务业和第二产业就业人数差距出现扩大趋势。相比较而言，第二产业就业人数每年都存在波动，但都维持在 20% 以下（见图 3）。由此可见，流动人口的就业呈现从第一、二产业向第三产业转移的趋势，其中又以高端服务业比重的增加为显著特征。

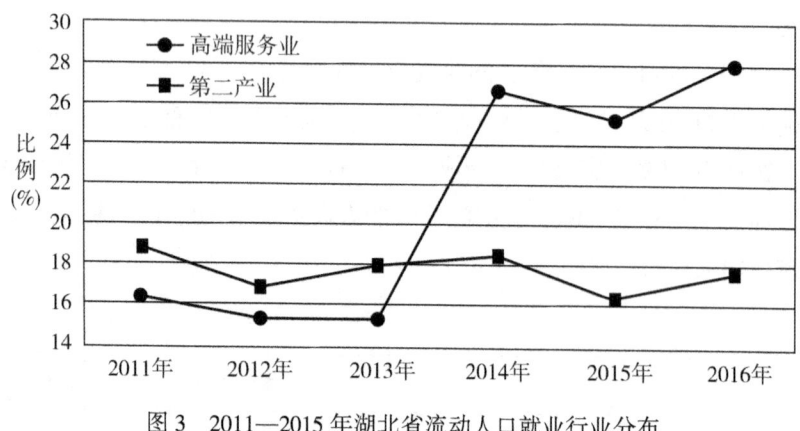

图3 2011—2015年湖北省流动人口就业行业分布

(四)流动人口的流动时间以5年以下为主,流动原因主要是务工经商。

2016年流动人口动态监测数据显示,流动人口的流动时间大多较短,以5年以下为主,占61.5%,流动时间在6~10年的占24.8%,11年及以上的占13.7%。湖北省流动人口流动的主要原因是务工和经商,分别占41.4%和38.1%;其次是家属随迁,占12.2%;婚姻嫁娶、拆迁搬家和投亲靠友分别占2.3%、1.2%和0.8%。

(五)流动人口继续保持家庭化迁移态势,3人及以上迁移占比一半以上。

2016年流动人口动态监测数据显示,在家庭化迁移的人口中,3人共同流迁移动和4人共同迁移的比率最高,分别为50.4%和31.9%。与2011年相比,单独迁移和2人迁移的比重下降,3人及以上迁移的比重继续上升(见图4)。由此可见,家庭化迁移已成为湖北省流动人口的重要特征。越来越多的湖北省流动人口选择与配偶、子女等家庭成员一起流入或逐步流入,从独自迁移向家庭化迁移转变。

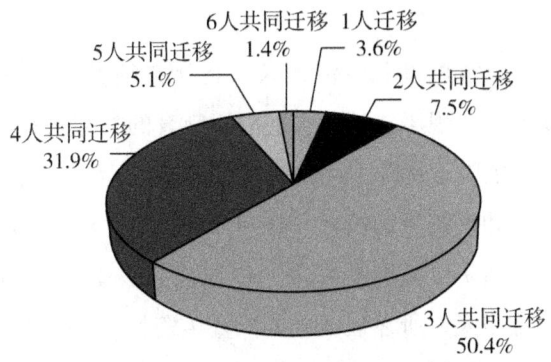

图 4　2016 年湖北省流动人口家庭化迁移模式分布

二、湖北省流动人口的健康状况和社会融合状况

据 2016 年流动人口动态监测数据统计,流入湖北省的流动人口了解一般健康常识,拥有一定的健康素养。流入湖北省的流动人口的市民化意愿较高,愿意在流入地长期居住的占总数的 70.2%,愿意把户口迁入本地的占 32.7%。本报告主要从健康状况和社会融合等方面来反映流动人口在城市发展状况。

（一）健康状况。

我国的人口流动对健康状况造成了两方面的影响：一是年轻人和健康人更有可能外出,而年龄大的、体弱的和生病的人外出务工的可能性小；二是当流动人口在城市生病后,为了避开城市高昂的生活费用和医疗费用,往往会回农村寻求家庭支持。也就是说,我国的农村向城市"输出"健康,却在"回收"不健康。流动人口的健康状况,包括健康教育、健康知识和技能以及身体健康情况三个方面。

1. 绝大部分流动人口建立了居民健康档案,但接受健康教育类型集中在基础健康教育防治方面,且宣传形式以宣传资料、宣传栏和知识讲座为主。

2016年,82.2%的湖北省流入人口在所在地城市建立了居民健康档案。从流动人口在现居住社区参加健康教育的类型来看,参加生殖与避孕/优生优育的占比最高,为83.9%;其次为营养健康教育、性病/艾滋病防治教育和控制吸烟教育,分别为68.6%、64.7%和64.4%;精神病障碍和职业病防治教育需要进一步加强(表1)。从健康教育的形式来看,目前流动人口所在社区主要以宣传资料、宣传栏、知识讲座和电子显示屏等形式展开,社区网站、社区短信/微信较为少见。

表1　　流动人口在现居住社区参加健康教育的类型和形式

健康教育类型	百分比(%)	健康教育形式	百分比(%)
职业病防治	44.9	健康知识讲座	68.2
性病/艾滋病防治	64.7	宣传资料	94.5
生殖与避孕/优生优育	83.9	宣传栏	94.1
结核病防治	46.2	面对面咨询	51.7
控制吸烟	64.6	社区网站	11.0
精神病障碍防治	24.8	社区医生传授	34.7
慢性病防治	54.8	社区短信/微信	21.9
营养健康	68.6	电子显示屏	54.8

2. 流动人口具备基础的健康知识和技能,受教育程度越高,流入城市年限越长,健康素养越高。

在2016年湖北省流动人口中,259名完成了健康素养相关知识的提问,相关内容涉及健康素养基本知识与技能。在统计的33道判断题和单选题中,答对20道题以下的占6.9%,答对25道题以下的占20.5%,答对26道及以上的占79.5%。由此可见,流动人口具备了基础的健康知识和技能。将受教育程度与健康素养交叉分析后发现,专科及以上文化程度的流动人口对健康知识的掌握整体强于小学及以下者。外出打工时间长的流动人口由于在所在城市生活时间较长，接受了更多的健康知识并逐渐被城市所同化，因而健康素养水平高于外出打工时间短的流动人口。

3. 农业转移人口的身体健康状况整体较好，自评状况较好。

在2016年湖北省流动人口中，97.7%没有患过任何慢性病，整体健康状况较好。在2.3%有过患病史的农业转移人口中，66.7%患有高血压，16.7%患有糖尿病，50%患有其他慢性病。其中，48.6%认为自己健康状况较好，34.0%认为自己健康状况较好，17.0%认为自己健康状况一般，只有0.4%认为自己健康状况比较差。

(二) 社会融合状况。

流入湖北省的流动人口的市民化意愿较高，据2016年湖北省流动人口动态监测数据统计，愿意在流入地长期居住的湖北省流动人口占总数的70.2%，愿意把户口迁入本地的占32.7%。本报告主要从消费、住房、就业、社会保障等四个方面来反映流动人口的社会融合状况。

1. 住房支出在流动人口消费支出中占据较大比重，消费结构不合理。

据2016年湖北省流动人口动态监测数据显示，过去一年中，农业转移流入人口家庭在本地平均每月总收入6834.93元，平均每月总支出为3633.91元，全家本地每月平均住房支出844.68元，占到平均每月总支出的23.24%，而单位每月包住折算仅为211.97元。由此可以看出住房支出在流动人口消费中占据很大比重，流动人口的消费依旧停留在对生活必需品的满足层次，而用于文化娱乐、个人发展等其他方面的消费支出比例不高。

2. 流动人口自有住房比例增加，租房比例下降。

湖北省流入人口以租住私房为主，但比重有下降趋势，自购住房比例上升。2016年租住私房的占59.8%，比2011年降低了15.8个百分点；自购房、自建房占比已达28.8%，比2011年增加了20.5个百分点。这一方面说明流动人口的工资收入水平有了较大的提升,另一方面说明越来越多的流动人口愿意在城市长期定居。

3. 流动人口中自营劳动者比例达50%以上,其中一半以上雇员身份流动人口签订了劳动合同。

2016年的湖北省流动人口中,自营劳动者占比50.6%,其次为雇员身份,占比37.9%,仅有10%的流动人口为雇主。自营劳动者比重超过雇员,表明湖北省流动人口越来越多选择自雇形式就业。雇员身份流动人口中,43.9%签订了固定期限劳动合同,13.7%签订了无固定期限劳动合同,38.0%未签订劳动合同。可以看出,流动人口在城市的保障较弱,劳动合同签订比例需要进一步提高。

4. 流动人口参与社会保障状况整体偏低,养老保险(含新农保、养老金等)参与率相对较高,住房公积金参与比率最低(见图5)。

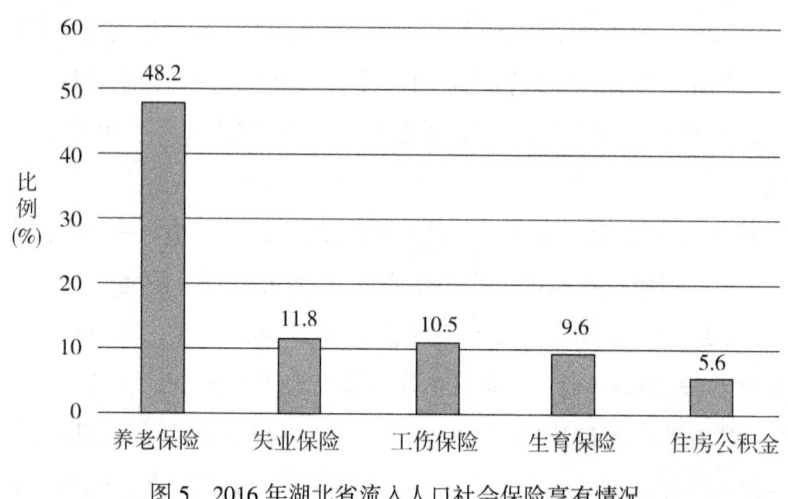

图5 2016年湖北省流入人口社会保险享有情况

2016年48.2%的湖北省流动人口参与了养老保险,主要原因是流动人口中大部分为农村户籍人口,67.1%的农业户籍人口在当地参加了新农保等养老保险,而在流入地参加养老保险的却仅占30.4%。参与失业保险、工伤保险和生育保险的比重均在10%左右,而参与住房公积金的比例仅为5.6%。所以整体来看，流动人口的社会保障体系缺失，除了在户籍地拥有养老保险外，在流入地城市较少享有失业保险、工伤保险、生育保险和住房公积金。

5. 流动人口的医疗保险覆盖率普遍偏低，尤其是城乡居民合作医疗保险、城镇职工医疗保险参与率和公费医疗享有率低。

流入流动人口在本地的医疗保险覆盖率普遍偏低。根据2016年监测数据，湖北省流入流动人口在户籍地的新农合覆盖率较高，达67.0%，比2014年降低了11.8个百分点。城镇职工医疗保险覆盖率为12.7%，比2014年增加了6.9个百分点（见图6）。但是整体而言，流动人口的医疗保险水平整体较差，特别是公费医疗和城乡居民合作医疗保险的参与比例较低。

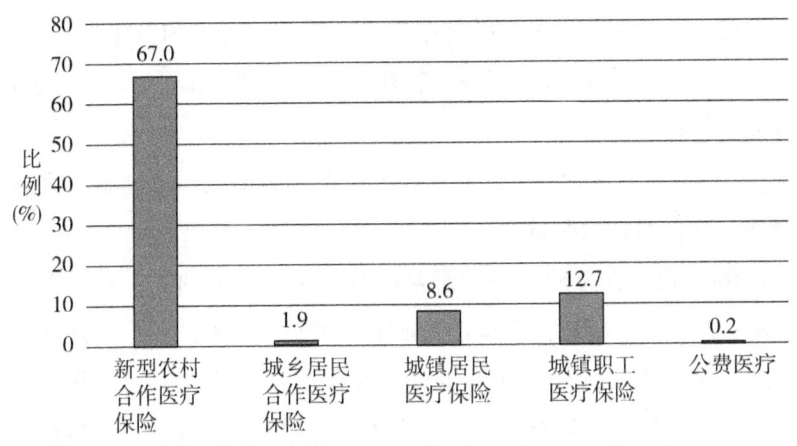

图6　流动人口的社会保险参与比例

三、城市化过程中流动人口的健康风险与社会融合困境

（一）部分流动人口缺乏传染病防范知识和防范意识，面临公共

健康风险。

根据2016年统计数据，大部分流动人口具备了一定的传染病防范知识，也有相应的防范意识，但是仍有部分流动人口缺乏相关健康知识。在湖北省流入人口中，11.2%的人对流感的预防措施认知错误，12.7%的人不了解乙肝的传染途径，2.7%的人不够重视烈性传染病的疫情关注。这些都容易导致在流动人口群体中发生传染病发病率上升等问题，进而威胁到整个社会的公共健康安全问题。

（二）流动人口接受健康教育的类型较为局限，且形式单一。

流动人口在现居住社区参加健康教育的类型以参加生殖与避孕/优生优育、营养健康教育、性病/艾滋病防治教育和控制吸烟教育等为主，分别占比83.9%、68.6%、64.7%和64.6%，但是对一些特殊疾病的防治教育较为缺乏，其中接受过精神病障碍防治和结核病防治教育的比例均未超过30%。另外，目前的健康教育以传统的宣传和讲座形式为主，主要是线下宣传教育，较少利用新型的线上平台如网站、微信公众号等宣传健康教育。

（三）社会融合影响了流动人口的自评健康情况，社会融合度越低的流动人口，健康状况越差。

2016年湖北省流动人口动态监测数据显示，30.3%的人打算在本地买房，35%的人愿意把户口迁入本地。倾向于在本地买房、迁入户口至本地的流动人口，往往能够更好地融入城市，其自评健康状况也更好。自评健康指标能够有效地评价个体和群体的健康状况。接纳流入地的社会生活，并取得流入地居民的社会认同，最后主动争取在城市长期居留的机会，是有利于流动人口的健康状况的。相反，如果流动人口不能很好地融入城市，其自评健康状况也会受到不利影响。

（四）湖北省流动人口基本实现流入流出的"人力平衡"，但是流出人口多流向沿海发达城市和省会城市。

2016年，湖北省"人力资本"流失状况得到了一定平衡。流入湖北省的人口平均受教育年限为10.46年，仅比湖北省流出人口高0.06

年；相比于2013年，流入与流出人口的受教育程度年限差距减少了0.42年。流入人口中，高中文化程度的人口所占比重为28.1%，专科以上占13.8%。从湖北省流出人口的去向来看，受教育程度高的人口多数流向北京、上海、深圳等经济发达城市。在流出湖北省的33名研究生中，有30.3%流入北京，18.2%流入上海；流出湖北省的452名本科生中，15.0%流入上海，9.7%流入北京，5.5%流入深圳。

（五）流动人口城市社会保险享有率偏低，流动人口在城市的社会保障体系结构不合理，医疗保险匮乏，健康问题难以得到保障。

2016年湖北省流动人口动态监测数据显示，2016年湖北省流入人口中，养老保险、失业保险、工伤保险、生育保险的参与比例依次为48.2%、11.8%、10.5%和9.6%，住房公积金参与比例仅为5.6%，由此可见其社会保障体系差异较大，向养老保险偏倚。在流入人口参与的医疗保险中，新型农村合作医疗保险占比最高，为67.0%，主要是农业户籍人口在户籍地参与的基础性医疗保险；其次为城镇职工医疗保险，参与率为12.7%，城乡居民合作医疗保险、城镇居民医疗保险和公费医疗参与率均未超过10%，流动人口的健康问题难以得到保障。整体来看，流动人口在城市的医疗保险极为匮乏。流动人口享有的社会保障仍以农村为主，城市的社会保障体系相当不完善。

（六）流动人口用工方式上继续保持"掐尖式"用工模式。

所谓的"掐尖式"用工，即在劳动力用工方面偏向使用年轻劳动力，不关注劳动力素质的提升和长期发展。根据2016年湖北省流动人口动态监测调查数据显示，劳动力市场用工方式总体上依然更加偏向于25～34岁的流动人口群体，这种在劳动力选用过程中偏向年轻劳动力的"掐尖式"用工方式，流动劳动力随时可以被年轻、精力旺盛的劳动力代替，年龄较大的劳动力更易离开企业，流动人口的就业权益难以得到保障。并且，这种用工模式在我国老龄化问题日益凸显时会面临更大的挑战。

四、推进流动人口社会融合，改善流动人口健康状况

（一）政府应更重视对流动人口群体的健康投资，优化公共卫生服务供给，使原本就已正向选择的流动人口保持良好的健康水平。

正如 WHO（世界卫生组织）在《用一代人时间弥合差距——针对健康的社会决定因素采取行动以实现健康公平》报告中所倡导的，中国的流动人口服务与管理也应采取"将健康融入所有政策"的行动策略，从多个政策视角和路径入手，促进健康公平。同时，政府更应站在推动新型城镇化和健康中国的高度，整合既有融合政策与健康政策，设计与执行相关公共卫生服务，实现二者的良性互动。另外，社会服务部门包括医疗卫生服务部门，应增加或改善对流动人口的相关信息服务，帮助流动人口更好地认识和适应城市生活。政府卫生服务部门网站应建立相应网页或便捷的服务方式，为流动人口提供健康知识教育专栏和健康服务便捷窗口，帮助流动人口实现服务需求。

（二）关注流动人口健康教育需求，依托互联网络技术，推动流动人口健康教育。

在今后的健康教育传播方式中，应继续发挥大众媒体的重要作用，增加电视纪实跟踪报道、健康教育专题片、专家访谈等电视节目的比重。同时，利用人际传播便捷、易实现的特点开展宣传教育，但要确保将危机期人际传播的信息控制在有效管理的视线之内，防止其可能带来的负面影响。由于流动人口本身文化程度较低，健康意识差，对流动人口开展健康教育的任务仍然很艰巨，健康行为的改变不是一朝一夕。基层社区为控制疾病蔓延和开展健康教育提供了良好的平台，立足于社区，关注危机期应急性健康知识教育的同时，以此形成健康行为持续改变的长效机制，从而最大限度地避免由危机导致的不必要的社会恐慌和社会秩序紊乱现象的发生。

(三) 加强流动人口健康教育,有针对性地开展多样性的健康教育活动。

在流动人口健康教育过程中,应注意提高针对性和多样性。不同的人群对卫生知识的需求方面存在明显差异。企业外来人口比其他人群更关心的是家庭保健、营养卫生知识、传染病、季节性疾病、慢性病的防治以及生理卫生和心理卫生的知识,来自行政村的外来人口则更关心家庭对子女健康知识的传授。男性更多利用互联网络,女性则从卫生咨询活动和知识讲座、朋友介绍中获取信息较多。文化程度低的人群偏爱广播、电视、宣传画、小册子和咨询活动;文化程度较高的人群则偏爱从网络、短信、文艺演出、知识讲座和科教电影等途径获取知识。充分利用当地政府及职能部门的管理网络,通过多种健康教育形式进行宣传教育,同时举办一些健康向上、知识性、趣味性强的健康活动,宣传健康生活方式,丰富流动人口的业余生活。

(四) 理清各级政府和其他社会机构的社会责任,构建促进流动人口社会融合的社会保障体系。

构建流动人口的社会保障体系应重点从政府和企业两个维度展开:其一,继续推进流动人口参与城镇职工医疗保险或城镇居民医疗保险,完善农村养老保险和医疗保险与城镇社保的跨地区转移续接问题;其二,企业应强化社会责任意识,与流动人口签订正式的、长期的劳动合同,构建稳定的雇佣关系,鼓励企业提供适合流动人口租赁的夫妻公寓。解决流动人口社会保障问题的主导思路也因此应从"城市融入"向"社会融入"拓展。同时,建立新的融资机制,为不以居住城市为目的的流动人口实现社会保护项目的可转移接续。流动人口有着城乡两栖特征和多重地域身份,需要依托除流入地地方政府和传统的财政支持以外的融资机制来实现这一目标;同时,中央政府和省一级政府在这方面理应逐渐承担更多的责任,基于财政收入的融资机制也应逐渐发挥更大的作用。

(五) 规范企业用工制度,加强流动人口劳动权益保护,完善劳动监察。

要依法规范所属以服务业为主的第三产业的企业、个体、私营企业、其他企业的用工制度；加强开展这些企业的劳动保护与劳动监察工作；成立企业工会组织并不断扩大流动人口进入企业工会组织的比例；以提高所属这些企业流动人口签订劳动合同的比例。不断提升流动人口劳动权益保障意识。一方面，要提高流动人口对劳动法律保障知识的了解；另一方面，要树立劳动保障维权意识，做到维权必究。同时，政府部门要加强对劳动权益保障知识的普及与权益维护的宣传。完善《劳动法》法规体系建设，为全面贯彻《劳动合同法》提供保障；加强劳动保障监察力度、大力推进劳动保障动态监管；整合劳动用工备案及就业登记、实现对企业使用流动务工人员的动态管理服务，以提高流动人口劳动合同的签订率。

（六）在城镇化均衡发展视角下，实行流动人口的差异性住房保障政策。

购置房屋属于一种经济行为，人们在经济决策方面是"理性经济人"，因此，流动人口在购置房屋时会仔细考虑经济收入与房屋价格之间的关系，期望以最小的成本实现最大利益。目前，在我国的高房价现状下，保障性住房已成为流动人口的现实选择。住房保障政策的实施解决了众多中低收入家庭的住房困难问题，但是由于流动人口可获得的保障性住房数量少，保障性住房准入门槛高，条件和程序对流动人口限制严格，保障性住房资源多集中在大城市。流动人口没有享受到应有保障，处于事实上的被排斥境况。因此，政府需建立起流动人口的差异性住房保障政策。针对小城市实施全面开放型的住房保障政策，中等城市实施开放型的住房保障政策，针对大城市实施有序的住房保障政策。加大对中小城市的财政转移支付力度，引导流动人口向中小城市流动、均衡城镇化发展的最大效用，还需文化、教育、医疗、卫生、交通等公共资源的配套跟进，从整体上推进城镇化。

报告四

2017年湖北流动人口发展报告

大规模的人口流动迁移，是我国当前城镇化快速发展阶段最为显著的人口现象之一。如何使流动人口特别是农业转移人口尽快融入城市社会，是我国新型城镇化建设的核心命题之一。本报告将在2017年湖北省流动人口动态监测数据的基础上，结合原国家计生委2010—2016年流动人口动态监测数据及相关资料，以新型城镇化建设为背景综合分析湖北省流动人口的基本情况和结构变动，探讨流动人口在城市融入过程中存在的主要问题，在此基础上为推动湖北省流动人口的管理服务提出相关政策建议。

2017年流动人口动态监测调查采用分层、多阶段、与规模成比例的PPS抽样方法。抽样范围覆盖武汉市、黄石市、十堰市、宜昌市、襄阳市、鄂州市、荆门市、孝感市、荆州市、黄冈市、咸宁市、随州市、恩施州等13个市州的居委会/行政村，对跨县（市、区）及以上行政区域流动且在流入地居住达一个月的人群中年龄为15~59周岁的人口进行访谈，回收5000份有效问卷。调查数据中，男性占51.7%；农业户籍占84.6%；跨省流动占28.4%，省内跨市流动占39.4%；25~34周岁的占41.6%；未婚的占9.9%；从受教育程度来看，小学及以下文化占9.0%，初中文化占49.0%，高中文化占28.2%，大专及以上文化占13.8%。作为对比分析的数据还有湖北省2011年、2012年、2013年、2014年和2015年流动人口动态监测数据，各有样本5000份。本报告研究对象不仅包括户籍地在省内或者省外，目前在湖北省内城市就业的流动人口，界定为流入湖北省内的流动人口，还包括户籍地在湖北省，目前流出到省外就业的流动人口，界定为跨省流出流动人口。

一、湖北省流动人口规模与结构变动趋势

（一）流入人口的平均受教育水平逐年上升。

湖北省流入人口的平均受教育年限整体呈现出上升的趋势（见图1）。具体来说，在2016年之前，湖北省流入人口的平均受教育程度是逐渐增加的，在2016年达到一个小峰值，为10.42年，比2012年高0.72年。平均受教育年限在2017年有所下降，为10.30年。湖北省流入人口中平均受教育程度为高中或以上的占比一直在增大，至2017年，平均受教育程度为高中或以上的占42.26%，相比于2012年，提高了15.57%。此外，专业技术工人的比重整体趋势是上升的，2017年比重达到4.98%，比2016年低0.36%，比2013年高1.76%。平均受教育年限、平均受教育程度为高中或以上的比重以及专业技术工人比重的增加表明，流入人口的"人力资本"整体呈上升趋势。但是，2017年流入

图1 湖北省流入人口的受教育水平

人口平均受教育年限以及专业技术工人比重都在下降,这说明湖北省仍应增强对高端人才的吸引力。

(二)回流人口的地区分布趋于多元化。

根据2017年湖北省流入人口数据,在所有流入人口中,一共有17.1%(855名)湖北籍流入人口,他们最开始流动时选择流出湖北,如今又回到湖北。在这些回流人口中,他们首次流入地区分布不均,其中,有56.37%流入广州,7.37%流入浙江,5.85%流入北京,5.50%流入江苏。并且,这些回流人口选择回流的地区也不尽相同,有34.15%流入武汉市,14.39%流入十堰市,10.88%流入宜昌市,9.82%流入襄阳市。这说明,回流人口的地区分布趋于多元化,他们回流至武汉的比重更高,但其他市依然有自己的特色去吸引人口回流(见图2)。

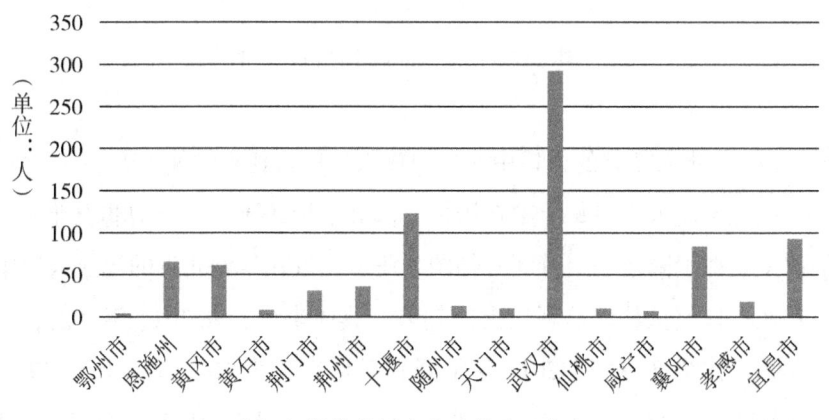

图2 湖北省回流人口的地区分布

湖北省每个市均有流入人口,而这些流入人口中有些是湖北省其他市的流出人口,他们之前从未流出湖北省;有些是回流人口;有些则是外省流入人口。那么在每个市全体流入人口中,从外省回流的人口占比多大呢?如图3所示,荆门市有25.83%的流入人口属于户籍在湖北而从外省回流的人口,恩施州、黄冈市、天门市、仙桃市、襄阳市以及孝感市的回流人口在本市总流动人口中的占比均在20%以上,而武汉市仅有14.6%的流动人口属于回流人口。在武汉市所有流入人口中，回流人口占14.6%，从湖北其他市流入武汉的比重为59.25%，外省流入人口占26.15%。

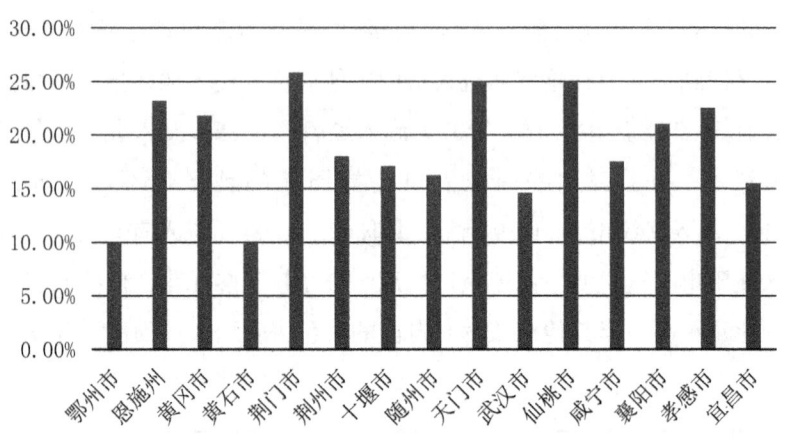

图3 湖北省各市流入人口中回流人口的占比

(三) 流入湖北的人口中非农户籍人口所占比重快速上升。

湖北省流入人口每年都在增加，那么增加的流入人口中非农业人口的比重是在下降还是上升呢？如图4所示，近几年湖北省的流入人口中非农业人口比重整体呈现出上升趋势。具体来说，在2013年之前，非农业人口比重在下降，2013年下降到最低点，为10.52%，比2012年低0.67%。2013年之后，非农业人口在总流入人口中的比重是在逐渐上升的，2017年非农业人口的占比为16.5%。这说明，近些年湖北省对省外非农户籍劳动力的吸引力在逐年增强。

(四) 跨省流入湖北省的少数民族规模呈现上升趋势。

由图5可以看出，湖北省跨省流入人口中少数民族占比整体呈现出上升的趋势。具体来说，2015年之前，湖北省的流动人口中少数民族的占比是在逐渐增大的，到2015年达到峰值，为7.2%，相比于2012年，提高了5.1%。2015年之后，少数民族的占比略有下降，至2017

图 4　湖北省流入人口中非农业人口的占比

年,少数民族的比重达到 4.9%。少数民族占比的逐步提高表明近年来,跨省流入湖北省的流动人口其民族结构趋于多样化。

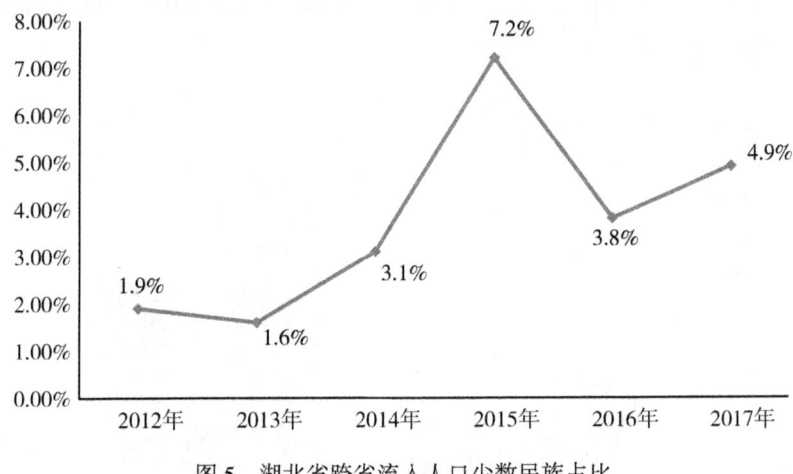

图 5　湖北省跨省流入人口少数民族占比

回族、土家族、苗族、壮族和蒙古族是近几年来跨省流入湖北人数最多的几个少数民族。回族是人数占比最大的少数民族,且从 2012 年以来,其占比呈现出逐渐增大的趋势,至 2017 年其人数占比为 56.8%。

土家族是人数占比排名第二的少数民族，其占比的变化趋势呈现出先增大后减小的趋势，在2015年达到了一个小高峰，占比达到26%。且在2015年，苗族首次超过壮族和蒙古族成为湖北省流入人口中的第三大民族。但总的来说，苗族、壮族和蒙古族的人数占比都较低，多年来一直处于12%以下的水平。

（五）流入湖北省少数民族的社会融合程度有所下降。

随着湖北省流入人口少数民族人数的逐渐增加，少数民族的社会融合情况就显得十分重要。从图6中可以看出，作为排名前两位的大民族来说，土家族的社会融合度明显高于回族，2012年，愿意在务工城市落户的土家族流入人口占比为49.1%，而回族仅为20.0%，两者相差29.1%。2017年，愿意在务工城市落户的土家族流入人口占比为39.2%，而回族仅为14.6%，两者相差24.6%。另外，从时间趋势上来看，从2012年到2017年，愿意留在务工城市的少数民族人数占比都是在下降的，这说明湖北省的少数民族流动人口尤其是回族的社会融合状况不容乐观。

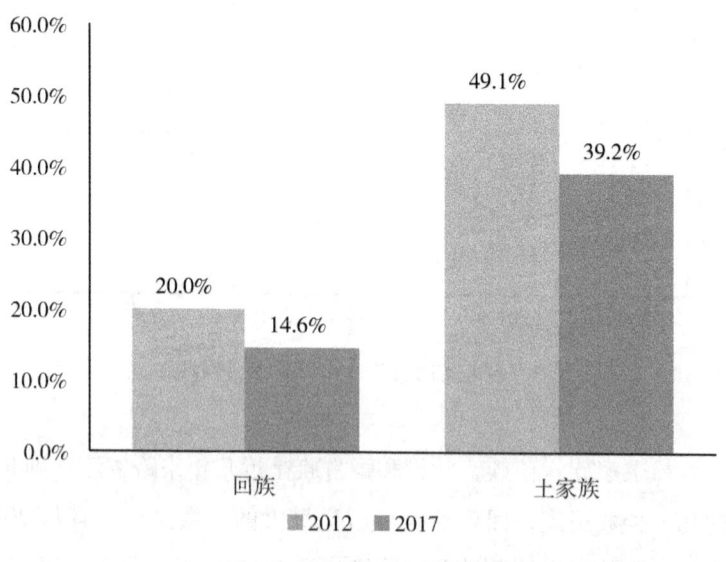

图6　少数民族的社会融合

(六)湖北省流入人口中的贫困人口比重呈现快速下降趋势。

以中央扶贫办制定的贫困标准线为基础,通过做适当调整,将月收入低于3000元视为贫困。从图7中可以看出,流入到湖北省的流动人口的贫困占比在逐年减小,近两年逐渐趋于稳定。2012年,贫困人口的占比为35.68%,2017年该占比仅为11.26%,六年时间内贫困人口减少了24.42%。2014年之前,贫困人口比例快速减少,下降幅度都在8%以上,2014年之后,贫困人口的占比下降幅度有所减小。湖北省流入人口贫困占比的逐渐下降与湖北省近年来的经济快速发展是分不开的,也与湖北省近年来对流动人口的各项涉及民生的政策是分不开的。

图7 湖北省流入人口的贫困比例趋势

(七)跨省流入湖北省的人口所占比重逐年上升。

近几年,跨省流入湖北省的流动人口占比呈现出逐年上升的趋势,2015年之后该趋势进一步加强,2016年跨省流入人口占比达到了一个小峰值,比例为28.4%。与此同时省内的流入人口呈现出逐年下降的趋势,2016年省内流动的人口占比仅为71.6%。这说明近年来湖北省的经济发展尤其是以武汉城市圈等为代表的大中型城市的快速发展吸引了更多的外省人口。从省内流动人口分布来看，2014年，省内跨市流动人口占比为36.3%，而市内跨县流动人口首度超过省内跨市，比重上升到38.8%，成为湖北省流动人口最主要的流动方式，2015年这一趋势进一步加强，但2016年湖北省省内跨市人口比重再次高于市内跨县（见图8）。省内流动人口的占比变化说明了湖北省各个市之间经济发展的均衡化趋势越来越凸显，区域差异在逐渐减小，使得那些在武汉、宜昌等大中城市务工的人员愿意返回到本市。

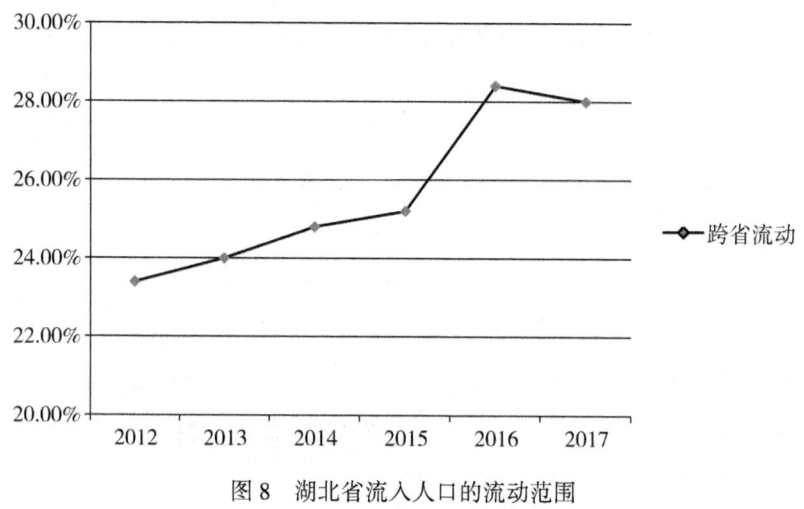

图8 湖北省流入人口的流动范围

二、湖北省流动人口存在的问题和挑战

（一）流动人口传染病健康教育缺乏，健康素养水平低，存在公共健康安全风险。

流动人口的流动频繁，同时该群体的健康素养水平较低，并且在传染病的健康教育方面又较为缺乏，这势必会产生公共健康安全风险。流动人口的健康素养总水平较低，他们对很多疾病的了解与认识不足，根据 2016 年湖北省动态监测数据分析，按照业已说明的积分策略和健康素养水平设定，湖北省的流动人口具备健康素养的水平仅为 40.2%，处于相对较低水平，这给流动人口健康状况带来了隐患。在健康教育方面，流动人口在居住地接受的健康教育主要体现在生殖健康与避孕、控制吸烟、妇幼保健/优生优育方面，相应人口占比分别为 63.9%、60.9% 和 64.9%。然而，流动人口中一些传染性疾病健康教育比例偏低，接受性病/艾滋病、结核病防治健康教育的流动人口占比均未过半，分别为 45.9% 和 42.0%。由于年龄、身体条件的变化以及工作的不稳定等原因，一些流动人口经常改变居住地。他们流动较频繁，会接触到很多群体，加之他们当中很少有人接受传染性疾病的健康教育，健康意识不足，因此严重威胁了整个社会的公共健康安全。

（二）流动人口的家庭建设和发展问题。

习近平总书记在 2015 年春节团拜会上做了重要讲话，"要重视家庭建设，注重家庭、注重家教、注重家风"。家庭建设和发展应引起人们和社会更多的关注，对于流动人口的家庭建设和发展来说，更是如此。在现实中，流动人口的家庭建设和发展存在诸多问题。

（1）流动人口的婚姻稳定性明显低于当地居民，家庭的完整性与稳定性差。

家庭完整性与稳定性是家庭建设和发展的基础，是构建和谐社会的必要条件，流动人口都希望能够在流入地拥有完整和稳定的家庭，具有良好的家庭建设。由于部分流动人口独自外出务工，夫妻长时间不能在一起，他们间的交流和共同话题自然会减少，家庭的功能也被弱化，家庭的稳定性遭受冲击。加之，流动人口独自来到陌生的地方，缺少了家庭的监督与约束，夫妻之间可能会产生情感危机，严重情况下会导致家庭的破裂。据研究，流动人口的婚姻与家庭稳定性明显低于居民。2014 年流动人口动态监测数据显示，农村居民离婚率为 1.39%，城市居民离婚率为 2.90%，城市流动人口群体的离婚率为 2.44%，农村户籍流动人口的离婚率为 2.10%，城镇户籍流动人口的离婚率为 4.47%。农村户籍流动人口的离婚率要高于农村居民,而城镇户籍流动人口离婚率要比城市居民高,流动人口家庭的完整性与稳定性较差。

(2)随迁子女辍学率处于较高水平,且缺乏父母照料,其身心发展存在健康隐患。

由于本地政策条件的限制、教育资源的稀缺,很多随迁子女面临入学门槛高、积分入户名额有限、学费贵等问题,他们往往失学或不能享受到良好的教育条件,随迁子女的教育存在问题。在我国义务教育已经普及以及高中、大学教育普及率逐渐上升的背景下,据2010年流动人口动态监测数据显示,我国流动人口随迁子女总的辍学率仍达到0.85%,其中非农业户口流动人口随迁子女辍学率为0.17%,农业户口流动人口随迁子女辍学率为0.65%。同时,由于身体或农忙等原因,诸多流动人口的父母不能随迁,加之流动人口只顾挣钱养家,工作时间长,强度大,他们没有更多的时间和精力去照料孩子,这对于随迁子女的身心健康发展极为不利,随迁子女在成长过程中会面临来自各方面的安全隐患。

(3)流动人口家教与家风建设意识薄弱,家庭德育教育缺失。

由于种种原因,比如收入水平、个人能力等条件的限制,流动人口的家属往往不能随迁至流入地,2014年流动人口动态监测数据显示,流动人口未随迁配偶、子女占比分别为6.83%和20.40%,与城市相比,存在较大差距。流动人口会面临家庭发展问题,即家教与家风的培养与建设问题。流动人口往往忙于工作,对于家教与家风的建设疏忽。同时,总体上看,流动人口教育水平较低,家教与家风建设意识薄弱。

(三)湖北省内留守儿童问题严重,且父母都外出的留守儿童比例超过半数。

在2017年湖北省流入人口动态监测数据8052份样本中,通过用户匹配的方法鉴别留守儿童,我们只考虑一种情况:当儿童是户主的子女时,如果户主和户主的配偶至少一方不在户内,则该儿童为留守儿童。数据显示,有1876名0~17岁儿童被留守在户籍地,占儿童人数比例高达18.41%。在留守儿童中，父母双方都外出流动的儿童在全部留守儿童中超过了半数，比例高达65.39%，留守儿童在成长中面临着严重的父母角色的缺失。

目前我国留守儿童面临的主要问题为教育问题，因此将留守儿童的年龄划分为4个年龄组，分别是学龄前儿童（0~5岁）、小学学龄儿童（6~11岁）、初中学龄儿童（12~14岁）和大龄儿童（15~17岁）。从各年龄段来看，各年龄组留守儿童所占比例差异较大，学龄前儿童（0~5岁）所占比例最高，15~17岁组所占比例偏低。学龄前儿童在留守儿童中所占比率为40.35%，义务教育阶段留守儿童规模为50.27%，大龄留守儿童占留守儿童的比率为9.38%（见图9）。

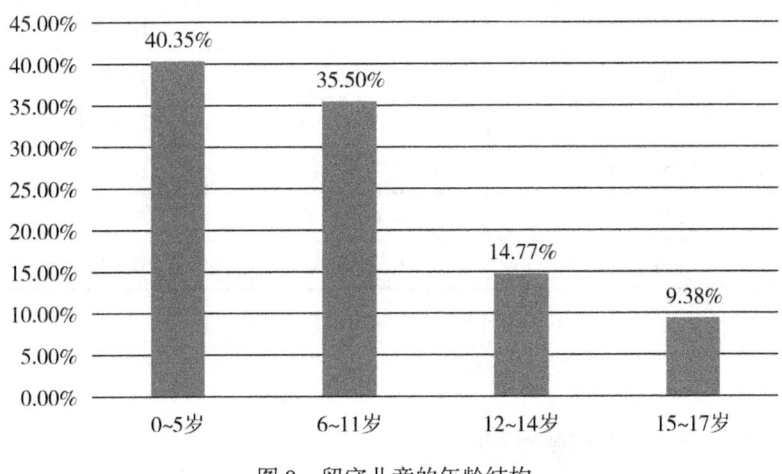

图9 留守儿童的年龄结构

（四）湖北省人口流动呈现"人力资本失衡"，流出人口的平均文化程度高于流入人口。

2017年湖北省流动人口中，无论是流出还是流入人口的文化素质总体上都是以初中文化为主。但是，流入流出人口的文化素质存在一定的差异，总体上省内流出人口的文化素质高于省外流入人口的素质。2017年流入湖北省的人口平均受教育年限为10.30年，比2013年高

0.52年，流出人口的平均受教育年限为10.45年，比2013年高0.17年。中低水平文化程度人口在流入和流出中基本平衡，差异主要体现在高学历水平的人群中。在流入人口中，高中及以上文化程度的人口所占比重为42.3%，比2013年高13.9%，比2010年高20.6%；在流出人口中，高中及以上文化程度的人口所占比重为42.7%，比2013年高4.6%，比2010年高6.3%，说明湖北省的流动人口的"人力资本"整体都有所提升（见表1）。

表1　　　　　　　流入、流出人口受教育程度比例

受教育程度	流入	流出
未上过小学	1.56%	1.20%
小学	11.14%	10.36%
初中	45.04%	45.77%
高中/中专	27.48%	26.01%
大学专科	9.74%	10.08%
大学本科	4.66%	5.95%
研究生	0.38%	0.63%

三、相关政策建议

（一）普及流动人口健康教育，完善健康教育渠道，降低公共健康安全风险。

流动人口健康教育的普及应渗透到每一环节，加强对传染性疾病的健康普及力度。流动人口的健康素养和意识水平较低，社区应通过多渠道对其进行健康教育，对于不同文化程度的流动人口选择不同的健康教育普及方式，提高健康教育的普及效果。比如，对于文化程度较高的流

动人口，多开展健康知识讲座，或通过宣传资料、宣传栏通知的方式对其进行健康教育普及；而对于文化程度较低或者文盲的流动人口，可以采取播放影片，或面对面咨询的方式进行健康教育普及。社区医院要多开展一些公益性的检查和诊疗活动，让流动人口能够及时了解自身的身体状况，防患于未然。另外，由于流动人口流入地可能随时发生变化，因此各地要时刻关注、跟踪并记录流动人口的健康情况，并将其存档。通过这些方式提高流动人口健康意识，及时掌握他们的健康情况，增加其对诸多疾病特别是传染病的了解和认识。同时，对于流动人口自身也需要主动了解一些疾病知识，特别加强对传染病的认识，主动预防，在生病时要及时去正规医疗机构诊治，直至治愈。通过这些方式降低流动人口带来的公共健康安全风险。

（二）构建家庭建设协同机制，鼓励家庭、社会、政府共同参与流动人口的家庭建设和发展。

注重家庭、注重家教、注重家风是家庭建设的重要内容，流动人口的家庭建设和发展离不开当地政府的政策支持、流动人口本人及其家属的共同培养与建立。流动人口的家庭建设与发展需要构建家庭建设协同机制。所谓家庭建设协同机制是指家庭、社会、政府相互配合、密切协作，共同致力于家庭建设的协同互促机制，它是家庭、社会、政府等外部力量的合力凝聚。良好的家庭建设与发展既离不开家庭小环境，也离不开社会大环境。流动人口进入一种新环境，需要积极融入当地，并重新考虑家庭建设与发展问题，在维护家庭完整性和稳定性的条件下，营造和睦的家庭氛围，创造美好的家庭环境，每个家人都要遵从家教、和谐相处、互促互进，形成良好家风。在这方面，家长应给子女树立良好的榜样，起到带头表率的作用，通过潜移默化，逐渐让孩子体会并认识到家教与家风，不仅有利于家庭、家教与家风的建设，更重要的是帮助孩子健康成长，促进家教与家风的传承。除此之外，还可以通过社会教育以及政府的政策支持与约束进一步加强流动人口的家教与家风建设。

地方政府应鼓励流动人口家属随迁，尽力为流动人口家属提供相应的就业机会，让流动人口与其家人在一起生活，这样不仅可降低流动人口的家庭生活成本，更重要的是使流动人口在流入地有家庭归属，提高他们的归属感，为流动人口的家庭建设与发展提供基础条件。同时，地方政府应放开教育资源，注重教育的公平性，逐渐解除制度束缚，消除流动人口子女入学的一系列门槛。在教育资源或者流动人口家庭收入有限的情况下，政府可通过增加教育支出、接受社会捐助等方式，为流动人口子女的教育提供公平的制度保障和充足的物质支持，同时为促进流动人口家庭建设与发展提供了必要条件。

（三）政府应优化教育资源分配，进一步细化留守流动儿童工作。

政府应协同教育部门根据本地实际情况，有效整合教育资源，合理调整学校布局，增加和改善寄宿学校的软硬件设施，最大限度地保护留守儿童的福祉。不同年龄段的留守儿童面临着不同的成长问题，在开展工作时要考虑到不同年龄段儿童的需求。对于0~5岁留守儿童，应提前规划教育资源配置和教育方案设计，使他们也能享受到均等的学前教育；对于义务教育阶段的留守儿童，特别是该年龄段母亲外出的留守儿童，由于缺乏与父母、特别是与母亲的直接沟通，孩子在人格形成的关键时期具有一定的风险，因此要创造和制造机会增加女性劳动力在当地就业，降低母亲外出的机会；对于15~17岁处于高中学龄阶段的大龄儿童，极易产生心理失衡、道德失范、行为失控甚至犯罪的倾向，应该特别加强青春期教育和心理教育。

（四）构建政府、企业、社会三位一体的人才友好型环境，吸纳人才留汉发展。

构建人才友好型环境应从政府、企业和社会三个维度展开：其一，政府逐渐承担更多的责任，逐步完善人才成长机制，切实做好服务，尽全力提升流入人口的"归属感"。其二，企业要强化社会责任意识，与流动人口构建稳定的雇佣关系，营造"尊重知识、尊重人才"的工作环境，建立公开、公平、竞争、择优的用人机制，完善对人才的激励机制。其三，对于在汉的高校毕业生，应着力改善发展的软硬环境，构建一批专业人才"凹地"和精英人才特区，提前做好就业岗位开发工作，同时进一步推进留汉人才的居住工作，这将会很好地平抑大城市高房价对人才的"挤出效应"。

二、人口流动迁移与城镇化专题

报告一

湖北省农业转移人口基本特征及变动趋势

近年来,随着湖北省城镇化进程的大力推进,农业转移人口的规模在不断增加。这部分为社会经济的发展做出贡献的群体,正在经历从农民到市民的市民化过程。因此,弄清湖北省农业转移人口的基本特征、分布状况和变动趋势,对推动我省城镇化进程中农业转移人口市民化工作起到至关重要的作用。

根据本文对"农业转移人口"的概念界定,可以将其看成是户籍性质为农业户口、离开户口登记地转移到湖北省常住的非农产业劳动人口及其随迁家属。本报告的研究对象为流入到省内的农业转移人口,依据湖北省2010年流动人口动态监测数据,结合湖北省六普数据估算湖北省2010年农业转移人口的总量及分布;依据湖北省2011—2014年流动人口动态监测数据、农村劳动力转移就业数据,推算湖北省2011—2014年农业转移人口总量,并进行未来五年的农业转移人口变动趋势预测。

一、湖北省农业转移人口基本特征

(一)湖北省内农业转移人口总量于2012年达到峰值,随后有所下降。

依据上述方法的推算,2010年湖北省农业转移人口总量为812.2

万人，占常住人口总数的 14.2%，其中省内农业转移人口数为 723.2 万，省外农业转移人口数为 89.0 万人。2011—2014 年湖北省农业转移人口总量分别是：886.4 万、940.8 万、870.3 万、910.6 万。

2010—2014 年湖北省农业转移人口数量呈现先增加后减少的变动趋势，其中，2012 年的农业转移人口总量最大，其原因在于受到 2008 年金融危机及其滞后效应的影响，2012 年大批从湖北省流向省外的农业转移人口回流到省内就业，但并未持续，2013 年大批回流的农业转移人口仍然选择了跨省流动，说明湖北省在农业转移人口就业岗位创造、公共服务提供等方面还需要进一步提高，加强促进农业转移人口的省内就近转移，推动中部地区的城镇化发展。

(二) 湖北省内农业转移人口以省内流动为主。

从人口流入口径来看，湖北省农业转移人口主要以省内转移为主。第六次人口普查数据显示，湖北省农业转移人口中，48.1%来自市县内转移，41.0%来自省内跨市县转移，11.0%来自跨省转移。2013 年湖北省农村劳动力转移就业总规模为 1178.54 万人，占全省农村劳动力总人数的 51.0%，占全省常住人口总数的 20.0%、占全省户籍人口总数的 19.1%。2013 年向外转移的农村劳动力中 53.5%转移到国内其他省份，20%在省内跨县市转移。此外，有 5.35 万农村劳动力实现了境外就业转移，有 22.53 万农村劳动力实现了自主创业。

(三) 湖北省农业转移人口净流出规模呈现先增加后减小趋势。

一直以来，湖北省都是农业人口转出大省，也是人口净流出省份，大规模的农村劳动力从农业转移到省外非农生产领域。从 2000 年至今，湖北省人口净流出规模整体呈现先增加后减小的趋势。以 2010 年为转折点，人口净流出规模开始出现缩小的态势，表明随着湖北省社会经济的快速发展、新型城镇化的推进，从"十二五"期间开始，湖北省外出务工人员将会大规模回流，农业转移人口就近转移趋势对我省新型城镇化规划部署、综合管理模式、公共服务水平等多方面工作提出更高的要求。

(四) 湖北省内农业转移人口空间分布相对集中。

从农业转移人口的流入方向上看,流向较为集中。第六次人口普查数据显示,湖北省812.2万农业转移人口中,有336.7万分布在武汉市,占总规模的41.5%,占武汉市常住人口的34.4%。农业转移人口数量超过50万的城市有:襄阳市(68.4万)、宜昌市(55.5万)、荆州市(52.1万);农业转移人口占常住人口比重超过10%的城市有:十堰市(14.7%)、宜昌市(13.7%)、黄石市(13.6%)、襄阳市(12.4%)、咸宁市(12.1%)、荆门市(11.9%)、鄂州市(10.6%),具体见图1。

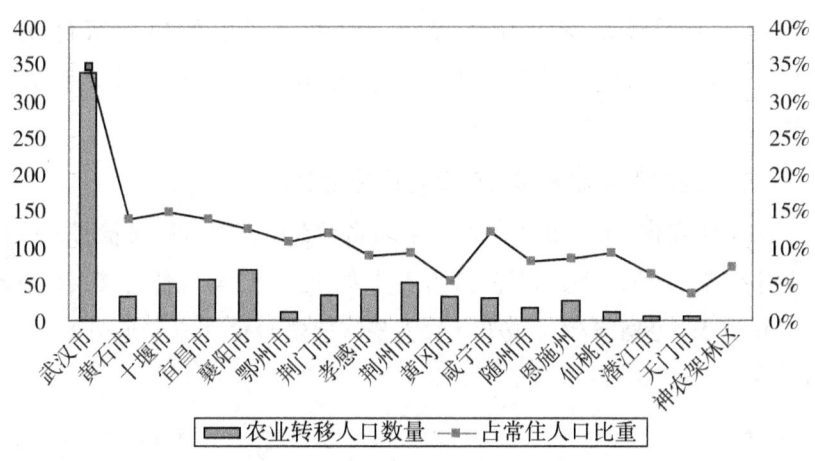

图1 湖北省农业转移人口转移地空间分布(单位:万人,%)

(五) 湖北省农业转移人口年龄结构呈现较为明显的成年化趋势,以青壮年劳动年龄人口为主。

第六次人口普查数据显示,15~64岁劳动适龄人口占总规模的85.8%,总抚养比低,人口机会视窗保持开启。其中20~24岁年龄段的人口所占总规模的比重最大,高达15.6%,其次为15~19岁人口,比重为14.1%,两者所占比重近总规模的三分之一。湖北省农业转移人口总体结构比湖北省常住人口更年轻化,同时省外农业转移人口年龄结构相较于省内农业转移人口也表现出更年轻化的结构。15~29岁农业转移人口占总规模的39%，这部分人口为湖北省经济社会发展提供了充足的劳动力资源，在市民化过程中将会面临婚育压力或"边缘化"境地，给湖北省的社会发展和公共服务等管理带来极大的挑战。

二、湖北省农业转移人口变动趋势

根据湖北省劳动就业管理局提供的2008—2014年湖北省农村劳动力转移就业统计资料及本研究测算的2010—2013年湖北省农业转移人口数量，采用等维灰色预测方法，利用已知数列建立灰色模型GM（1,1）来进行定量分析预测2015—2020年湖北省农业转移人口数量。

（一）湖北省农业转移人口总量将持续上升。

从预测结果来看，2015—2020年湖北省农业转移人口总量将继续呈现上升态势，年均将继续转移33万农业人口，2017年农业转移人口总量突破1000万，2020年农业转移人口总量将达到1110.3万（见图2）。

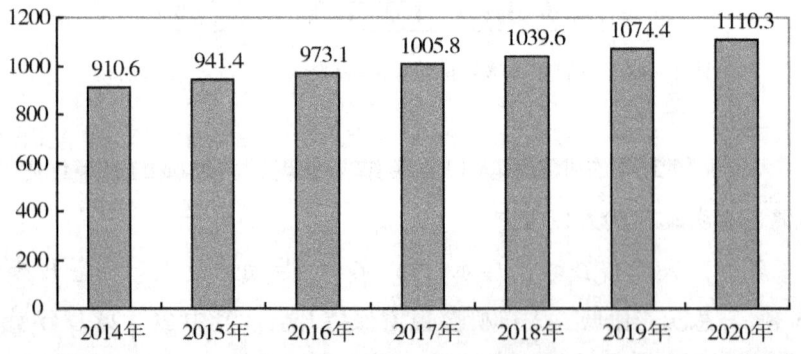

图2　2014—2020年湖北省农业转移人口数量预测（单位：万人）

(二)湖北省农村劳动力跨省转移规模将逐渐下降。

根据等维灰色预测方法,我们预测了2015—2020年湖北省农村劳动力向外转移总量、省内转移数量和国内跨省转移数量。从预测结果来看,2015—2020年湖北省农村劳动力转移就业人数将继续呈现缓慢上升的态势,年均将从农村向外转移24万农村劳动力,2020年达到1347.11万人(见表1)。

省内转移和国内跨省转移的变动趋势差异较大,随着中部崛起战略的持续推进、湖北省经济的进一步发展以及新型城镇化规划的部署,湖北省跨省转移的农业人口数量将会不断减少但降幅趋于平稳,即未来6年会出现跨省转移的农业人口回流。而省内转移的农业人口会不断增加,增幅与湖北省农业转移人口总量相当,可以认为未来6年湖北省农业转移人口总量的上升主要由省内农业转移人口数量的增加而引起。

表1　　　　2015—2020年湖北省农村劳力转移数量预测(单位:万人)

	农村劳动力转移总量	省内转移	国内跨省转移
2015	1225.38	610.22	602.79
2016	1248.81	640.91	589.73
2017	1272.70	670.90	587.69
2018	1297.03	701.26	585.65
2019	1321.84	735.03	583.61
2020	1347.11	765.30	581.58

三、对策建议

(一)有序推进农业人口转移和市民化。

坚持存量优先,因地制宜,分类推进的原则,把有意愿且符合落户条件的农业转移人口逐步转为流入地市民；引导农村富余劳动力和外出务工人员就近就业和返乡创业，在省内实现市民化，使落户定居的农业转移人口稳定增长。基于农业转移人口群体分化状况和市民化现状，提供协调农业转移人口市民化意愿与市民化能力的制度安排与政策措施。根据劳动力流动特征和程度的差异，农业转移人口可以划分为三个群体：第一类是常年进城务工经商、季节性往返于城乡之间的"候鸟型"农业转移人口；第二类是间歇性或短期季节性在城镇务工，仍以农业为主、务工为辅，或务工、务农并重的"双栖型"或"兼业型"农业转移人口；常年在城市打工，但又具有一定流动性（主要是指春节返乡）的农业转移人口，在城里有相对稳定的职业、收入和居住地；第三类是多年工作在城市、通常举家迁往城市居住并基本融入城市的"沉淀型"或"筑巢型"农业转移人口。这三种类型农业转移人口的市民化意愿和市民化能力也差异显著，这就需要政府根据不同农村转移劳动力群体的市民化意愿和市民化能力，选择相应不同的政策和支持关注重点。

（二）建立大城市的积分落户制度，合理规划落户指标和计分标准。

湖北省农业转移人口的流向较为集中，有接近一半的流动人口集中在武汉市，如果直接放开武汉市的落户条件将会对武汉市的城市管理和财政支付造成巨大负担，因此可以采取积分制等方式设置阶梯式落户通道调控落户规模和节奏。武汉市根据发展需求和城市承载力约束限制，每年制定合理的积分入户指标数量，完善积分入户的计分标准，包括满足在大城市稳定就业（签订两年以上劳动合同）、拥有稳定合法住所、缴纳城镇社会保险不低于两年等基本要求外，其他条件根据设置的计分标准进行综合评判，同时根据发展需要和农业转移人口的变化逐步相应放宽学历、专业技术等方面的要求。

（三）建立和完善城乡统一平等就业制度和一体化劳动力市场，推进农业转移人口进入城市。

加强对农业转移人口的就业信息和培训服务，整顿和完善政府的就业组织和社会职业介绍机构，尽可能使其成为农业转移人口就业的主渠道，保证农业转移人口就业的正规渠道的廉洁高效。各地公共就业服务机构应普遍向农业转移人口开放，免费为他们提供就业信息和职业介绍等基本服务；建立供求直接见面的零工交易场所，加强监督管理和宣传，切实保护农业转移人口合法权益；以公益广告形式公告合法中介机构的地址和联系方式，方便农业转移人口求职就业；利用春节过后农业转移人口集中求职时段，动员公共就业服务机构开展为农业转移人口集中提供综合性服务工作，并会同劳动、公安、工商、人事等部门联合工作，形成常规制度。

（四）建立劳动力工资合理增长机制，促进农业转移人口在城镇稳定就业。

加大对职业教育和农业转移人口技能培训的投入力度，健全农业转移人口职业教育和技能培训体系，大幅度提高技术熟练型农业转移人口的比重，以技能促就业。同时，消除城乡劳动者就业的身份差异，实现城乡劳动者同工同酬。继续完善最低工资标准制度，根据经济发展情况，及时调整最低工资标准，引导企业合理加薪，保证农业转移人口生活水平的持续改善。发挥工会维权作用，加快建设企业劳资对话机制，建立规范合理的工资集体协商机制，确保农业转移人口收入与企业效益联动。

报告二

人口流动的健康选择效应研究

本报告利用2014年中国劳动力调查数据和2014年流动人口动态监测社会融合专题调查数据，对农村留守人口、农村外出返乡人口、城乡流动人口（农业转移人口）以及城镇居民等不同流动特征群体之间的健康差异进行比较，并进一步分析了流动过程对流动人口健康状况的影响。本报告研究发现我国流动人口存在健康选择效应，一是健康迁移效应，即健康状况较好的农村劳动力更容易选择外出务工；二是人口流动的三文鱼偏误效应，由于城市地区劳动力市场竞争激烈、工作压力大和就业环境相对较差，并且农村流动人口对流入地政府的公共卫生服务的不可及性，导致流动人口的健康状况随着外出时间的延长逐渐下降。恶化的健康状况削弱了部分农村劳动力在城市就业市场上的竞争力，被迫选择返回农村。农村居民健康状况整体低于城市居民。

一、城市化进程中人口流动的健康选择效应

（一）农村居民健康状况整体低于城市居民。

受我国城乡二元结构限制，居住在城市或农村的劳动力在诸多特征上存在明显差异，健康状况也表现为二元特征。中国劳动力调查数据分析显示，70.9%的城市劳动力认为自己的身体状况是健康的，但这一比

例在农村劳动力中为59.99%；不足5%的城市劳动力认为自己的身体状况不健康，这一比例在农村劳动力中则超过了13%，可见城市劳动力的自评健康状况比农村劳动力的健康状况要好。具体来说，有24.95%居住在城市务工的劳动力认为自己身体非常健康，有45.95%的认为自己身体健康，有24.46%的认为自己身体状况一般，有4.36%的认为自己身体比较不健康，不足0.3%的认为自己身体非常不健康（见表1）。相比之下，在农村务工的劳动力认为自己身体非常健康或健康的比例显著低于在城市的劳动力，但认为自己身体健康状况一般、比较不健康和非常不健康的比例显著高于居住在城市的劳动力。

表1　　　　不同类型劳动力自评健康状况的差异　　　（单位:%）

劳动力类型		自评健康状况				
		非常健康	健康	一般	比较不健康	非常不健康
城市劳动力	农业转移人口	23.40	45.33	25.88	5.05	0.34
	城市职工	26.08	46.50	23.42	3.86	0.24
	全部城市劳动力	**24.95**	**45.95**	**24.46**	**4.36**	**0.28**
农村劳动力	农村暂时回流劳动力	25.41	40.03	25.70	8.12	0.74
	农村留守劳动力	19.65	40.41	25.08	13.13	1.73
	农村回长期流劳动力	19.77	36.79	29.50	12.48	1.46
	全部农村劳动力	**20.12**	**39.87**	**25.73**	**12.66**	**1.61**

（二）健康状况较好的农村劳动力选择进城务工。

农村劳动力外出务工存在明显的健康选择效应，正在城市务工的农业转移人口群体健康状况明显好于留守农村或回流农村的劳动者健康状况。表1结果显示，有23.4%的农业转移人口认为自己身体非常健康，有45.33%的农业转移人口认为自己身体健康，有25.88%的农业转移人口认为自己身体健康状况一般，有5.05%的农业转移人口认为自己身体比较不健康,极个别农业转移人口认为自己身体非常不健康。而目前居住于农村的人口中自评健康为非常健康和健康的比重分别为20.12%和39.87%,明显低于农业转移人口群体。另外,没有外出务工经历的农村留守劳动力自评健康不好的比重为14.86%,而正在城市务工的农业转移人口自评健康不好的比重仅为5.39%。

(三)农业转移人口群体健康状况低于城市当地居民。

户口性质的不同导致在城市务工劳动力的自评健康存在差异,城市职工的自评健康状况比农业转移人口的自评健康状况要好。表1的描述结果显示,有26.08%的城市职工认为自己身体非常健康,有46.50%的认为自己身体健康,有23.42%的认为自己身体状况一般,有3.86%的认为自己身体比较不健康,有0.24%的认为自己身体非常不健康;相比之下,农业转移人口认为自己身体非常健康或健康的比例显著低于城市职工,但认为自己身体健康状况一般、比较不健康和非常不健康的比例显著高于城市职工。

(四)健康状况不好的农业转移人口选择回流农村。

调查结果显示,和正在城市务工的农业转移人口群体相比,已经返乡的农业转移人口的健康状况更差。从表1中可以看到,农业转移人口群体自评健康不好的比重为5.39%,但是长期回流劳动力自评健康不好的比重达到13.94%。另外,在农村劳动力内部,农村长期回流劳动力的两周内自报患病、两周内就诊和一年内需要住院的比例都比留守劳动力要高。该结论显示,我国农村流动人口存在迁移的"三文鱼偏误效应"①。

另外,不同回流时间农业转移人口健康状况存在差异,也为"三文鱼偏误效应"提供了证据。表1结果显示,65.44%的农村暂时回流劳动力认为自己身体健康,这一比例在长期回流劳动力中为56.56%。可见,对于已经回流的劳动力发生了二次迁移选择,那些健康状况已经

---

① "三文鱼偏误效应"是指健康状况相对较差的迁移者可能返回迁出地,健康状况较好的迁移者(流动人口)更可能留在城市。

恢复的劳动力打算再次进城务工。那么，促成劳动力做出长期回流决策的原因真的是身体健康状况不佳吗？2014年中国劳动力调查针对暂时回流劳动力和长期回流劳动力的回乡原因都做了调查，超过10%的长期回流劳动力直接回答是因为健康恶化返乡。

（五）农村暂时回流劳动力和农业转移人口的心理健康状况较差。

在测量劳动力心理健康时，CLDS（中国劳动力动态调查）2014并没有沿用其他全国性调查常用的心理健康量表，而是通过询问劳动力过去四周有抑郁倾向的频率获得其心理健康信息，具体询问"感到过不开心或是沮丧"、"对自己失去过信心"、"感到无法克服遇到的困难"和"感觉到悲伤、消沉或抑郁"这四类感受或想法的发生频率（见表2）。原始发生频率信息包括"没有"、"很少"、"有时"、"经常"和"总是"五类，本文将劳动力过去四周"有时"、"经常"或"总是"有抑郁感受或想法视为有抑郁倾向，将"没有"和"很少"视为无抑郁倾向。

表2 不同类型劳动力过去四周有抑郁倾向的差异 （单位:%）

抑郁倾向	劳动力类型				
	农业转移人口	城市职工	农村暂时回流劳动力	农村留守劳动力	农村长期回流劳动力
感到过不开心或沮丧	40.68	35.81	42.54	34.49	38.01
对自己失去过信心	26.84	23.45	29.25	24.56	23.01
无法克服遇到的困难	25.70	23.23	32.79	27.97	27.55
感到悲伤、消沉或抑郁	28.23	23.97	29.25	26.88	26.90

表2结果显示，不同类型劳动力过去四周的抑郁倾向存在明显差异，其中农村暂时回流劳动力和农业转移人口群体最令人担忧。农村暂时回流劳动力和农业转移人口感到悲伤、消沉或抑郁的比例高于其他类型劳动力。农村暂时回流劳动力、农业转移人口和农村长期回流劳动力这三类有迁移经历的农业劳动力认为自己不开心或是沮丧的比例比城市

职工和农村留守劳动力要高。农村暂时回流劳动力和农业转移人口对自己失去过信心的比例较高,值得注意的是,有近三成农村暂时回流劳动力对自己失去过信心。可见迁移过程给农业劳动力带来了挫败感,让他们有更高比例的人觉得自己不开心,对自己没信心,常常认为遇到的困难自己无法克服,也因此更多地感觉到悲伤、消沉或抑郁。总的来说,农村暂时回流劳动力在各个维度都表现出抑郁倾向;农业转移人口的抑郁倾向也很严重。

(六)在城市看病不能报销是农业转移人口生病后返乡的主要原因。

农村暂时回流劳动力的两周内自报患病比例和一年内需要住院的比例显著高于在城市务工农业转移人口群体。这意味着,农村暂时回流劳动力多是因病回流。农业转移人口的两周内自报患病比例和一年内需要住院比例均高于城市职工。但是在已经患病的情况下,农业转移人口两周内实际就诊比例略低于城市职工。

进一步分析发现,农业转移人口两周内患病未就诊的首要原因是自感病轻不需要就诊;其他原因包括经济困难、无时间和就诊麻烦。对农业转移人口来说需要住院而未住院的原因包括经济困难、没必要和没时间。那么他们的急慢性病就医负担到底有多大,以至于让他们不就医?表3的结果显示,农业转移人口的两周内看病花费自付比例显著高于农村暂时回流劳动力和城市职工。农业转移人口生病后在城市看门诊和住院报销的比重为22.3%和33.0%;但是他们回流农村后可以报销的比重分别为59.4%和57.8%。城市就医高昂的花费以及较低的报销比重,使得农业转移人口群体小病不舍得花钱就医,生大病就直接返回农村。

表3　　　　　不同类型劳动力就医和住院报销比重　　　（单位:%）

	两周内门诊报销比重	一年内住院报销比重
农业转移人口	22.3	33.0
城市职工	70.5	46.3

续表

	两周内门诊报销比重	一年内住院报销比重
农村暂时回流劳动力	30.8	31.0
农村长期回流劳动力	59.4	57.8
农村留守劳动力	45.9	68.1

二、流动时间、流动距离与流动人口健康状况

在本部分我们进一步解释人口流动的"三文鱼偏误效应"发生的内在机制，集中体现在流动时间和流动距离的健康影响效应上。

（一）随着外出务工时间的延长，流动人口健康状况在下降。

如果真的存在人口流动的"三文鱼偏误效应"，那么随着流动时间的延长流动人口健康状况应该表现为下降趋势。2014 年动态监测数据调查结果显示，对于 15～60 岁的流动人口，第一年外出务工的流动人口自评健康不好的概率为 8.69%，在外务工 12 年后自评健康不好的概率上升为 13.61%，在 20 年后该概率上升为 17.13%。考虑到外出务工时间越长，流动人口的年龄也会越高，我们将研究对象界定在 25～34 岁青壮年阶段。青年劳动力流动的第 1 年自评健康不好的概率为 6.40%，在流动 12 年的时候自评不好的概率上升为 13.65%。可见，外出务工确实导致流动人口健康状况的下降，并且随着在外务工时间的延长，健康状况呈现持续下降趋势。

（二）随着外出务工时间的延长，流动人口健康风险在增加。

随着外出务工时间的延长，流动人口健康变差的风险逐步增加。健康风险的衡量指标为和一年前相比健康状况变差的概率。动态监测数据分析显示，对于 15～60 岁的流动人口，在流动的第 1 年健康状况比前

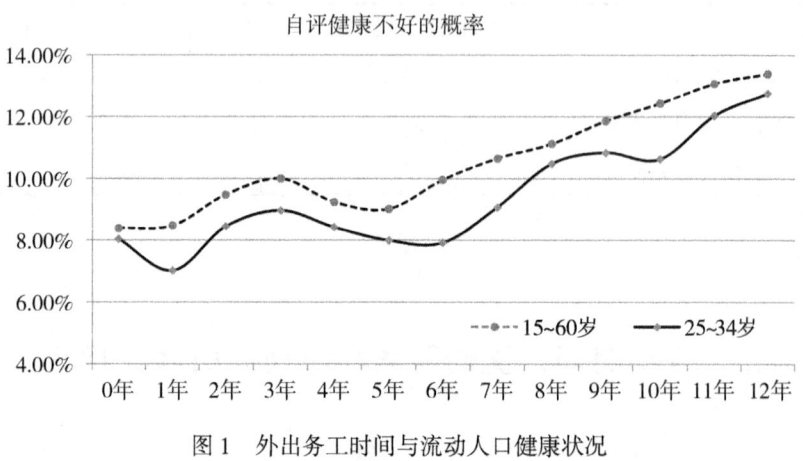

图 1 外出务工时间与流动人口健康状况

一年变差的概率为 7.16%，在流动的第 12 年健康变差的概率上升为 14.34%。类似前文的分析，对于 25~34 岁的流动人口，从第 1 年到第 12 年，健康变差的风险从 7.78% 上升为 14.09%。

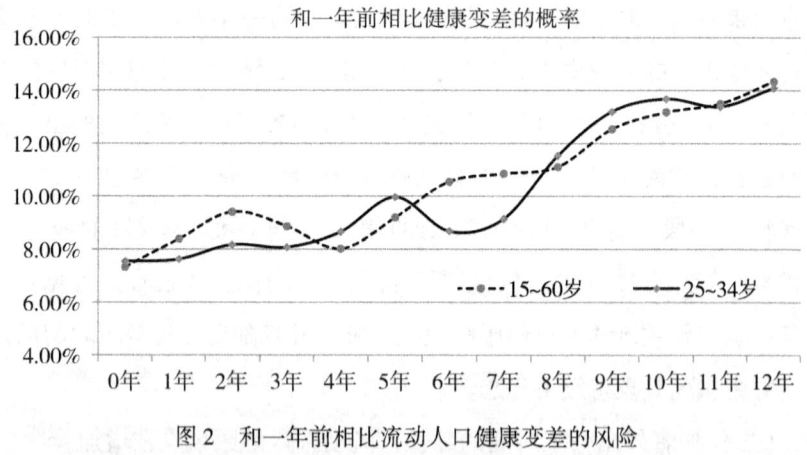

图 2 和一年前相比流动人口健康变差的风险

（三）迁移距离越远，流动人口健康状况越差。

相对于市内跨县迁移，跨市或跨省迁移流动人口聚集社区社会资本存量低，社会失范和不端现象滋生，健康社会规范缺失，从而导致迁移距离较远的流动人口健康受损更严重。2014年流动人口动态监测数据分析结果显示，市内跨县流动人口自评健康不好的概率为5.78%，跨省迁移流动人口的自评健康不好的概率为9.98%。可见，随着迁移距离的延长，流动人口健康状况呈现下降趋势。

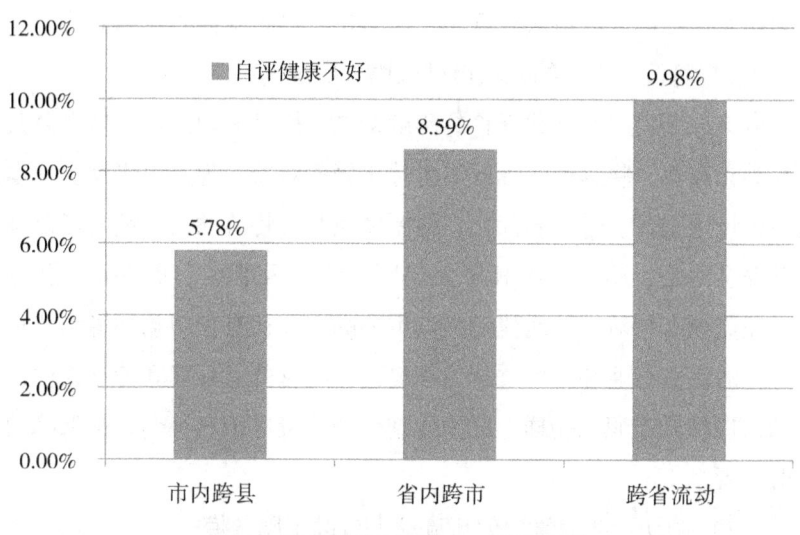

图3 流动距离与流动人口健康状况

三、对策建议

（一）多部门资源整合和协作，加强流动人口健康服务。

随着城市化的发展，大量的人口在城乡之间、地区之间来回往复流动已经逐渐成为一种社会常态，流动人口在城市中的健康风险增加也会成为一种必然结果。于是，相关社会政策的制定，应该建立在为流动人口提供有效健康服务的基础上。各级综治、民政、财政、农业转移人口工作、卫生计生等部门要加强协作，实现服务资源共享，合力推进流动人口基本公共卫生计生服务均等化。卫生计生部门要主动与相关部门沟通协调，加强在培训、交流和联合办事等方面的协作；综治组织要用好"一网办"、"一网通"；流动人口工作协调机构要加强对流动人口及相关基本公共服务均等化工作的统筹协调；民政部门要将流动人口基本公共卫生计生服务纳入社区服务体系建设，指导城市街道办事处、社区居委会切实加强流动人口服务管理工作力量，提高服务质量和效能。

（二）将流动人口纳入城市健康服务安全网络。

应该逐渐消除家庭化迁移的制度壁垒，推进流动人口的基本公共服务均等化改革，将其纳入社区卫生计生服务对象，为其逐步落实基本公共卫生计生服务。进一步深化户籍制度改革，将流动人口纳入城市健康服务安全网络，逐步解决其居无定所、就医困难等一系列公共服务问题。还应该有针对性地对流动人口聚集的、存在有害劳动环境和严重超时劳动的重点行业和地区进行专项整治，改善就业环境和劳动条件，让流动人口和城市职工一样，成为受到劳动政策保护和社会政策保障的普通劳动者。

（三）调动社会力量，创新流动人口健康服务模式。

创新服务模式，以市场为着眼点，有序推进政府购买基本公共卫生计生服务，将竞争机制引入基本公共服务的供给过程。鼓励尝试以签订委托协议的形式向流动人口计生协等社会组织购买部分基本公共卫生计生服务，并健全公开、透明、规范的公共服务购买流程。逐步将健康档案建立、健康教育促进、优生优育、生育关怀、家庭发展、生殖健康宣传、妇保儿保服务、访视等卫生计生服务内容，形成项目，委托社会组织向流动人口提供。卫生计生部门依据所签订的协议对其进行考核、监管。按照人口流动迁移规模、趋势和城镇化发展布局，在卫生计生公共服务资源配置上充分发挥市场需求引导作用，向流动人口聚集区域和人口流向引导区域倾斜。

报告三

人口流动与湖北省人口红利分析

"十二五"期间湖北省将迎来最佳人口红利期，并在该期间达到峰值，在这之后劳动年龄人口将出现下降趋势，总负担系数在连续多年的下降后出现拐点。因此，"十二五"期间抓住这一人口窗口机会，对于发展湖北经济、推动中部地区崛起显得尤为重要。湖北省虽然处在人口红利期但却没能将人口红利充分地转化成现有生产力，人口的跨省流出导致人口红利不能有效地在当地发挥作用。我们的研究并非要阻止劳动力流动，而是寻找怎样的政策能够更好地帮助湖北省利用劳动力流动。

本文所使用的数据主要来源于第六次全国人口普查数据和2012年国家人口计生委流动人口动态监测数据。2012年流动人口动态监测数据（以下简称2012年监测数据）共获得户籍在湖北的流动人口有效样本8130个，现居地在省外属于湖北省流出人口5075人。流入湖北的共3986人，户籍在湖北以外地区，现居地为湖北省的931人，省内流动的3055人。

一、湖北省人口外流总规模呈扩大趋势

2010年全国第六次普查时湖北省的总人口为5723万人，跨省净流

出人口占到总人口的 8.3%，可见，湖北省存在着严重的人力资源流失。

（一）湖北省人口外流总规模大，且呈现扩大趋势。

从人口普查数据来看，不管是第五次人口普查还是第六次人口普查湖北省的人口流出量都排在全国的前六位，占全国流出人口的比率分别为 6.61%、6.86%（见表1）。2000 年第五次全国人口普查时流出湖北省的人口总数是 280.52 万，而到了 2010 年第六次全国人口普查时这一数据增加为近 588.98 万，增加了一倍多。因此，不管是从占全国的比例来看还是从流出总量来看，湖北省的人口流出规模都处于一个扩大的态势中。

表1　　　　全国各主要人口流出地人口流出量对比

	主要人口流出地	安徽	四川	河南	湖南	湖北	江西
第六次人口普查	跨省流动人口数	9622595	8905128	8626229	7228896	5889792	5787395
	占全国比例	11.21%	10.37%	10.04%	8.42%	6.86%	6.74%
第五次人口普查	跨省流动人口数	4325830	6937793	3069955	4325830	2805187	3680346
	占全国比例	10.20%	16.36%	7.24%	10.15%	6.61%	8.68%

（二）湖北省的流出人口数远高于流入人口数，且人口净流出量呈上升趋势。

2000 年全国第五次人口普查时流入湖北省的人数为 60.97 万，而流出人口为 280.52 万，净人口流出为 219.55 万，到了 2010 年全国第六次人口普查时这组数据分别变化为 101.36 万、588.98 万、487.62 万，净人口流出从 219.55 万上升到 487.62 万，增加了 122%（见表2）。

表2　　　　　　　　　湖北省人口流动情况对比

	第五次人口普查总数	占全国比例	第六次人口普查总数	占全国比例
流入湖北	609733	1.44%	1013612	1.18%
流出湖北	2805187	6.61%	5889792	6.86%
净流出	2195454		4876189	

表1、表2数据来源：第五次、第六次全国人口普查数据（中国国家统计局网站）

二、湖北省"人口红利"的流失

（一）流入与流出人口年龄结构对比。

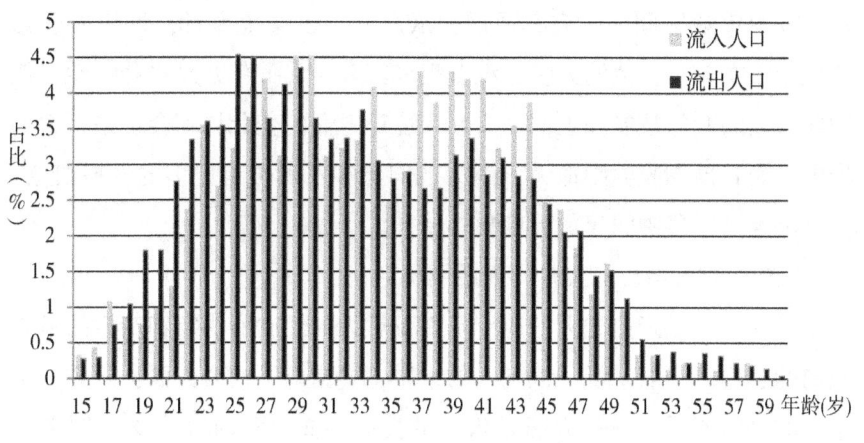

图1　湖北省流入、流出人口年龄结构对比

从图1的数据分析来看，无论流入还是流出人口的年龄主要都集中在21~50周岁之间。其中，流出人口中21~30周岁流出人数比例最大占到了样本量的35%以上，30周岁之后呈现逐渐递减的趋势。而流入人口中，21~30周岁和35~45周岁这两个年龄段人数最为集中，流入人口年龄分布呈现出"M"形趋势。

从详细的流入、流出人口年龄结构分布中可以看出，流入人口中：21~30岁年龄阶段中，29、30岁的人数最多达到4.5%以上。而在37~45岁这一年龄段同样也是所占比例的高峰期。流出人口中：20~30岁年龄阶段，25岁的人数最多达到4.5%。而在40~50岁年龄阶段中，40岁的人数最多达到了3.4%。所以总体上流动人口以21~50岁的年龄段为主，35~45岁年龄段流入和流出人口差别较大。

从流入、流出年龄结构的对比不难看出，18~26岁这一年龄段流出的人口远远超过了流入的人口。说明了湖北年轻的劳动力大量流向省外，以寻求发展。而在37~44岁这一年龄段，流入的人口又远远超出了流出的人口。

在所有的迁移选择性中，在年龄方面的选择性最为普遍的一般情况是，青年人有着较强的迁移倾向，所以一般迁移人口的年龄明显集中于21~30岁年龄区间内。究其原因，从成本—收益角度看，青年人迁移的机会成本较小：他们大多还没有组成家庭，因而有更大的自由性，他们在劳动的专门技能和工作、人际环境等方面的变化均不会带来很大的损失，而其预期收益则最大，因为他们比年长者可有更多的发展机会，由此决定了迁移中的年龄高度集中特征。

(二) 流入与流出人口的素质结构对比

人的素质是指由先天的遗传条件及后天的经验所决定和产生的身心倾向的总称。一般来说，谈到人的素质主要指以下两个方面：一方面是指人的身体素质；另一方面是指人的技能、文化素质（本文主要考察文化素质）。人口文化素质最主要的体现是人口的受教育程度，因此通过考察一个国家或地区的人口受教育程度可以看出这个国家或地区的人口文化素质状况。

根据第六次人口普查数据，湖北省具有大学（指大专以上）文化程度的人口为545.6340万人；具有高中（含中专）文化程度的人口为950.2384万人；具有初中文化程度的人口为2267.6244万人；具有小学文化程度的人口为 1309.0961 万人。

表3　　湖北省流入、流出人口受教育程度比例

教育程度		流入人口 %	流出人口 %
教育程度	未上过学	0.86	1.00
	小学	12.78	10.29
	初中	64.66	52.32
	高中	11.82	17.46
	中专	4.62	7.49
	大学专科	4.19	6.74
	大学本科	1.07	4.45
	研究生	0.00	0.26
合计		100	100

1. 总体上以初中为主。

湖北省流动人口中，无论是流出还是流入人口的文化素质总体上都是以初中文化为主。如表3所示，流入人口初中文化程度为64.66%，流出人口初中文化程度为52.32%。其次是小学和高中文化程度。流入人口小学和高中文化程度的分别占12.78%和11.82%。流出人口小学和高中文化程度的分别占10.29%和17.46%。这种状况说明我国职业教育的不发达、不完善，很多初中、高中学生毕业以后直接进入劳动力市场，没有再接受就业技能、技巧的教育和培训。

2. 流出人口文化素质高于流入人口文化素质。

虽然湖北省流入、流出人口的文化素质总体上以初中文化为主。但是，流入、流出人口的文化素质相差比较大，总体上省内流出人口的文化素质高于省外流入人口的素质。从各个教育程度的人数比例上来看，省内流出人口高中及以上文化程度的比例占到36%，而省外流入人口

只有 21%，两者相差 15 个百分点。

造成这种状况的原因主要可能有以下两点：一是随着全国经济的持续快速增长，全国范围内逐渐普及了九年制义务教育，无论流入人口还是流出人口，初中学历的人数扩大。二是湖北省不但普及了九年义务教育，在一些发达地区还普及了高中和各种职业教育。湖北省是全世界在校大学生省，高校林立，教育资源丰富，培养出了许多高层次人才。这就造成了流入、流出人口文化素质的差异。

3. 流动人口受教育程度对其就业有着重要影响。

人口受教育程度对人口迁移有着重要影响，人口受教育程度越高，标志着其参与社会经济活动的能力越强。因此，具有较高文化程度者的迁移机会与可能性要大大高于低文化程度者。湖北省就是一个典型的例子，流出人口文化素质要高于流入人口文化素质。

（三）流动人口的就业情况结构对比。

1. 从事工作所属的行业类型对比。

从图 2 中可以看出，湖北省流出人口在外主要从事制造业和批发零售业，分别占到了流出人口的 32.69% 和 21.59%。而省外流入人口主要集中在批发零售业和住宿餐饮行业，分别占到了流入人口的 39.7% 和 23.39%。从事制造行业的流动人员中，流出人口比流入人口高了 25 个百分点，是流入的 4 倍以上。

舒尔茨的成本—收益理论将"个人和家庭适应于变换就业机会的迁移"视为人力资本投资的五种途径之一。个人迁移行为决策取决于其迁移成本和收益的比较结果。既然迁移是一种投资行为，迁移者在做出迁移决策时就必须考虑迁移成本与迁移收益问题。迁移行为决策取决于迁入地与迁出地的收入差是否大于迁移成本。

显然从计划经济阶段至今，湖北省工业发展与发达地区的差距逐渐拉大，工业总量居全国的位次逐年下移，与沿海发达地区的差距逐年扩大，在中部地区的领先优势也日渐减弱。随着工业发展速度的减缓，使得行业出现剩余劳动力，在本地的收入逐渐减少。这些剩余劳动力无法

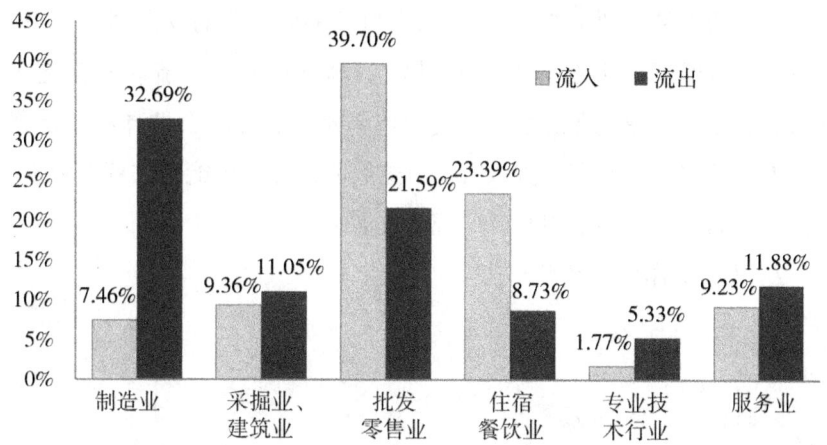

图 2　流出、流入人口从事行业情况对比

注：因行业分类较多，许多行业占比过小，所以将一些相关行业合并以突显特性。其中采掘业、建筑业包括采掘业和建筑业两大行业；专业技术行业包括：金融、保险、房地产行业和科教文卫行业；服务业包括：电煤水生产供应、社会服务和交通、运输、仓储、通信行业。

在本地找到满意的工作，而沿海的广州、浙江、上海等发达地区的高收入正是吸引人们迁移的根本动力和原因。

无论流入还是流出人口从事批发零售及住宿餐饮行业比例较高的原因是：湖北轻工业的发展和所处地理位置交通的便利性，使得湖北不仅成为了中部商品批发零售业的集散地，同时也成为了中部地区文化交流的集散地。这就为批发零售行业创造了得天独厚的便利条件，大量流动人口进入湖北从事批发零售行业，通过在湖北购进商品输向原住地或户籍地以赚取利润。流动人口的进入带来的不仅仅是生产力量，同时也会将流动人口来源地的一些文化习惯、餐饮习惯和生活习惯带入流入地，这也为餐饮住宿行业提供了一个平台，衍生了大量的餐饮住宿行业从业者。

在流入、流出的行业情况对比中，除了制造业、批发零售业、住宿餐饮业差距较大,从事专业技术行业的人员差距也较大。流出人口从事这类行业的人员达到了5%,而流入人口从事此行业的仅占到了1.8%,比流出人口低了3个百分点(见图2)。高素质的人才流动机会更多,如果有机会能超越现在的生活环境及收入水平,必然会选择流动迁移。流出人口的文化素质高于流入人口,这表明湖北省可能面临着人力资本流失的局面,将不利于湖北省的规划发展。

2. 从事工作职业类型对比。

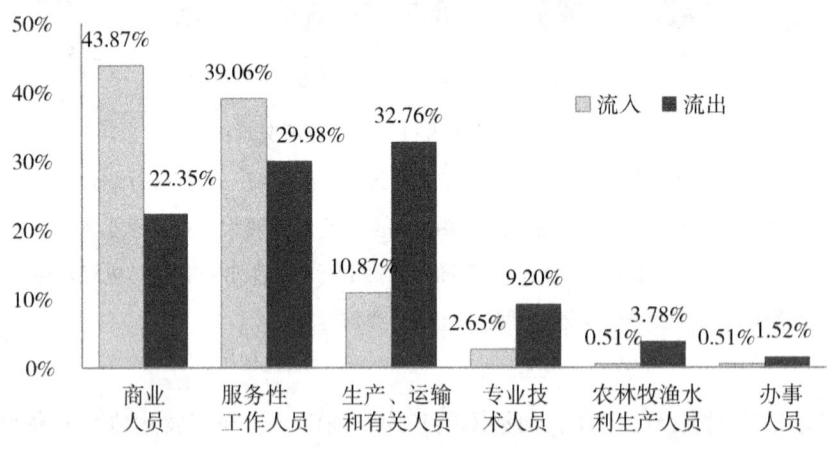

图3 流出、流入人口从事职业情况对比

注:因职业分类较多,许多职业占比过小,所以将一些相关职业合并一起以突显特性。

从图3可以看出,流入人口从事的职业主要集中在商业人员以及服务性工作人员,分别占比为:44%、39%,两者占到了流入人口职业比重的83%。从事这两类职业的人员流入人口高于流出人口。在从事生产、运输职业的人员中,流出人口明显高于流入人口。流出人口中有33%的人员从事此类职业,而流入人口只有11%,相差22个百分点,流出是流入的3倍。生产、运输是人数比例差距最大的职业。

随着市场化取向的改革日益深入,湖北与东部沿海地区各自的比较优势格局发生了急剧的变化：湖北失去了国家资金强有力的扶持且自身积累能力不足，而沿海地区吸引了大量的外资和国家的资金倾斜。因此，相对于湖北而言，沿海地区就具备了资本上的比较优势。由于农村积淀下众多的剩余劳动力，湖北具有廉价劳动力的比较优势，所以大量的剩余劳动力外出从事生产工作。同时也因为湖北本身的工业吸收就业能力不足，流入人口从事生产工作的并不多，流入人口还是主要以经商、餐饮为主。

从事专业技术职业的人员，流出人口占到了9%，流入人口仅占3%，同样也是相差了3倍，这也就验证了湖北省人力资源流失的状况确实存在。

3. 就业者在所从事职业中承担的具体角色。

现有研究发现，与本地人主要通过正规机构介绍获得工作机会不同，流动人口最常依靠的是同乡、亲朋等原有社会网络的非正式就业渠道；就业单位以个体和私营为主；大部分处于非正规就业状态；就业面狭窄，多分布在第二、三产业中技术含量低、劳动强度大的相关职业。

从图4中，可以明显看出流入流出人口就业身份的巨大差异。省内流出人口主要以雇员身份为主，从事职业也是以生产制造业为主，多为被雇佣者。这些主要是农村剩余的廉价劳动力，转移向发达地区，这也就造成了湖北省农村"空巢"现象严重。湖北省劳动力就业结构的优化、城市化并没有与工业化得到同步发展，劳动力就业问题和"三农"问题倍显严峻和突出。

三、对策建议

湖北省是我国的人口大省，同时也是教育大省，具有得天独厚的人力资源优势，然而随着"人口红利"的流失，这一优势流向了省外。

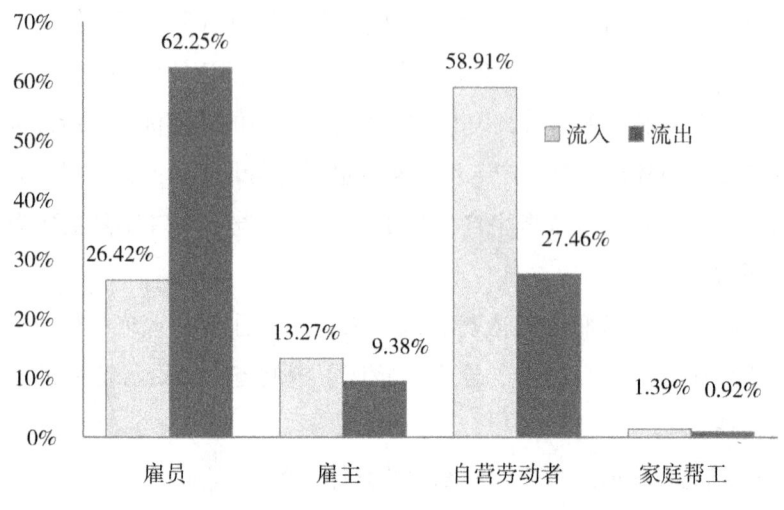

图 4 流出、流入人口就业角色对比

根据前文分析,我们提出建议如下:

第一,留住高学历人才是湖北省进一步发展的关键。首先,应通过建立公益性的人才市场服务体系,加强人才、市场之间的相互交流以及整合来缓解这一现状。其次,应着力改善发展的软硬环境,构建一批专业人才"凹地"和精英人才特区。在东湖高新区、武汉经济开发区、吴家山开发区及襄阳、宜昌、黄石、荆州等 7 个国家级开发区及孝感、葛店等省级开发区实行或推广类似光谷"3551 人才计划"的吸才引智高端人才计划;加大通过优惠的财税、信贷等政策激励企业引进人才力度,加大对员工技能培训和扩大 R&D(研究与开发)等创新行为。

第二,建立健全流动人口住房保障机制并着力解决流动人口子女教育问题是吸引人口流入和促进城市融合的有效措施。首先,要将解决流动人口子女义务教育问题纳入当地城镇建设发展规划和义务教育总体规划,扩大公办学校资源,加快完善流动人口子女接受义务教育的服务机制。其次,要按照国家有关政策规定将流动人口居住问题纳入城镇住房保障建设规划;用人单位对流动人口自行安排居住场所的,可以给予一定的租金补助；有条件的地方，可探索在流动人口密集地区建设流动人口居住小区。

第三，推动市场化进程，扶持中小企业的发展。湖北省流出人口在私企工作的比例远高于流入湖北省人口的这一比例，这是导致湖北技术人才流失的又一重要原因，与东部沿海相比湖北省的私企数量较少、规模较小，因此对于人才的吸引力也就较小，因而可以通过制定减免投资税、增加投资补贴等相关政策鼓励企业增加投资，同时吸引外地客商以及外资来鄂投资，增加就业岗位来吸引人才。

第四，应充分利用在省会城市武汉的科教优势，吸纳已有人才留汉发展。武汉拥有得天独厚的科教优势，应充分将这一优势转化为人力资本优势，吸纳高素质人才留在武汉工作、创业，在制定相关政策（如：资金扶持、银行贷款、税收减免、审批手续、咨询培训等）时专门制定更为详细的鼓励大学生创业的政策方针。

报告四

人口流动背景下湖北小城镇化建设的现状、问题与路径选择

城镇化是我国现代化建设的历史任务,是扩大内需的最大潜力,是今后一个时期推动我国经济增长的重要动力。党中央、国务院高度重视城镇化建设,党的十八大明确提出"促进工业化、信息化、城镇化和农业现代化同步发展"、"城乡发展一体化是解决'三农'问题的根本途径"。湖北省第十次党代会提出,"协调推进工业化、城镇化和农业现代化,是湖北科学发展、跨越式发展的必由之路"。因此,我们必须高度地重视城镇化在推动经济增长方式转变方面的重要作用,重视城镇化在统筹城乡发展方面的作用。湖北省委书记李鸿忠同志曾指出,加快推进新型城镇化是全面实施"两圈一带"战略的重要抓手,是促进湖北区域协调发展的支撑点。湖北经济的发展重在县域经济,县域经济的发展重在镇域经济,镇强则县强,县强则省强。

小城镇是联结城市和农村的紧密纽带,是实现农民就近就地就业转移的有效平台,是构建"四化同步"发展的重要载体。它在统筹城乡发展,打破城乡二元分割格局,推动农村城镇化与促进区域经济增长方面起着战略性的重大作用。2006年以来,湖北以"百镇千村"示范工程为重点,以"产业兴镇"为目标,从现实条件出发,突出小城镇发展重点,不断优化小城镇发展布局,大力提升小城镇功能和改善小城镇生产生活环境,有力推动了农村劳动力转移和农村产业结构的调整,使

小城镇成为湖北省县域经济的重要载体和城镇化的基础支撑。因此，研究湖北省小城镇发展具有重要的现实意义。

一、人口流动背景下湖北小城镇发展现状

（一）从人口规模来看，小城镇数量分布基本呈现"宝塔型"。

到2012年末，湖北省小城镇的总数为746个，从小城镇建成区人口规模来看，规模较大的相对较少，规模较小的相对较多（见表1）。人口10万人以上的小城镇有28个，占总数的3.75%；建成区人口389万人，占小城镇人口总数的27.82%。人口5~10万的小城镇有33个，占总数的4.42%；建成区人口227万人，占小城镇人口总数的16.23%。人口3~5万的小城镇有30个，占总数的4.02%；建成区人口115万人，占小城镇人口总数的8.22%。人口1~3万的小城镇有243个，占总数的32.57%；建成区人口431万人，占小城镇人口总数30.82%。人口1万人以下的小城镇有412个，占总数的55.23%；建成区人口245万人，占小城镇人口总数的17.52%。

表1　　　　　　　　　湖北小城镇规模

小城镇人口规模（万）	1以下	1~3	3~5	5~10	10以上
数量（个）	412	243	30	33	28
占小城镇数量（%）	55.23%	32.57%	4.02%	4.42%	3.75%
建成区人口（万）	245	431	115	227	389
占小城镇人口总数（%）	17.52	30.82	8.22	16.23	27.82

资料来源：湖北省住建厅提供。

（二）从空间分布来看，小城镇的分布呈现"东密西疏"。

湖北省小城镇数量在全国居第7位，东密西疏特征明显，且人口主

要集中于沿长江、汉江地区。从东部来看，武汉城市圈国土面积5.8万平方公里，小城镇共370个，小城镇密度为63.8个/万平方公里。从西部来看，鄂西生态文化旅游圈国土面积12.8万平方公里，小城镇共517个，小城镇密度为40.4个/万平方公里。长江经济带和汉江中下游范围共有小城镇524个，人口793.38万人，占全省小城镇总人口的83%。

（三）从发展速度来看，小城镇较大中小城市发展要快。

表2　湖北省"五普"和"六普"市、镇、乡村常住人口分布

	2000年第五次人口普查		2010年第六次人口普查	
总人口	59508870	比重	57237727	比重
市	16586745	27.87%	17928160	31.32%
镇	7498151	12.60%	10516925	18.37%
城镇总人口	24084896	40.47%	28445085	49.70%
乡村	35423974	59.53%	28792643	50.30%

数据来源：全国"五普"和"六普"统计。

根据第五次人口普查数据，在湖北省小镇居住的常住人口为7498151人，占湖北省总人口的12.60%，占城镇总人口的31.13%。2010年第六次人口普查数据显示，在湖北省小镇居住的常住人口为10516925人，占湖北省总人口的18.37%，比第五次人口普查提高了5.77个百分点，占城镇总人口的36.97%，湖北省小城镇对城镇化的贡献提高了5.84个百分点。

（四）从发展水平来看，小城镇的发展呈现两头"冒尖"。

一方面，一批小城镇迅速崛起，涌现出了大冶市陈贵镇、大冶市灵乡镇、谷城县石花镇、大冶市还地桥镇、宜昌市龙泉镇、仙桃市彭场镇、监利县新沟镇等一批各具特色、闻名遐迩的明星城镇。如湖北省谷

城县石花镇，2012年全镇生产总值262亿元，其中规模以上工业总产值217亿元，工业增加值67.05亿元，固定资产投资35.9亿元，限额以上社会消费品零售总额12.1亿元，财政总收入2.2亿元，各类市场主体6000多家，工业企业200多家，其中规模以上企业50家，年产值过30亿元2家，过亿元6家，纳税过百万企业11家，自营出口企业7家，高新技术企业7家。6家企业进入襄阳市"百强企业"，获得国家驰名商标和湖北省著名商标7个。

另一方面，大多数小城镇经济发展实力较弱。总体上缺乏主体产业和龙头企业，现代服务业更加落后。从2012年湖北省统计局发布的百强乡镇排名来看，规模以上工业总产值10亿元以上和财政总收入4000万元以上的镇有88个，占12%；规模以上工业总产值8亿元以上和财政总收入2500万元以上的镇有133个，占18%；其他镇有525个，占70%，这些镇基本依靠上级财政转移支付维持。与部分开展"百强乡镇"评选的省份相比，湖北省有一定的差距。2011年，浙江省20个小城市培育试点镇的平均年工业总产值是295.8亿元，财政收入是10.5亿元，比湖北省"百强乡镇"前20名分别高出80.8亿元和6亿元。

二、人口流动与湖北小城镇发展存在的问题

（一）规划水平不高，小城镇建设管理缺失。

湖北省从2005年底启动新一轮小城镇规划编制，截至2009年年底基本完成，由于受人才、技术、资金缺乏等客观原因的影响，总体上这些规划编制水平和质量不是太高，缺乏区域性的视野和统筹考虑，科学性和前瞻性不足，不能适应当前社会经济快速发展的需要。虽然2010年湖北省委省政府出台了《关于加快推进新型城镇化的意见》，对小城镇尤其是中心镇和特色镇的规划编制工作提出了更新更高的要求，但目

前只有三分之一的镇主动进行了规划修编,绝大部分的镇还迟迟未动。

2004年乡镇综合配套改革后,我省小城镇规划建设管理机构被取消,现在对小城镇建设管理大多是以"服务中心"这种中介组织形式出现,只能提供咨询,没有行政管理职能和执法权限。而城镇规划建设管理是一种政府职能,在管理缺位的情况下,导致城镇规划无法顺利实施,加之部分镇对规划重视不够,先建设后规划、边建设边规划、随意改动规划等情况时有发生,导致小城镇的总体布局愈加凌乱、无序。

(二)小城镇发展特色不鲜明。

湖北小城镇特色不够鲜明主要体现在两个方面:一个是小城镇地域风貌特色不够鲜明。湖北省地形、地貌十分丰富,有平原、山区、丘陵、水乡,历史文化和风景名胜资源也十分丰富,小城镇风貌应该是地域特色鲜明、风格多样。但与之形成强烈反差的小城镇建设千镇一面,无论是城镇布局、建筑风格都是千篇一律,丧失了小城镇的应有风貌。二是小城镇产业特色不够鲜明。从第二产业来看,相比浙江、广东的"一镇一业","一村一品"而言,湖北省的小城镇工业发展特色不够,特色的产业集群发展规模不大,竞争力不强,吸收劳动力就业能力还比较弱。从旅游业来看,特色旅游业发展缓慢,相比其他省份的旅游特色小城镇,湖北省小城镇无论是在景区开发,景区服务、还是在旅游宣传和策划等方面还比较滞后。从农业来看,特色农业发展规模较小,相比农业大省的河南省,湖北省小城镇的特色农业产业链条短,基地建设规模小,龙头企业带动能力有限,速度较慢、水平不高等。

(三)资金投入不足,基础设施还比较薄弱。

截止2012年底,我省建制镇城镇供水普及率为82.96%,比全国79.80%的普及率高3.16个百分点;城镇燃气普及率47.51%,比全国46.10%的普及率高1.41个百分点;人均道路面积12.5平方米,全国为11.7平方米;排水管道密度5.18公里/平方公里,全国为5.03公里/平方公里;污水集中处理率为13.10%,全国为12.00%,高于全国1.1

个百分点；生活垃圾无害化处理率18.60%，全国仅为11.00%。从这些数据可以看出，总体上说，湖北省小城镇基础设施建设略高于全国平均水平。但与广东、浙江、江苏等发达省份相比较，还有较大差距，上述这些发达地区，小城镇人均道路面积达到13平方米以上，供水普及率达到85%以上，污水处理率都达到了50%以上。究其原因：一是在现行的财政体制下，行政等级越高的城市，获得的资源就越多；相反则越少。二是县域、镇域经济发展实力不够，能投入乡镇基础设施建设的资金较少。三是动员社会资金投入乡镇基础设施建设的潜力挖掘不够。

（四）吸纳农村劳动力能力不强。

由于湖北省小城镇产业发展不够，小城镇吸纳农村劳动力的能力较差。据湖北省住建厅统计，从吸纳农村剩余劳动力的情况来看，2008年我省农村外出打工约1200万人，其中400万人在本省，800万人在外省；2012年后有所回流，约有400万人在本省，400万人在外省；而外省进入我省的农村剩余劳动力只有200万人左右，其中约有120万人在武汉及其周边，约有80万人在其他县市。

三、人口流动北京爱湖北小城镇建设路径选择

不同地区的小城镇在自然条件、资源禀赋、历史文化、经济发展水平上具有较大的地域差异性。下面从平原地区、山区、丘陵地区和大中城市的郊区等四个方面提出地域特色的小城镇建设路径。

（一）平原地区小城镇的建设。

湖北省平原地区地面平坦或起伏较小，交通方便，土地资源丰富，土地肥沃，耕地广阔，农业比重较大，农业人口较多，人口集中度较高。从主体功能分区来看，是人口集聚区。相比丘陵和山区来说，平原地区交通方便，农业生产基础较好，城镇基础设施建设成本低，人口集

中，公共服务的辐射效应能得到很好的发挥，因此，应大力加强湖北省平原地区的小城镇建设。

由于地域条件等方面原因，平原地区乡镇经济发展较好的，大多是县市的郊区，或国道或省道沿线。最主要的特征是与其本地区其他乡镇相比，企业多，工业发展较快，农业发展也较快。工业总产值占地区生产总值的绝大部分。据调查统计：2012年，鄂州华容县段店镇总人口3.8万，城镇化率为36.8%，地区生产总值为50亿元，其中工业为42亿元，占84%。潜江浩口镇总人口为6.6万人，城镇化率24.2%，地区生产总值为59.1亿元，工业生产总值为47.9亿元，占81.04%。平原地区经济发展较慢的小城镇，最主要特征是与本地区其他乡镇相比，企业小，工业发展较慢，农业发展一般。如仙桃市九合垸镇总人口为8000人，城镇化率为33%，地区生产总值为5亿元，其中工业生产总值为1亿元，占20%。

湖北省监利县新沟镇是典型的平原镇。该镇以农产品加工业福娃集团为龙头企业，按照"公司+基地+科技+农户"的产业化模式，发展订单经营、规模化种植、标准化生产、产业化经营、市场化运作，使绿色生态农业、新型工业和新型城镇化同步发展，大大推动了农业增产、农业增效和农民增收。简单地说就是四句话：一是"龙企"（龙头企业）带动；二是政企互进；三是城乡一体化；四是"两增"（企业增效、农民增收）同步。

湖北省平原地区的小城镇建设应主要从以下三个方面来抓：

第一，优化空间布局，促进小城镇向小城市转化、做大做强一批小城镇，实现就近城镇化。我们把平原地区的小城镇分为三类。第一类，是县市（区）所在地的小城镇。该类小城镇应加强基础设施建设，大力发展工业和服务业，吸纳人口向县市（区）集中，促进该类小城镇向小城市的转化。第二类，是重点镇或中心镇。对于这类镇应拓展小城镇发展空间，大力发展工业，加快产业园区发展，积极吸纳农村剩余劳动力就业，使其做大做强。第三类，是一般的小城镇。大力发展现代农业，以生态农业走廊及特色村镇带、中心村建设为纽带，提升区域辐射带动能力和人口集聚能力。

第二，加快基础设施建设，促进人口的集聚发展。由于湖北省是农业人口大省，平原地区是全国粮食生产基地，农业人口比重比较大，因此，平原地区的城镇化率还是比较低。湖北省平原地区要以建制镇为重点，扩大规模，完善功能，把集镇作为小城镇承载产业和人口集聚的主要载体。着力推进城镇配套设施建设，大力实施城镇美化、亮化和绿化工程，集中整治主干道、背街小巷，兴建绿地等设施，改善人居环境。合理布局电信、邮政、医院、学校、休闲、健身等与市民生活息息相关的配套服务。抓好集镇市场建设，建立健全社会化服务体系，以市场建设促进人流、物流汇集，带动集镇建设发展，加大招商引资力度，扩大集镇实力，不断提高集镇的产业集聚力与人口吸纳力。

第三，重点加快工业发展，吸纳农村剩余劳动力就业。一是要加快推进工业平台建设，加快工业园区建设，完善功能配套，提升园区承载力吸纳能力，二是要着力强化招商引资。立足产业优势、资源优势、人文优势抓招商，引进一批成长性、带动力强的大企业发展。

（二）丘陵地区小城镇的建设。

丘陵地区处于平原与山区过渡地带，湖北丘陵地区地势多样，也有些地区是地震、泥石流、滑坡、崩塌等灾害的频发区。

国内丘陵地区农村城镇化模式有：四川省的金堂模式：以"两不牺牲"为原则，紧紧依托国内大型中心城市的发展，因地制宜地坚持两化协调发展、统筹兼顾、融合互动的丘陵农村地区城镇化发展模式。

根据调查，丘陵地区乡镇经济发展较好的，大多属于国道或者省道沿线，或县市（区）所在建制镇，与本地区其他乡镇相比，企业较多，工业发展较快，如宜昌市伍家岗区的伍家镇。2012年，地区生产总值为117.2亿元，工业总产值96.2亿元，人均纯收入9528元，城镇人口为1.3万，城镇化率为85%。而丘陵地区乡镇经济发展较落后的，大多属于交通不便利区域，企业较少，工业发展较慢，农业经济发展占主导。如鄂州鄂城的沙富镇，城镇化率为9.5%，交通不便利，地区生产总值为5.16亿元。第一产业生产总值为4.2亿元，第二产业为0.16亿元，农民人均纯收入为5930元。总体上来说，湖北丘陵地区人均资源相对短缺，产业关联度低，传统产业比重大；二元结构特征明显，城镇化水平较低。

湖北省丘陵地区小城镇建设思路为：

第一，空间布局上，按照县市（区）所在镇、中心镇、一般镇、中心村来分层推进和布局。第一类，是县（市）所在地的小城镇。加强基础设施建设，大力发展工业和服务业，吸纳人口向城镇集中。第二类，是中心镇。大力发展都市农业、运动休闲业、观光体验旅游业等产业，实现一、三产业融合发展，渐次实现城镇化；第三类，是一般镇采取新建农民集中居住区、新型社区、阳光新居等方式，推动农民集中居住，便于公共服务发挥集聚作用。第四类，是较为偏远的农村地区，采取建集中居住区（院落）的方式，建立中心村，推动农民适当、就近集中居住，主要提供好基础设施建设。

第二，因地制宜地培育发展一批特色新型小城镇。根据丘陵地区独特的地形优势和资源特色，可因地制宜地培育发展一批旅游休闲主导型、特色产业主导型的小城镇。对于丘陵地势较低，有一定工业基础的，可以利用工业优势，大力发展工业。如大冶市的陈贵镇、保安镇。

第三，根据资源优势，发展企业和产业。农业基础较好的丘陵地区，可以大力发展设施农业、有机农业、休闲观光农业等，大力发展农业深加工企业，提高农产品精深加工率。工业较好的丘陵地区，可以依托自然优势，通过招商引资，引进一批产业关联度大、带动能力强、有市场竞争力的工业企业。推进特色产业基地建设，培育和壮大具有区域特色优势的主导产业。

（三）山区小城镇的建设。

山区由于地形复杂、交通不便、生态脆弱、环境容量小、山地灾害风险大、城镇空间狭小、用地紧张的原因，导致了山区城镇化面临基础更弱、难度更大的问题。

我省大多数山区的经济主要是以第一产业为主。如，2012年襄阳保康县后坪镇总人口1.2万人，城镇化率为25%，地区生产总值为1.6亿元，第一产业生产总值为1.4亿元，占87.5%，工业生产总值仅为0.1亿元。十堰房县土城镇2.1万人，城镇化率9%，地区生产总值为2.1亿元，其中第一产业为1.6亿元，占76.19%，第二产业生产总值仅为0.3亿元。总体上来说，山区经济发展缓慢，经济以第一产业为主。城镇化率低，山区城镇化难度大。山区小城镇建设需要注意以下几个方面：

第一，在空间布局上，山区小城镇人口要以适度聚集为主。山区因地形复杂和交通不便，在空间联系上大多呈现"偏远化"，村民都是依山而建，人口居住非常分散，人口分散，导致了基础设施、公共服务的辐射效应没有得到发挥，如果人口一窝蜂地都往城镇集中，不仅将会失去基本的生活来源，而且还将由于城镇承受能力有限，最终导致生态的破坏。舟曲受特大泥石流灾害造成大量人员伤亡不无与过度的城镇人口规模有关。因此，只有推进适度的聚集，才能让产业发展，才能促进人口生产和生活方式的转变，公共服务的辐射效应才能得到充分发挥。山区可以按照分散往集中靠、山上往山下靠、小村往大村靠、村组往乡镇靠的原则，使人口适度聚集。

第二，因地制宜，建设生态化、集约型、人文特色的小城镇。保护生态也是发展，根据山区地形地貌特点，以立体化的生态美景，坚持资源节约，提高资源效率，推进水、土、能源资源集约利用，突出自然、历史、文化和民族特色，促进人口与城镇、城镇与自然的融合、产业与城镇协同集聚，加快建设生态型、资源节约型和人文特色型的山地小城镇。

第三，立足资源优势，形成独具特色的产业结构。要立足于山区丰富的自然资源和相对廉价的劳动力资源选准产业。依托丰富的农产品资源，深度开发生态农业，突出发展优质、高产、高效、生态、安全的无公害农产品、绿色农产品和有机农产品及其农产品加工业。依托山林药材，大力发展生物医药产业，依托山区生态环境，大力发展茶叶和烟叶产业，依托丰富的文化旅游资源，大力发展旅游业。如，大别山的小城镇要着力打造以革命传统教育为主题的红色旅游，以历史文化体验为主题的文化旅游，以自然生态休闲为主题的绿色旅游，武陵山少数民族地区的小城镇，要依托武陵山区丰富的旅游资源，大力发展生态文化旅游业。

（四）城郊小城镇的建设。

城市郊区是指大中城市和乡村社会、经济等要素相互作用、相互渗透的交叉地带，城市郊区小城镇即是位于上述区域内的小城镇。城市郊区的小城镇由于处于独特的地理位置及经济区域中，受大中城市的辐射、扩散和周围农村腹地的双重影响，加之其自身的农村城镇化发展，呈现出与普通小城镇有显著差别的特点。其发展思路也与其他小城镇建设思路不一致。

第一，因地制宜，明确功能定位。充分考虑区域差异、区位优势、资源禀赋，采取个性化定位，打造鲜明的发展品牌。随着大中城市产业布局的调整，有相当一部分的工业由市区转移到郊区小城镇，在小城镇形成新的生产基地，小城镇吸收大中城市的资金、技术力量，以作为自身发展的动力，这种类型的郊区小城镇应以工业为主导，如武汉市的纸坊镇、阳逻镇等。部分具有区位优势和农业生产优势的小城镇及其周边农村，为城市提供生产原料和居民生活必需品，形成了都市农业基地，此类郊区小城镇服务于大城市，应大力积极发展都市现代化农业。一些离中心城区较近，生态优美，交通便利的郊区小城镇将承担接纳大中城市人口转移和居住的任务，由此也促进了郊区小城镇的发展。

第二，加强基础设施建设。大中城市的郊区小城镇，不仅要承担疏解中心城区的功能和人口转移，同时也要避免中心城出现的"城市病"。要加强基础设施优先实施等措施，提升小城镇的综合承载能力。完善郊区交通网络，重点要放在与轨道、高速公路等骨干网络的无缝衔接上，缩短与大中城市骨干道路的连接空间与时间，同时还要注重行政边界间"断头路"的连通，促进区县间交通一体化。

第三，大力发展符合城市功能定位的产业。对于工业发展，要加快工业产业园区发展，对于农业发展，大力发展都市型现代农业特别是设施农业和观光休闲农业。对于第三产业，积极发展与第一、二产业相融合的第三产业，吸纳农村劳动力就业。

第四，加快推进农民市民化进程，实行就近城镇化。郊区小城镇与其他小城镇不一样，由于大中城市发展，许多农民已经脱离农村、农业，传统的农村生产方式基本上已不存在。要通过体制改革和机制创新，在保护农民合法权益的前提下，培养新型农民，调动农民参与城镇化的积极性，使符合条件的郊区农民逐步成为有资产、有住房、有社保、有工作的新市民。

报告五

人口流动与宜昌市现代化特大城市建设

"十二五"以来，湖北省委、省政府积极谋篇布局，全面实施"一主两副"重大战略，调整了领导体制、实行"省官治市"，将宜昌的发展目标定位在——省域副中心城市、长江中上游区域性中心城市和世界水电旅游名城，成为现代化特大城市。宜昌市委、市政府提出了"235"目标，即力争"十二五"末城区面积达到200平方公里、常住人口达到200万；2020年达到300平方公里、300万常住人口；远期达到500平方公里、500万常住人口，建成"既大又强、特优特美"的现代化特大城市。

城市化的核心是人口的城市化，要想顺利实现既定的目标，关键还是要在"人口"二字上做文章。从目前情况看，宜昌面临的机遇和挑战并存。最现实的问题是城区人口规模如何扩大，较大的数量缺口如何弥补，这部分人从哪里来，怎样吸引他们来，来了之后如何留得住，这些都是当前亟待解决的重大课题。我们基于宜昌市2013年流动人口动态监测数据，对宜昌市流入人口基本特征、空间分布及存在的问题进行了分析。宜昌市2013年流动人口动态监测调查，采用分层、多阶段、与规模成比例的PPS抽样方法，获得有效样本342份。调查信息包括流动人口的人口特征、家庭构成、就业、计生服务、社会保障和城市融入情况等。

一、哪些人流入到了宜昌

根据2013年国家计生委流动人口动态监测数据显示，宜昌市流入人口主要有以下特征：

（一）流入人口男女数量差异不大，绝大多数已婚，流入原因以务工经商为主。

2013年宜昌市流入人口中男性占52.33%，女性占47.67%；和2010年相比，男性百分比上升了4.13个百分点；从总体上可看到，男女数量差异较小。婚姻状况上，已婚的占绝大多数。其中已婚的占85.17%，未婚的占14.17%，离婚或丧偶的占0.66%。从流入宜昌市的原因来看，绝大部分人流入的原因是务工经商，该比率占到88.50%，其次因随迁而流入宜昌市的人口也较多，占总流入人口的9.83%，而其他各种原因的流入人数占比都不到1.0%。

（二）流入人口年龄上以旧生代为主且趋于年轻化，教育程度上以初中为主且较以前有所提高。

如表1所示，2010年20世纪80年代以前的流入人口比率为71.10%，而2013年这一比率下降到53.83%；与此同时，20世纪80~90年代和90年代的流入人口比率分别由2010年的26.30%、2.60%上升到37.34%和8.83%。因此，流入人口在年龄上趋于年轻化。教育程度上，2010年宜昌市流入人口中小学及以下和初中文化的比率分别为12.90%和57.30%；高中或中专及大专以上的分别为25.10%和4.70%，而到2013年，小学及以下和初中文化程度的分别下降到11.33%和53.67%；高中或中专、大专及以上文化程度的分别上升到27.00%和8.00%。因此，宜昌市流入人口教育程度较以前有所提高。

表 1　　　　　宜昌市 2010—2013 年外来人口特征　　　　单位:%

特征		2010 年	2012 年	2013 年
年代 (20 世纪)	80 年代以前	71.10	53.33	53.83
	80~90 年代	26.30	36.67	37.34
	90 年代以后	2.60	10.00	8.83
教育程度	小学及以下	12.90	7.50	11.33
	初中	57.30	51.67	53.67
	高中或中专	25.10	29.17	27.00
	大专及以上	4.70	11.67	8.00

(三) 大部分流入人口的流入时间都不长,且流入到宜昌市时间较长的人口比例在下降。

从流入宜昌市时间的长短来看,2010 年宜昌市流入人口流入时间在 2 年及以下、2~5 年的比率分别为 28.10%、29.50%,共占总流入人口的 57.60%;2013 年这两者的比率分别为 38.67%、32.33%,共占总流入人口的 71.00%,可以看出,宜昌市流入人口大部分流入时间都不长,都在 5 年以下。同时,5~10 年和 10 年及以上的比率由 42.40%下降到 2013 年的 29.00%,显然流入宜昌市时间在 5~10 年和 10 年以上的人口比率下降了 13.4%个百分点,因此,宜昌市流入时间较长的人口比率在下降。

(四) 流入人口以省内流入为主,省外流入人数最多的是重庆市。

如表 2 显示,从宜昌市流入人口户籍地来看,2010 年流入人口来自湖北省的比率为 66.60%,2012 年和 2013 年这一比率分别为 72.50%和 68.00%,处于高度稳定状态,且远高于其他各省份的流入人数比率,因此,宜昌市流入人口主要来源于省内。此外,省外流入的人口中,人数最多的是重庆市。表 2 显示,2010 年来自重庆的流入人口占总流入人口的 13.50%,2012 年和 2013 年分别为 15.83%和 17.17%,该比率仅低于湖北省,但要高于其他省份。此外,四川、河南也相对较多。

表2　　　　　宜昌市 2010—2013 年外来人口特征　　　　单位：%

特征		2010 年	2012 年	2013 年
户籍地	湖北	66.60	72.50	68.00
	重庆	13.50	15.83	17.17
	四川	2.70	1.67	2.17
	福建	1.40	0.83	2.00
	河南	3.70	2.50	1.67
	其他	12.10	6.67	8.99

二、外来人口流入到了宜昌市哪里

（一）流入人口分布人数较多的批发零售业和社会服务业行业流入比例有所下降，而制造业、建筑业和住宿餐饮业的流入比例有所上升。

如表3所示，从流入行业来看，2010年宜昌市流入人口行业分布最多的是批发零售业（36.30%），流入比例明显高于其他行业。其次为社会服务业（16.98%）和住宿餐饮业（15.57%），制造业和建筑业也相对较多，分别为9.02%和7.85%。到2012年，流入人数最多的行业不再是批发零售业而是制造业。和上一年度相比，批发零售业有大幅下降，下降23.03个百分点；而制造业有着大幅度的上升，提高23.63个百分点。同时建筑业也上升到12.24%，而住宿餐饮业、批发零售业和社会服务业均有所下降。到2013年，就业于批发零售业的流入人口占总流入人口的比重最高（24.05%），其他相对较多的行业有住宿餐饮业（20.04%），制造业（12.21%）和建筑业（12.21%）。和2010年相比，制造业、建筑业、批发零售业和社会服务业就业人数比率有所下降，住宿餐饮业比率有所上升。

表3　　宜昌市2010—2013年流入人口行业与职业分布　　单位：%

		2010年	2012年	2013年
流入行业	制造业	9.02	32.65	12.21
	建筑业	7.85	12.24	12.21
	批发零售业	36.30	13.27	24.05
	住宿餐饮业	15.57	13.27	20.04
	社会服务业	16.98	7.14	8.02
	其他	14.28	21.43	23.47

（二）流入人口职业分布人数较多的是经商人员、餐饮人员和生产人员，而专业技术人员较少。

从流入职业来看，2013年宜昌市流入人口就业人数由多到少依次为经商人员（17.94%）、餐饮人员（16.98%）、生产人员（14.50%）、装修人员（6.68%）、建筑人员（6.49%）、商贩（6.30%）及专业技术人员（2.86%），和2010年相比，经商人员的占比有着明显上升，由上一年的8.16%上升到17.94%；而专业技术人员的占比由上一年的9.18%下降到2.86%，人数分布较少。

三、宜昌市怎样吸引人来、怎样留住人

从经济学角度看，每一个个体都是理性的，他的每一项选择都遵循利益最大化原则，迁移流动也不例外。如何吸引外地人来宜昌就业生活，关键还是要看它是否有足够的吸引力。

（一）推动产业提档升级，提升产业竞争力。

吸引力从何而来，关键还是来自于产业。只有做大做强做活产业，

实现产城融合，人口集聚才有活水之源，才能水到渠成。目前来看，宜昌的首要任务就是要加快调整产业结构，推动产业提档升级。一是要继续做大做强水利水电、化工、食品医药、装备制造等四大支柱产业，积极延伸上下游产业链，打造产业集群，提升产业竞争力，发挥辐射带动效益；二是大力发展吸纳就业能力较强的中小企业和以现代服务业为主的第三产业；三是利用宜昌良好的自然环境优势，吸引对环境质量要求较高的高精尖先进制造业落户宜昌。

(二) 吸引高新技术人才和创业人才流入。

宜昌城区人口规模要想实现快速扩张，不仅要着眼于本市域内人口分布调整，更要放眼于吸纳周边市州如荆州、荆门、恩施以及整个西南片区甚至全省、全国范围内人口，从更大的视角来看待人口的迁移流动。

一是采取提供场地、减免税收、定期联系、公开招考、签约引进、财政补贴等方式，鼓励、吸引外出创业人才、高技能人才、高校毕业生回乡创业就业；二是通过招商引资，大力发展制造业、中小企业，吸引各类技术蓝领、中高级技术人才流入；三是构建政府搭台、企业主体、市场导向、产学研相结合的高新技术产业、青年创业孵化器，吸引高新技术人才和创业人才流入。

(三) 提升城市的品位和质量。

能否留住人才关键还是要看城市的品质如何。宜昌在大力推进现代化特大城市建设过程中，提升城市的品位和质量至关重要。一是要重点保护绿色开敞空间，坚持开发与保护并重原则，注重人口与经济、社会、资源、环境的协调可持续发展，不仅宜业、宜旅，更要宜居；二是加快推进与居民生活密切相关的道路、公园、水、电、气、污水处理等公共基础设施的建设；三是进一步调整完善落户、配偶就业、子女入学、社会保障、住房等公共政策，建设专家公寓、人才公寓、青年公寓、公租房等，在人才引进、人才培养、留住人才上要舍得投入；四是营造开放包容的优秀人文环境。

三、流动人口城市生计与社会融合专题

报告一

产业转移背景下湖北省流动人口就业变动

在我国正面临着新一轮结构调整的大背景下，产业转移作为未来一定时期内我国区域经济协作中的一个主要内容，必然会对区域经济发展和就业格局产生影响。本报告基于宏观统计年鉴数据和2013年湖北省流动人口动态监测数据，对湖北省承接产业转移的情况、流动人口就业特征及存在的问题进行了分析。

一、湖北省承接产业转移的基本情况

近年来，湖北省大力实施开放先导战略，把承接产业转移作为扩大开放的重点，并且开展了多种形式的招商活动，创新招商模式，承接产业转移形势良好，产业转移的规模不断扩大。

表1数据显示，2006年之前，湖北省三次产业结构的变动基本与全国一致，2006年后全国范围内第二产业比率逐渐降低，湖北省第二产业依然保持着较快增长。湖北省二、三产业比率由2000年0.3个百分点的差距，到2012年第二产业占比高出第三产业13个百分点。三次产业结构由2011年的13.1∶50.1∶36.8调整为12.8∶50.3∶36.9。同时，2012年湖北省第二产业占GDP的比重比全国高5个百分点。

表1　　　　　　　　全国及湖北三次产业比率（%）

年份	全国			湖北省		
	第一产业	第二产业	第三产业	第一产业	第二产业	第三产业
2007	10.8	47.3	41.9	14.8	44.4	40.8
2008	10.7	47.4	41.8	15.7	44.9	39.4
2009	10.3	46.2	43.4	13.9	46.6	39.6
2010	10.1	46.7	43.2	13.4	48.6	37.9
2011	10.0	46.6	43.4	13.1	50.1	36.8
2012	10.1	45.3	44.6	12.8	50.3	36.9

资料来源：①2012年《中国统计年鉴》；

②湖北省2012年国民经济和社会发展统计公报；

③2013年《中国统计摘要》。

湖北省第二产业有如此发展趋势一方面是历史的工业积累，另一方面是，东部沿海发达地区产业转移、产业结构升级，逐渐由劳动、资源密集型产业升级转向为资本密集型产业、技术密集型产业，原有劳动、资源密集型产业转向中部和西部地区。作为中部腹地的湖北省有着便利的交通条件，丰富的人力资源和良好的工业基础，加上市场辐射能力较强，是承接产业转移的第一阵地。同时，湖北省紧紧抓住东部产业转移的机遇，促进全省经济长足发展，逐渐形成湖北省所特有的产业转移特点，这也使得第二产业的发展远远超出全国平均水平。

2012年，全省引进省外资金新项目2557个，实际到资5040亿元人民币（见表2）。新项目来源地前5位的省市分别是：广东（639个）、浙江（322个）、北京（243个）、江苏（230个）、福建（213个）。这五个省市共投资项目1647个，占全省引进省外投资项目总数的64%，沿海地区成为湖北重要的承接产业转移来源地。引进省外资金实际到资前5位的市分别是武汉市（883.75亿元）、襄阳市（658.71亿元)、宜昌市（617.27亿元）、孝感市（569.5亿元）和荆州市（393.35亿元）。

表2　　　　　　　　湖北省利用省外资金简况

年份	省外资金项目数（个）	实际到资（亿元）	主要来源地
2010	2662	1986	广东、浙江、北京、福建、江苏
2011	2165	3377	广东、浙江、北京、江苏、福建
2012	2557	5040	广东、浙江、北京、江苏、福建

资料来源：2010—2012年湖北省商务厅利用外资简况。

湖北省实际利用省外资金的依旧是以第二产业为主体，其中又以制造业为主；第三产业使用省外资金的增幅较大，主要以房地产业、金融业为主；而第一产业使用省外资金同比下降。

二、湖北省流动人口就业特征分析

（一）流动人口就业集中在第二、三产业，主要以第三产业为主。

2013年，湖北省劳动年龄流动人口在一、二、三产业的就业比重分别为0.8%、18.1%和81.1%。流动人口在第一产业就业比重变化不大。在第二产业就业相比2012年比重有所上升，在第三产业就业比重则有所下降（见表3）。

表3　　2010—2013年湖北省流动人口就业分行业情况（%）

就业行业	2010	2011	2012	2013
第一产业	0.4	0.2	0.3	0.8

续表

就业行业	2010	2011	2012	2013
农林牧渔	0.4	0.2	0.3	0.8
第二产业	**10.5**	**18.4**	**16.9**	**18.1**
制造	7.6	11.8	9.4	9.0
采掘	0.2	0.1	0.2	0.4
建筑	2.3	6.1	6.8	8.0
电煤水生产供应	0.4	0.4	0.5	0.6
第三产业	**89.1**	**81.5**	**82.8**	**81.1**
批发零售	44.5	34.4	34.9	33.4
住宿餐饮	14.1	15.6	17.4	17.3
社会服务	19.8	14.1	12.3	12.0
金融/保险/房地产	0.5	0.6	1.0	0.8
交通运输、仓储通信	2.7	4.3	4.3	3.4
卫生、体育和社会福利	0.7	0.7	1.0	0.5
教育、文化及广播电影电视	0.6	0.6	0.5	1.1
科研和技术服务	1.6	0.8	0.4	0.9
党政机关和社会团体	0.1	0.2	0.2	0.2
其他	4.5	10.3	10.8	11.6

注：各个行业的比例为占所有行业就业人数总和的总量比。

资料来源：2010年、2011年、2012年和2013年湖北省卫计委流动人口动态监测数据。

从2010—2013年湖北省流动人口的就业分行业情况看，流动人口就业在第一产业比重虽然在2012年、2013年有所增长，但仅占1%以下；而在第二、第三产业就业的人口比重则很大，2013年从事第二、第三产业的达到15%和68%；在第二产业就业的人员主要是从事制造业和建筑业，2010年至2013年从事制造业的人数分别占第二产业就业人数的72%、64%、56%、50%，呈现出逐年下降的趋势，而建筑业从业人员则逐年上升；在第三产业中，以在批发零售业、住宿餐饮业及居民服务业等传统服务业中从业人员所占比重较大，而诸如金融业、房地产业等现代服务业中就业的人员则很少（见表3）。可见，外来流动人口就业的行业特点是以第二、第三产业为主，而在第二产业就业以制造业和建筑业为主，第三产业就业的又以传统服务业为主。

（二）流动人口80%以上的劳动力从事商业服务和生产运输工作。

从湖北省流动人口就业的职业结构看，流动人口主要从事商业服务业和生产运输设备操作等职业。2013年这两项合计比重达到86.8%，相比2011年从事商业服务业的人员比重增加了3.9%，从事生产运输设备操作的人员变化不大，而专业技术人员和公务员、办事人员等所占比重呈现明显下降趋势（见表4）。

表4　2011—2013年湖北省流动人口就业分职业构成变化

年份	2011	2012	2013
专业技术人员	8.5	4.8	5.4
国家机关、党群组织、企事业单位负责人	0.3	0.3	0.3
公务员、办事人员和有关人员	1.7	0.9	0.8
农、林、牧、渔、水利业生产人员	0.3	0.2	0.8
商业服务业人员	61.1	69.4	65.0
生产运输设备操作及有关人员	20.4	19.2	21.0
无固定职业	1.9	2.5	4.2
其他	5.9	2.8	2.4
合计	100.0	100.0	100.0

注：由于2010年上半年与2011年、2012年、2013年调查就业者职业口径不同，故不采用。

资料来源：2011—2013年湖北省卫计委流动人口动态监测数据。

但如果将 2011 年和 2013 年数据进行比较，可以发现：湖北省流动人口从事体力劳动人员所占的比重不仅没有下降，反而上升了 5%；上升的人员主要增加在商业服务业人员和生产运输设备操作及有关人员，分别上升了 26.2%、9.3%；经商、个体工商者由 2010 年的 71.15%下降到 2013 年的 40.1%，下降了 31 个百分点。由此可以看出：得益于承接沿海地区产业的转移，湖北省第二产业得到一定的发展，相关产业发展吸收了相关从业人员；同时，商业、服务业的迅速发展也吸引了大量流动人口就业，商业服务业人员相比 2010 年增长了 4 倍。

（三）流动人口灵活就业的趋势逐渐增强。

湖北省流动人口主要在个体工商户和私营企业就业，2013 年二者比重分别为 63.2%和 20.0%，合计达到 83.2%。从就业者身份看，以自营劳动者为主，比重达到了 51.2%，其次是雇员比重为 33.5%，雇主比重为 9.1%。相比 2010 年，就业身份为雇员的上升了近 10%，自营劳动者则下降了 12.4%，家庭帮工也上升了近 5%。主要集中在批发零售业、住宿餐饮业、制造业、建筑业和社会服务行业（见表 5）。

表 5　　　2010 年与 2013 年湖北省流动人口就业身份变化

年份	雇员	雇主	自营劳动者	家庭帮工	合计
2010	23.9	11.1	63.6	1.4	100.0
2013	33.5	9.1	51.2	6.3	100.0

资料来源：2010 年、2013 年湖北省卫计委流动人口动态监测数据。

同时，近年来省内流动人口无固定职业就业人员比重明显增加（见表 4），从 2011 年的 1.9%增加到 2013 年的 4.2%。这些都说明了流动人口就业的灵活性逐渐增强。

三、湖北省流动人口就业问题分析

产业转移和劳动力就业之间是一种辩证统一的关系，二者既存在着矛盾，也存在一定的统一性。劳动力充分就业的实现，从根本上说取决于经济的持续快速增长和劳动者人均收入水平和技术能力的提高，而这又内在地要求实现地区产业结构的转变。因为粗放落后的产业不可能支撑经济的长期快速增长，从而不能保证劳动生产率提高和劳动者个人收入水平的提高，最终将限制劳动就业的增长。

（一）湖北流动人口就业结构与承接产业转移的矛盾。

湖北省流动人口以第二、三产业为主的就业结构，与湖北产业结构调整的方向基本一致。但流动人口在第二产业就业的人员主要是从事制造业；在第三产业就业的人口中，以批发零售业、住宿餐饮业及居民服务业等传统服务业中的从业人员所占比重较大，而诸如金融业、房地产业等现代服务业中就业的人员则很少。这种就业状况导致了湖北省承接东部产业转移出现了问题，即原有第二产业升级困难，给承接产业转移带来阻碍。这一点在湖北省传统工业制造业中表现得尤为突出。

同时，近年来我国产业升级的范围和规模持续扩大，产业集聚效应日趋明显。沿海发达地区结构调整和产业升级步伐明显加快，湖北省不能单一地承接粗放型、劳动密集型产业的转移，要借产业转移的机会同时调整、升级产业结构。要达到这一目的，不仅要调整流动人口的就业结构，还要提升流动人口的整体素质才能适应产业的发展。

（二）流动人口的人力资源结构与产业转移、结构调整所需的人才结构的矛盾。

根据2013年湖北省流动人口动态监测调查资料显示，2013年湖北省15岁及以上流动人口的文化程度构成为：未上过学的占0.4%，小学文化程度的占7.2%，具有初中文化程度的占64.0%，高中和中专文化程度的占23.1%，大学专科及以上文化程度的占5.4%（见图1）。从中可以看出，湖北省流动人口整体的文化水平不高，其中具有大专及以上文化水平的人数不多，比重很低；主要以高中和中专文化水平为主，其中以初中文化水平比重为主，占到64.0%。

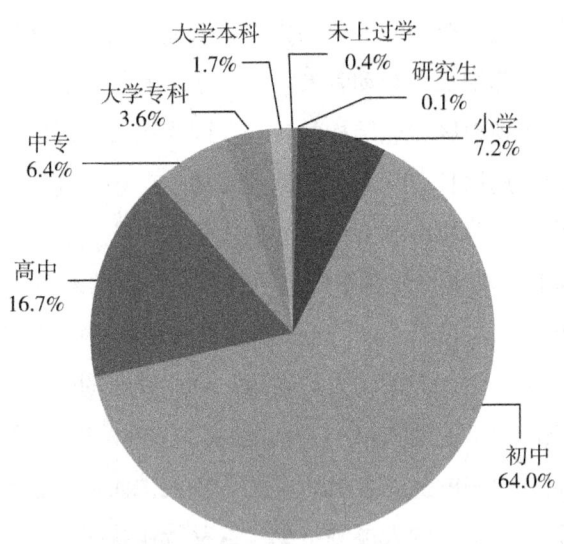

图1　2013年湖北省流动人口文化程度构成

如果我们将2010年与2013年湖北省流动人口的文化程度做一比较的话，会发现2013年流动人口的文化程度较2010年有明显的提高，虽然仍然以初中文化程度为主，但初中以下文化程度所占比例已经有所下降；而具有高中（中专）和大专及以上文化程度所占的人口比重出现明显上升趋势（见表6）。

产业转移和产业结构的调整必然促进人力资源结构的变化，而人力资源结构的调整又会促进产业转移的加速和产业结构的进一步深化及优化，二者之间的互动关系非常明显。文化程度是反映一个群体人口质量和地区人力资源结构的重要标志之一。流动人口文化素质的高低对湖北省的经济建设及产业结构调整有着重要的影响。

表6　2010年和2013年湖北省流动人口受教育程度对比（%）

	未上过学	小学	初中	高中	中专	大学专科	大学本科	研究生
2010	1.00	10.12	60.95	12.33	4.71	2.60	1.01	0.04
2013	0.45	7.16	64.03	16.68	6.38	3.56	1.67	0.06

资料来源：2010年和2013年卫计委流动人口动态监测数据。

四、政策建议

（一）大力发展第三产业，通过第三产业的发展促进就业。

第三产业的迅速发展，是产业结构演进、升级的必然要求和结果。从湖北省流动人口就业行业数据来看（见表3），流动人口80%以上都集中在第三产业中。第三产业特别是其中的个人和社会服务业能够大量吸纳劳动力就业，也是流动人口的主要就业渠道，应继续发展。此外，也要大力发展现代服务产业，如期货、证券、外汇等要素市场服务业。近年来，虽然湖北省第三产业总量不断增加，但是产业结构高度化却相对滞后。因此，湖北省通过发展第三产业来增加就业的潜力非常大。

（二）成立公益性外来流动人口培训机构，提高已流入人口的文化科技素质。

产业转移和产业结构调整升级带来的就业问题主要是结构失衡问题，包括三次产业间的变迁和各产业内部自身结构的升级所带来的劳动者不能适应新的行业和新的技术的问题。从长远来看，提高就业人口素质是促进产业结构演进和提高劳动力就业水平的根本途径。目前湖北省流动人口的整体文化素质偏低，具有初中及以下文化水平的占到72%，虽然有一半以上的从业人员具有一定技术能力，但与未来发展所要求的水平还有一定距离，要想得到更好的发展，必须提高自身的综合素质。许多流动人员也意识到了自身的不足，相当一部分人员有提高自身素质的要求。随着湖北省产业结构的调整，一些企业基本都需要一定的技术能力，特别是机械操作、机电维修等是需要专业培训的，而销售、产品推广、市场开发等也需要一定的技术指导。而这些工种，本地劳动力已不能满足需要，急需一部分外来劳动力补充。但现在的企业招工是有选择的，无相关经验或知识的人员不招，使部分流动人口成为无业人员，对社会治安造成一定影响。所以湖北省相关部门应为外来流动人口开设公益性的培训班，并拓宽市场化的培训渠道，为他们提高技术能力提供场所与机会，这不仅对外来流动人口有益，更对湖北省承接产业转移和产业结构优化升级和社会稳定有益。

（三）突出重点产业发展，以大企业带动小企业发展，创造更多就业机会。

2007年湖北省钢铁、汽车、石化、电子信息、食品五个重点行业的销售收入超过千亿元大关，并一直保持至今。2010年湖北省电力、纺织两个行业的销售收入也超过了千亿元。2011年装备制造、建材两个行业销售收入进入千亿元行列。截至2012年年底湖北省这些重点行业销售收入都保持在千亿元以上。

同时，这些行业都是规模经济效益明显的产业，要注重培育和发展一批具有国际竞争能力的大型企业和工程公司，同时也要大力扶持中小型装备企业，促进其向专、精、特方向发展，构建以大型企业为龙头，大、中、小企业协调发展的企业组织结构。事实上，中小企业的发展，特别是劳动密集型服务业和加工制造业中小企业的发展，可以吸纳大量的劳动力，创造出更多的就业机会。

（四）"两圈一带"背景下产业升级、人口增长、充分就业的协调发展模式。

通过"两圈一带"及城市群的发展战略，加大湖北省对传统产业升级的力度，拓展湖北省产业结构调整的空间，改变流动人口的流动方向及流动范围，从而缓解湖北的地区发展不平衡所带来的人口增长与就业压力，以承接东部沿海地区产业转移为背景的湖北产业结构调整，必须搞好长江经济带和两大经济圈的职能化分工，从而能够有序地推进劳动力的合理流动,以减少劳动力过分集中所造成的社会压力,并通过城市功能的合理分工,实现湖北省"两圈一带"经济一体化的发展。

报告二

新生代农业转移人口就业现状与存在的问题

农业转移人口是一个以青壮年为主体的变动群体,随着时间的推移,新生代逐步成为农业转移人口的主体。本报告通过 2013 年湖北省流动人口动态监测数据,重点研究城市新生代农业转移人口的就业结构和就业质量问题,以期对城市新生代农业转移人口就业状况形成更为深入的认识,并为新形势下有效解决城市农业转移人口就业问题提供参考。

一、新生代农业转移人口的就业现状

(一)就业结构。

1. 职业结构。

表1　不同代际农业转移人口职业结构比重(%)

主要职业 \ 代际	第一代农业转移人口	新生代农业转移人口	总计
国家机关、党群组织、企事业单位负责人	0.0	0.1	0.1
专业技术人员	3.0	4.6	3.7

续表

主要职业 \ 代际	第一代农业转移人口	新生代农业转移人口	总计
公务员、办事人员和有关人员	0.4	0.6	0.5
经商	28.9	25.7	27.5
商贩	17.3	11.1	14.5
餐饮	13.8	11.7	12.8
家政	0.2	0.9	0.5
保洁	2.4	0.4	1.5
保安	0.7	0.9	0.8
装修	3.8	2.9	3.3
其他商业、服务业人员	10.8	19.0	14.5
农、林、牧、副、渔、水利业生产人员	0.8	0.7	0.8
生产	2.1	3.9	2.9
运输	1.8	3.0	2.4
建筑	4.8	4.0	4.5
其他生产、运输设备操作人员及有关人员	4.0	5.7	4.8
无固定职业	2.5	2.6	2.6
其他	2.5	2.3	2.4
总计	100	100	100

由表1可知，在两代农业转移人口中经商都是其最为主要的职业。对于第一代农业转移人口来说，最主要的三个职业分别为经商、商贩和餐饮，其从业人数分别占到28.9%、17.3%和13.8%；而对于新生代农业转移人口来说最主要的三大职业分别为经商、其他商业服务业人员以及餐饮业，其从业人数分别占到25.7%、19.0%和11.7%。新生代农业转移人口中直接从事经商、商贩和餐饮的人员有大幅度减少（减幅分别为3.2%、6.2%和2.1%），但从事其他商业服务业的人员增加显著

（增幅为 8.2%），其就业呈现更加多样化的态势。除主要职业外，相对于第一代农业转移人口，新生代农业转移人口从事生产运输和专业技术人员有较大增加（增幅分别为 4.7% 和 1.6%），而从事保洁、装修和建筑等职业的人员则有所减少（减幅分别为 2.0%、0.9% 和 0.8%）。

2. 行业结构。

表 2　　不同代际农业转移人口行业结构比重（%）

代际 所属行业	第一代农业转移人口	新生代农业转移人口	总计
制造	7.1	10.9	8.8
农林牧渔	1.2	0.7	1.0
建筑	7.5	6.1	6.9
电煤水生产供应	0.6	0.6	0.6
批发零售	36.9	31.4	34.4
住宿餐饮	16.7	16.6	16.6
社会服务	12.3	14.0	13.1
金融/保险/房地产	0.5	0.6	0.5
交通运输、仓储通信	2.1	4.9	3.3
卫生、体育和社会福利	0.4	0.4	0.4
教育、文化及广播电影电视	1.3	1.1	1.2
科研和技术服务	0.4	1.4	0.9
党政机关和社会团体	0.0	0.1	0.1
其他	13.0	11.1	12.1
总计	100.0	100.0	100.0

由表 2 可知，从行业结构来看，批发零售、住宿餐饮和社会服务是两代农业转移人口最主要的三大行业。但新生代农业转移人口从事批发零售行业的人员有较大减少（减幅为 5.5%），而从事社会服务行业的

人数则有较大增加（增幅为1.7%）。此外，新生代农业转移人口在制造业和交通运输业，以及仓储通信行业的人员也均有较大增加（增幅分别为3.8%和2.8%），而在建筑行业的从业人员则有较大减少（减幅为1.4%）。

3. 单位性质结构。

表3　不同代际农业转移人口就业单位性质结构比重（%）

就业单位性质 \ 代际	第一代农业转移人口	新生代农业转移人口	总计
土地承包者	0.6	0.1	0.4
机关、事业单位	2.9	2.3	2.6
国有及国有控股企业	2.7	2.0	2.4
集体企业	3.3	2.9	3.1
个体工商户	69.1	59.6	64.7
私营企业	13.1	26.1	19.1
港澳台企业	0.2	0.9	0.5
日/韩企业	0.1	0.0	0.1
中外合资企业	1.3	1.6	1.4
其他	1.5	1.1	1.3
无单位	5.2	3.4	4.4
总计	100.0	100.0	100.0

由表3可知，在两代农业转移人口中个体工商户始终是最为主要的就业性质，在第一代农业转移人口中有69.1%的就业人员为个体工商户，但在新生代农业转移人口中这一比重已下降到59.6%，相应地，新生代农业转移人口进入私营企业工作的人数占到了26.1%，较之第一代农业转移人口提高了13.0%，至于其他就业单位性质则相差甚微。这表明新生代农业转移人口更倾向于进入企业就业，这可能部分由于相

较于个体户经营，进入企业工作风险更低、待遇更稳定、福利保障更完善，部分也是由于一些职业技术学校会为其毕业生直接分配工作单位。

4. 就业身份结构。

自营劳动者依然是两代农业转移人口最主要的就业身份。然而，同第一代农业转移人口 61.1% 的自营劳动者比重相比，新生代农业转移人口中只有 44.4% 的人员属于自营劳动者，减幅高达 16.7%；而在新生代农业转移人口中有 37.6% 的人员为雇员，较之第一代农业转移人口 24.7% 的雇员比重增长了 12.9%，同时作为雇主和家庭帮工的人员也有了一定增加。

（二）就业质量。

1. 新生代农业转移人口失业率更高。

在此次调查的 1795 名农业转移人口中，有 85% 的人至少目前拥有能够作为收入来源的工作。其中第一代农业转移人口的就业率为 93.4%，高于平均水平；而新生代农业转移人口的就业率只有 76.8%，远低于第一代农业转移人口。由于两代农业转移人口中均会存在一部分"主动失业"者，因此其真实就业率会略高于上述比率，但这依然不能否认与第一代农业转移人口相比，新生代农业转移人口面临着更为严重的就业困境。

2. 本地连续工作时间较短。

尽管农业转移人口在本地的连续工作时间均呈递减态势，但第一代农业转移人口在城市中的平均连续工作时间要远远超过新生代农业转移人口。经统计可知新生代农业转移人口在本地的平均连续工作时间为 3.07 年，且有约 37% 的人在本地工作不超过 1 年，仅有 45.5% 的人在本地连续工作了 3 年以上；而第一代农业转移人口在本地的平均连续工作时间为 6.39 年，且有 72.4% 的人在本地已连续工作 3 年以上。

3. 日工作时数与周工作天数较短。

农业转移人口整体的工作时间长，工作强度大，经统计，有 54.7% 的人日工作时数在 10 小时以上，89.6% 的人周工作天数在 6 天以上，平均闲暇时间较为短暂。但从代际角度看，新生代农业转移人口的工作时长要明显短于第一代农业转移人口。在日工作时数方面，第一代农业转移人口中仅有32.5%的人日工作时数在8小时以下，59.6%的人日工作时数在10小时以上，而新生代农业转移人口有42.9%的人日工作时数在8小时以下，48.5%的人日工作时数在10小时以上；在周工作天数方面，第一代农业转移人口中仅有9.1%的人每周工作5天以内，甚至有65.4%的人全周7天都在工作，工作强度极大，而新生代农业转移人口中则有12%的人每周工作5天以内，每周工作7天的人数占比也下降到了49.7%，虽然其工作强度依然较大，但较之第一代农业转移人口已经有了相当大的改善（见图1）。

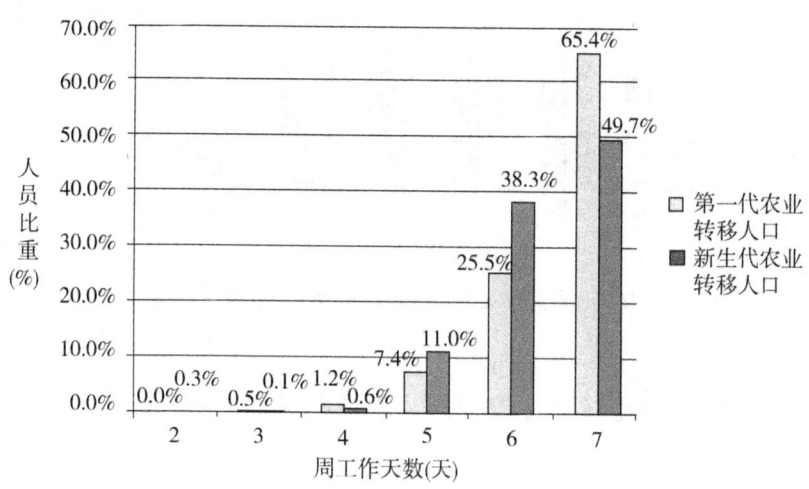

图1 不同代际农业转移人口周工作天数差异示意图

4. 个人月收入水平与家庭生活水平低于第一代农业转移人口。

第一代农业转移人口的平均月收入为3491.48元，有64.41%的人月收入超过了3000元；而新生代农业转移人口的平均月收入为3322.07元，略低于第一代农业转移人口，同时月收入在3000元以上的人数占比下降到59.44%。这种结果同一般的社会认知相反：社会通常认为由于新生代农业转移人口拥有较高的学历,应当拥有更高的收入水平。然而数据表明,新生代农业转移人口的教育优势在收入方面的产出效益并不明显。

从恩格尔系数来看,第一代农业转移人口也普遍拥有着高于新生代农业转移人口的生活水平(即更低的恩格尔系数),有54.3%的第一代农业转移人口为富裕以上水准,而新生代农业转移人口中这一比重下降到了48.96%(见图2)。

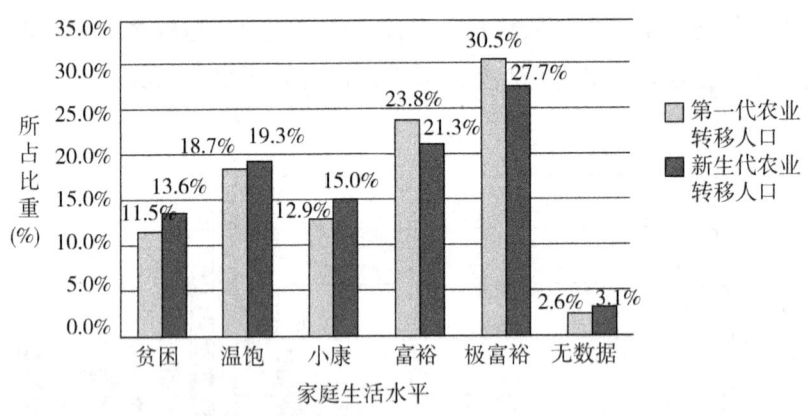

图2 不同代际农业转移人口生活水平差异示意图

5. 新生代农业转移人口的社会保障有待提高。

表4 不同代际农业转移人口劳动与社会保障参与比重(%)

代际 \ 参保类型	城镇养老保险	城镇职工医疗保险	工伤保险	失业保险	生育保险	住房公积金
第一代农业转移人口	24.5	25.0	23.5	18.7	6.9	2.9
新生代农业转移人口	10.3	9.5	15.6	6.8	4.9	4.2

第一代农业转移人口签订固定期限和无固定期限合同的人数比重为

48%，略高于新生代农业转移人口（47.6%）。从表4可知，从"五险一金"情况来看，农业转移人口的参与比重普遍较低，没有任何一项保险的参与度超过25%，且除在住房公积金方面新生代农业转移人口的参与度略高于第一代农业转移人口外，在养老保险、医疗保险、工商保险、失业保险和生育保险方面新生代农业转移人口的参与比重均低于第一代农业转移人口。

二、新生代农业转移人口就业存在的问题

（一）新生代农业转移人口失业问题严重。

新生代农业转移人口同第一代农业转移人口相比面临着更为严重的就业困境。新生代农业转移人口的就业率只有76.8%，远低于第一代农业转移人口。这种失业率的升高趋势不仅不利于农业转移人口自身的生存发展，也不利于城乡融合与社会稳定。

从对未工作原因的分析来看，影响新生代农业转移人口就业的最主要阻力并非此前学界所通常认为的是新生代农业转移人口自身的高预期与低耐受力，而是沉重的家庭负担。一方面，在新生代农业转移人口群体中女性占据了很大比重，然而女性的低平均年龄与高新婚率共同导致了有相当多的女性面临怀孕、哺乳以及抚养儿童等家庭生活负担，因而难以外出就业，并可能连带影响到家庭中男性的就业。

（二）就业的多元化和正规化趋势显著，然总体仍处于较低层面。

通过对两代农业转移人口就业结构的分析可知，新生代农业转移人口正逐步摆脱以自营劳动为主的非正规就业，而更多地选择进入企业单位以雇员身份从事劳动；其就业的职业与行业结构也从早期的集中化、低端化向多元化、专业化与正式化发展，就业人员呈现出从商贩、保洁、建筑等传统农业转移人口职业向商业服务业与生产、运输等现代职业的分流趋向，同时更多的新生代农业转移人口开始走上专业技术岗位

以及领导岗位实现"高级就业"。

新生代农业转移人口这种就业结构的转变尚处于初始阶段，以非正规就业为主的就业格局没有改变，低端、分散的批发零售依然是最主要的就业行业，个体工商户也依然是就业农业转移人口的主体。这是由于新生代农业转移人口虽然较之前代农业转移人口受教育水平与综合素质有明显提高，但在同城市本地居民的就业竞争中，其素质竞争力依然处于下风，尤其在如武汉这样的高校密集城市，高学历人才的本地就业尚已趋于饱和，至于新生代农业转移人口就更加难以进入诸如党政机关、国有企业以及外资企业等"热门单位"实现就业，因此其就业总体依然处于一个较低的层次和水平。

（三）新生代农业转移人口就业质量内部分化明显。

新生代农业转移人口内部就业质量的横向分布参差不齐，两极分化态势明显。仅就个人月收入一项来说，新生代农业转移人口从 500～30000 元不等，最高收入乃为最低收入的 60 倍，且其收入分布的标准差亦达到 2534，表现出显著的两极化态势。这说明新生代农业转移人口不仅同城市居民相比差异明显，其内部的人员素质条件同样差异巨大，而这种分化可能会导致农业转移人口内部的反向流动与阶层分裂，一部分农业转移人口得以"升浮"至社会高层甚至进入城市精英阶层，而另一部分农业转移人口则会"沉淀"在城市社会底层，进而割裂其阶层联系并分别融入更具一般意义的城市贫富阶层，加剧城市社会的冲突与矛盾。

（四）新生代农业转移人口劳动与社会保障趋于恶化。

同第一代农业转移人口相比，新生代农业转移人口就业质量的纵向变化参差不齐。新生代农业转移人口虽然在工作时间与工作强度等方面有所改善，拥有"八小时"工作制和双休日的人员比重上升，闲暇时间增多，但在月收入水平、劳动合同签订率和社会保障参与率等方面却不增反降，在劳动与社会保障方面的恶化尤为严重。这表明新生代农业转移人口并不一定如社会所通常认为的那样拥有更高的维权意识和法治理念，至少就本次调查来看，其并未将合同保障与社会保障作为择业的重要参考因素。当然，考虑到农业转移人口在城市就业市场上处于先天的弱势地位，这种选择也有可能是一种以牺牲劳动与保障来换取就业的无奈妥协。

（五）新生代农业转移人口就业依然以非正式途径为主。

通过对两代农业转移人口就业途径的对比分析可知，新生代农业转移人口的就业途径呈现出更加多元的态势，单纯依靠自己"打拼闯荡"的人员减少，而家人、亲戚、同乡、朋友和同学等社会关系对新生代农业转移人口就业的帮助作用增强。此外，新生代农业转移人口中通过招聘会和网络等现代正规就业途径实现就业的人员虽略有增加，但总体仍然处于较低的水平，而通过个人努力找到工作的人员虽有减少，但依然占据主体地位。这也表明大多数新生代农业转移人口还是主要通过非正式途径获取工作信息，其就业途径有待进一步引导与拓宽，就业途径的规范化、系统化亦有待加强。

三、政策建议

（一）建立、完善以新生代农业转移人口为主要客体的制度体系。

新生代农业转移人口所表现出的新特性包括：更小的平均年龄、更高的受教育水平、更高的未婚率、更大的家庭抚养负担、更脆弱的城市生活基础、更深的社会交际需求、更高的就业期望以及更多元的就业选择与更广泛的就业渠道等。因此，政府有必要对传统的农业转移人口就业政策、社会保障政策以及户籍转变政策等加以重新审视与完善更新，充分考虑新生代农业转移人口的崭新特性，建立更加符合新生代农业转移人口利益需求的制度体系，推进制度公平，从而在法律与制度层面为农业转移人口提供最大限度的利益保障，促进农业转移人口就业问题的解决。

(二) 加强对新生代农业转移人口的家庭保障与就业引导。

首先，政府应加强对处于怀孕、哺乳期女性农业转移人口的社会保障力度，开辟针对农业转移人口医疗保健护理的"绿色通道"，设立专业的社会看护培训机构为农业转移人口中的婴幼儿母亲提供日常所需的看护照料与生育指导，尝试开辟针对婴幼儿母亲的轻体力、低强度的工作岗位，同时还应确保在女性农业转移人口职工群体中落实产假制度与生育保险制度。

其次，政府应改善农业转移人口子女的入学教育环境，新增针对农业转移人口子女的幼儿园，提升农业转移人口幼儿园的师资水平、硬件设施等办学条件，降低入园门槛，将农业转移人口对年幼子女的看护负担向公办免费幼儿园转移，从而使农业转移人口能够踏实地外出就业。

此外，基于农业转移人口在城市就业中因户籍问题带来的先天弱势地位，政府应在就业政策方面给予农业转移人口更大的优惠与扶持力度，充分利用招聘会、网络等现代技术平台为农业转移人口提供就业信息、拓宽就业渠道，组织、动员政府部门与社会力量为农业转移人口提供就业咨询与援助服务，建立城乡平等的失业救济制度，并通过财政补贴、税收优惠等手段鼓励企业单位招收、吸纳农业转移人口，从而引导、促进城市农业转移人口实现充分就业。

(三) 加强对市场的制度监管，进一步提升新生代农业转移人口就业质量。

对于新生代农业转移人口雇员来说，政府应完善相关的就业法规，规范企业工作标准，并借助社会力量加强对用工单位的监管，进一步贯彻八小时工作制和双休日制度，确保落实劳动合同制度，加强对农业转移人口在医疗、养老、工伤、失业和生育保险等社会保障方面的宣传教育与参保考核，提升农业转移人口参保率，打破在工作强度、薪酬水平以及福利待遇方面的歧视性城乡差别，实现农业转移人口与城市工人的同起点竞争与"同工同酬"。而对于自营劳动者来说，政府应为他们提供更加便利的工作环境，降低对个体工商户的行政审批难度与审批成本，并可提供适度的税收优惠，可建立农业转移人口创业园区，鼓励有能力的农业转移人口自主创业，实现"自我就业"，同时由于此类农业转移人口缺乏单位的照料，政府更应加强对其社会保障力度，使其获得与城市居民基本平等的福利待遇。

（四）加强对新生代农业转移人口的人力资本投入，提升农业转移人口就业竞争力。

为进一步提高新生代农业转移人口的自身素质与就业竞争力，根本转变城市农业转移人口"底层就业"的现有格局，政府需要进一步加强对农业转移人口的教育、培训力度。完善农村基础教育，加大师资、设备等要素的投入力度，为困难家庭提供教育补助，力求消除义务教育阶段的辍学现象，同时进一步提高农村子女的高中入学比率，确保教育上升渠道的畅通；此外应加强职业技术教育建设，在农村乡镇兴办、完善一批高中等职业、专科学校，并加大在资金等要素方面的政府支持力度，鼓励、引导更多的农村青年在完成义务教育阶段后参加职业技术教育，提升其专业化水平；最后应由政府协同其他社会组织等为已进入城市的农业转移人口提供基础技能培训、普法以及文明礼仪等方面的宣传教育，构建在政府的支持与协调下职业学校、社会组织以及企业单位三方互联互动的综合教育培训体系，以全面提升其个人综合素质，增强其社会融入能力和就业竞争力。

（五）户籍制度改革势在必行，城乡一体化乃为治本之策。

欲根本解决城市农业转移人口就业问题，必须从体制方面入手，改革传统户籍制度，切实推进城乡一体化进程，实现城乡间人口的自由流动。开放户籍制度，促进城乡人口的自由流动，不仅有助于实现农村剩余劳动力的有效配置，促进城乡间的资源联系与统筹发展，也是保障人权，贯彻以"以人为本"为核心的科学发展观的重要体现。故只有大力推进我国的城市化进程，推动农业转移人口的"市民化"转变、促进农业转移人口以城市居民的身份融入城市，真正实现城乡一体化，方为解决我国农业转移人口就业问题的治本之策。

报告三

流动人口失业特征及其生存困境分析

失业不仅会造成经济损失,对人健康的影响也很严重。而流动人口失业率的上升,还会导致城市新贫困人口的增加,影响社会稳定。目前我国主要用登记失业率反映失业情况,该指标没有将流动人口纳入统计范畴,难以反映真实失业情况。国际通用的失业率指标是调查失业率,统计对象包含流动人口。借鉴国际劳工组织(ILO)对失业人员定义,我们分析了流动人口的失业率。所谓失业人员是指:有劳动能力、年龄在15~59岁,调查前一周内没有进行过一小时以上的有收入工作,在调查前一个月内找过工作。失业率则是指失业人口与经济活动人口之比。没有工作且在调查前一个月内没有找过工作的人被认为是非经济活动人口。

本研究使用的是2014年全国流动人口动态监测数据,总样本200937人,男性占58.5%,女性占41.5%,农业户籍流动人口占85.1%,非农户籍流动人口占14.9%。其中失业人口2186人,经济活动人口179146人。

一、流动人口失业现状

(一)流动人口失业率明显低于本地城市居民。

调查数据显示，2014年流动人口失业率为1.22%，其中农业户籍流动人口的失业率为1.26%，非农户籍流动人口的失业率为0.98%。而人力资源与社会保障部统计数据表示，2014年城镇登记失业率为4.10%（见图1）。城镇登记失业率反映的是拥有本地城市户口居民的失业情况，由此可以看出流动人口失业率明显低于本地城市居民。

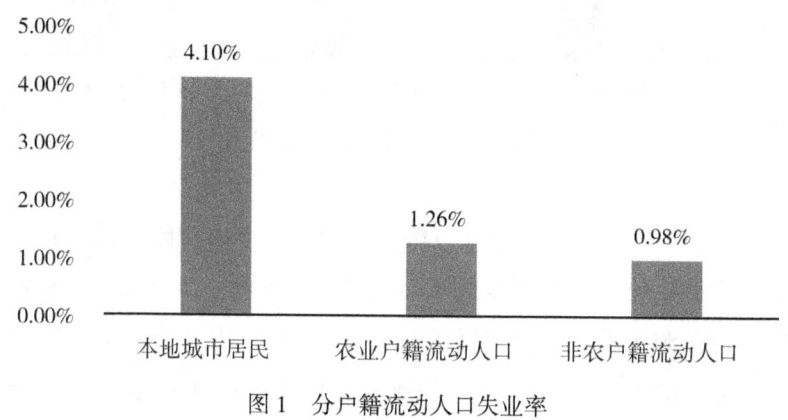

图1　分户籍流动人口失业率

（二）男性失业率低于女性，非农户籍流动人口尤为明显。

流动人口男性失业率为1.16%，女性失业率为1.32%，男性失业率比女性低0.16%。其中农业户籍流动人口男性失业率为1.21%，女性失业率为1.34%，男性失业率比女性低0.13%；非农户籍流动人口男性失业率为0.86%，女性失业率为1.19%，男性失业率比女性低0.33%（见图2）。

（三）15~24岁流动人口失业最为严重，农业户籍流动人口有高龄失业风险。

随着年龄的增长，流动人口失业率急遽下降，趋向平稳。到50岁后，非农户籍流动人口失业率进一步下降，农业户籍流动人口失业率反而开始上升。分年龄段来看，15~19岁流动人口失业率最高，农业户籍流动人口失业率为3.31%，非农户籍流动人口失业率为5.63%；20~

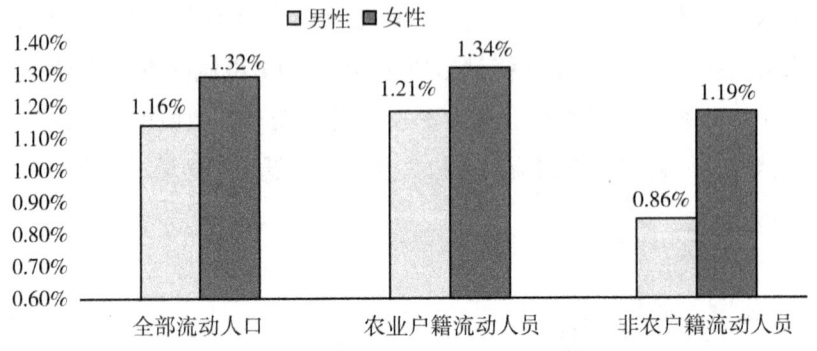

图 2　分性别流动人口失业率

24 岁农业户籍流动人口失业率下降到 1.68%，非农户籍流动人口失业率则下降到 1.59%；自 25 岁起流动人口失业率进一步下降到平均水平左右。但到 50 岁后，农业户籍流动人口失业率开始上升，45~49 岁的失业率为 1.02%，50~54 岁上升到 1.32%，55~59 岁进一步上升到 1.61%；而非农户籍流动人口失业率则继续下降，从 0.97% 下降到 0.93%、0.41%（见图 3）。

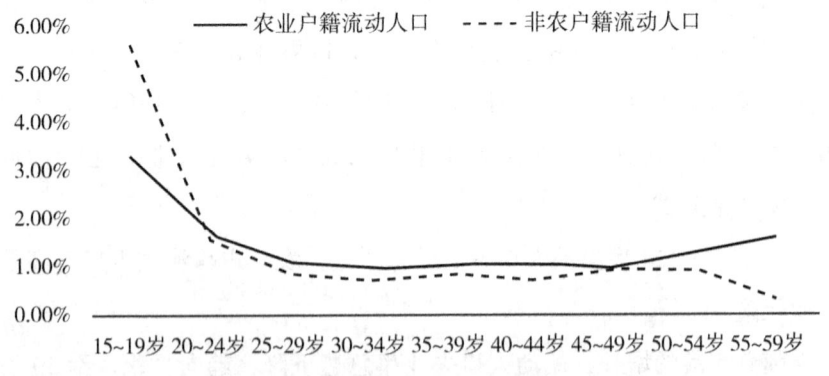

图 3　分年龄段流动人口失业率

（四）农业户籍流动人口存在知识失业现象。

关于是否存在知识失业现象，一直存在较大争议。调查表明，教育对不同户籍流动人口是否失业存在相反影响。随着文化程度提高，农业户籍流动人口失业率只有略微下降，但是从大学本科起反而逐步上升；而非农户籍流动人口失业下降明显，研究生失业率最低。

具体来看，随着文化程度的提高，农业户籍流动人口失业率大致呈 U 形曲线。从小学文化程度起，流动人口失业率开始下降，但下降较为缓慢。初中文化程度流动人口失业率为 1.23%，高中文化程度则为 1.17%，专科文科程度最低为 1.12%，从大学文化程度起失业率上升到 1.20%，研究生文化程度失业率则进一步上升到 2.02%。随着文化程度的提高，非农户籍流动人口失业率则大致是一条向右下倾斜的直线，而且下降较为迅速。未上学流动人口失业率最高为 1.75%，专科文化程度下降到 0.66%，研究生文化程度最低为 0.58%（见图 4）。

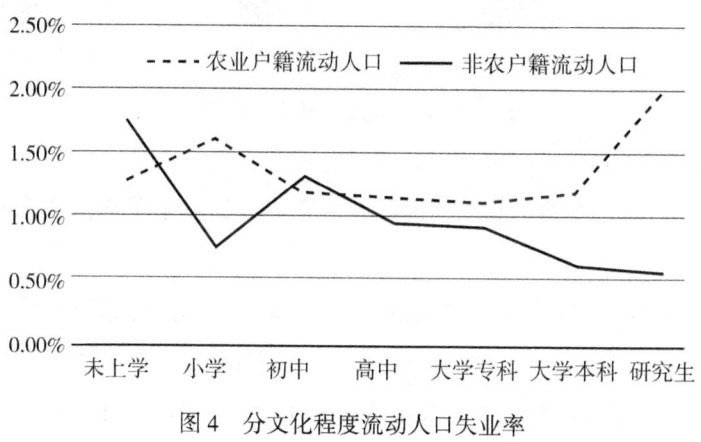

图 4　分文化程度流动人口失业率

（五）已婚流动人口失业率最低，离婚或丧偶流动人口失业率较高。

婚姻对流动人口的失业率有明显的改善作用。当流动人口未婚时失业率较高，男性失业率为 1.94%，女性失业率为 2.05%。当流动人口结婚（含初婚和再婚）后失业率急遽降低，男性失业率降到 0.91%，女性失业率降到1.10%。当流动人口离婚或丧偶后失业率又急遽上升，男性失业率上升到1.85%，女性失业率上升到1.92%（见图5）。离婚或丧偶的流动人口失业率接近未婚流动人口的水平，意味着这部分群体承受着双重压力，需要政府特别关注。

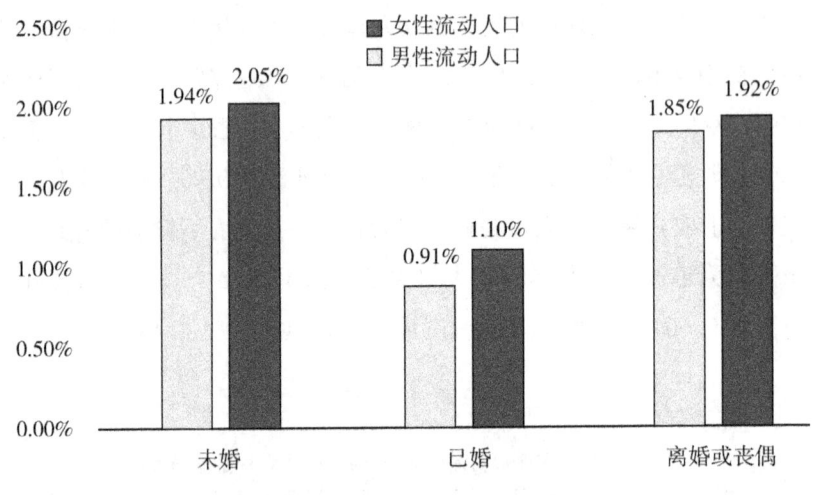

图5　分婚姻状况流动人口失业率

（六）流入到西部和东北地区的流动人口失业率明显高于东部和中部地区。

按照经济规模大小，将全国分为东部、中部、西部和东北四个地区。在西部和东北地区的流动人口失业率明显高于在东部和中部地区的流动人口。具体来看，从东部地区、中部地区、西部地区到东北地区，农业户籍流动人口的失业率分别为0.98%、0.99%、1.69%和1.67%，非农户籍流动人口的失业率分别为0.82%、0.72%、1.09%和1.47%（见图6）。流动人口在西部和东北地区失业率高于东部和中部地区，可能是因为东部和中部地区经济比西部和东北地区发达，有更好的就业机会。

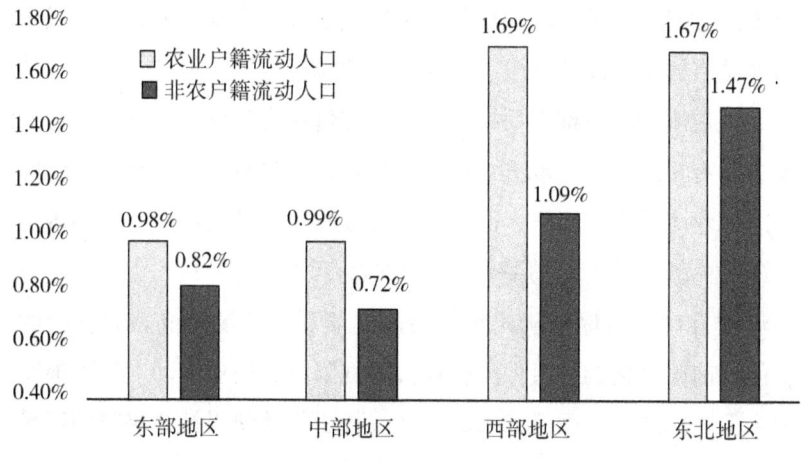

图 6 分地区流动人口失业率

二、失业流动人口在城市的生存困境

（一）流动人口失业后日常生活难以维持。

不同于本地城市居民失业后只是收入减少，流动人口失业后面临的首要严重问题就是收入急剧下降，接近于零，这包括收入来源和补助来源两方面的原因。从收入来源来看，工资收入只是本地城市居民的一部分，2013年国家统计公报显示工资收入占城市居民收入的 63.5%，城市居民失业后即使不工作仍有来自财产性、经营性和转移性多渠道收入，占其失业前收入的 36.5%。而工资收入基本是流动人口收入的全部，一旦失去工作，流动人口就失去了几乎唯一的收入来源。从补助来源来看，本地城市居民失业后如果没有失业保险可以申请最低生活保障；而流动人口有失业保险的比例本身就较低，动态监测数据表明流动人口有失业保险的占13.9%，其中失业流动人口仅4%有失业保险。加之没有本地户口，没有失业保险的流动人口还不可以申请最低生活保障。因此流动人口失业后基本没有收入和补助。

支出方面，除了食品和出行等必要支出外，房租是流动人口最不同于本地城市居民的固定支出。不同于本地城市居民一般有自我产权的房子，大多数流动人口都需要租房居住，支付较为昂贵的租金。动态监测数据表明有82.8%的流动人口需要租房居住，每月平均支付650元的租金。对失业流动人口而言，面临收入大幅减少和开支难以下降的困境。

（二）流动人口失业后社会保障难以存续。

流动人口社会保障从无到有的建立体现了市场的成熟和社会的进步，但当前碎片化的社会保障存在流动性陷阱，失业流动人口不但要考虑社会保障的续交，而且如果跨地区寻找工作就使得社会保障的衔接成为困难。由于分灶吃饭的财政体系、区域之间经济发展水平差异较大以及社会保障信息化程度不高，我国并没有建立全国统一的社会保障模式。针对流动人口的社会保障大致有城保模式、次城保模式、综合模式以及农保模式四种模式，不同模式之间和相同模式不同地区之间缴费基数和缴费比例是不同的，使得跨地区的衔接极为困难，其中的综合模式还不具备衔接的理论可能性。如果失业流动人口采用最极端的退保方式，那么不但单位统筹部分就无法提出，个人账户的累计也完全丧失。据估算仅广东省由于社会保障无法衔接退保，导致流动人口有700亿的单位统筹部分无法提出。流动人口一旦失业而且在该地找不到工作，势必只能跨地区寻找工作或者返乡，在社会保障难以衔接的情况下，如何存续成为一个两难的问题。

（三）流动人口失业后学龄子女教育水平下降。

流动人口失业对学龄子女教育主要有三方面的不利影响，降低了学龄子女的教育水平。一个直接影响就是流动人口失业后对学龄子女教育投资减少，提高了子女的辍学率；另一个影响就是失业会提高家庭关系的紧张度，这对子女的学习积极性有很大的负面影响，进而会降低子女的学习成绩。还有一个影响就是流动人口失业意味着原有工作岗位带来的社会网络中断，减少了子女的升学机会。2009年对湖南失业流动人口调查发现，流动人口子女本身在教育领域处于先天弱势地位，由于失业导致流动人口社会关系的中断进一步弱化了子女接受更高层级教育的机会。这会加重贫困在流动人口间由父母向子女传递的代际循环。

（四）流动人口失业后社会融合进程中断。

新型城镇化的关键在于推动流动人口的社会融合，而失业会导致流动人口社会融合进程中断，这有两方面的原因。一方面是推进流动人口的社会融合除了政府投资外，还需要流动人口必要的自我投资。尤其是在社会融合的较高阶段，推进流动人口的心理认同和身份认同，往往需要开展社会活动才能实现，而这需要流动人口的必要投资，失业使流动人口对这方面的投资减少。另一方面的原因就是失业尤其是长期失业会使流动人口心理健康水平下降，对未来没有信心，从心理上抗拒对流入地的融合。动态监测数据表明因没找到工作而不在业的流动人口有 7275 人，但调查前一个月内找过工作的仅占 30.04%，剩余的 69.96% 的流动人口既不返乡也不寻找工作，主动与周围隔绝起来。

三、对策建议

（一）建立流动人口失业监控和预警机制。

由于流动人口的流动性，地方政府对流动人口失业问题往往并不关心，认为流动人口失业的危害会随着人口的流动转移到其他地区，因此这需要中央政府和全社会继续加大对流动人口失业问题的关注。这包括第一，中央政府从顶层设计高度关注流动人口失业问题，建立一个全国层面的流动人口失业监控和预警机制，对流动人口失业进行动态和跟踪式的调研；减少就业歧视，赋予流动人口平等的就业权利；要求地方政府向流动人口开放公益性岗位。第二，加强宣传力度，加大社会对人口失业问题的认识，提高流动人口的参保意识，要求企业不得故意拖延或抵制流动人口参保。

（二）完善流动人口特有的可携带转移的失业保险制度。

能够建立全国统一的社会保障制度固然很好，但鉴于全国社会保障模式过于碎片化以及区域之间的较大差异，建立一个统一的社会保障模式显然是一个需要长期努力的目标。在当前人口流动日渐加剧的背景下，当务之急是建立流动人口特有的可携带的社会保险制度，将流动人口的自愿性失业保险变为强制性失业保险。可携带转移社会保险制度应该按照"低门槛、广覆盖、能转移、可接续"原则，为流动人口设立专门账号，社会保障金的缴纳可以随人口流动的时间间断性或持续性累加，并采用灵活的缴费年限规定，以保障流动人口在流动时获得最大程度的社会保障，即使失业无论身在何处都能切实得到社会的有效帮扶。

（三）构建以家庭为中心的流动人口失业政策。

失业，尤其是有未成年子女家庭中的父母失业会使整个家庭发展功能弱化，带来严重的代际贫困问题。当前我国的失业政策是只针对失业者个体发放补助金，应该发展为针对整个失业家庭发放补助金，并且对于不同的家庭结构应该有不同的补助政策组合。相比失业的本地城市居民，失业流动人口还应该享受房租补贴，对于有未成年子女的失业家庭应该提供杂费减免，对于有孕妇的失业家庭还应该提供食品和药品补贴，对于父母均失业家庭或离异丧偶失业家庭还应该优先提供公益性岗位。

（四）提高流动人口再就业能力。

提高流动人口的就业能力是解决失业问题的根本。政府应该加大教育与职业培训力度，使每一个流动人口都能充分享受教育的权利，尤其要保证基础教育对流动人口随迁子女的全覆盖。同时，大力发展符合市场需求的多样化培训事业，流动人口在地方政府的帮扶下进行职业培训，根据"谁出钱、谁受益"的原则，接受地方政府出资培训的流动人口应该在地方政府指定的范围内就业。最后，地方政府应该创造条件鼓励流动人口创业，这也是流动人口再就业的一条途径。

报告四

二孩政策与女性流动人口就业变化分析

2016年1月1日,我国开始实施全面二孩政策。从"双独二孩"(2011年)到"单独二孩"(2013年)再到"全面二孩"(2015年)政策的调整变化,反映出我国为实现人口长期均衡发展、应对人口红利下降、人口老龄化等一系列问题作出的适时改变。然而女性在进行生育选择、进行生育行为时,会面临来自家庭和社会的多种压力。特别在城镇化加速进程中,大量的女性流动人口在就业过程中面临就业难的困境,一些在职和已婚女性流动人口在工作中遭遇不公正待遇,这些对女性流动人口的就业歧视将会影响"全面二孩"政策的推进。

本研究使用2011年、2014年、2015年全国流动人口动态监测数据和2016年湖北省流动人口动态监测数据,深入分析我国实施"全面二孩"政策以来,女性流动人口的就业现状和就业歧视问题。同时加入2012年流动人口动态监测数据进行对比,分析梳理生育政策变化对女性流动人口就业状况的影响,为制定出台相应的法律政策,保障女性流动人口就业权利和合法权益,促进"全面二孩"政策的有效落实提供研究参考。

一、二孩政策实施后女性流动人口就业变动分析

(一)女性流动人口劳动参与率下降且大幅度低于男性。

根据2012年湖北省流动人口动态监测数据计算结果显示，2012年女性流动人口处于就业状态人数占总人口的比率为35.1%，占女性流动人口的比率为68.9%。男性流动人口处于就业状态人数占总人口的比率为47.3%，占男性流动人口的比率为96.4%。到2016年，女性流动人口处于就业状态的人数占流动人口总数的比率下降为33.1%，占女性流动人口的比率减少至68.5%。而男性流动人口处于就业状态的人数占流动人口总数的比率上升至48.2%，占男性流动人口的比率为93.3%。从时间上看，生育政策调整后女性的劳动参与率下降了2个百分点；从性别上看，女性流动人口的劳动参与率大幅度低于男性流动人口。

（二）女性就业流动人口平均年龄、受教育水平和初婚比例均在提高。

2016年女性就业流动人口平均年龄为34.4岁，略高于2012年女性就业平均年龄的33.9岁，略低于2016年女性流动人口的平均年龄35.2岁和男性平均年龄36.3岁。从婚姻状况来看，女性就业流动人口的初婚比率从2012年的85.1%上升至2016年的86.6%，未婚比率从2012年的13.0%下降至2016年的9.7%，女性就业流动人口以已婚女性为主体。

从受教育程度来看，女性就业流动人口受教育程度在提高，但低于男性流动人口。女性就业流动人口中，以初中学历为主，其比率从2012年的62.2%下降至2016年的48.7%，高中/中专比率从21.3%上升至27.7%，大专及以上水平的比率从5.9%上升至13.0%。男性就业流动人口的受教育水平普遍高于女性，其中男性高中/中专学历比率为28.1%，大专及以上水平的比率为14.6%。

（三）女性就业流动人口与男性就业流动人口收入差距增大。

2012年女性就业流动人口月平均工资为2648元，比男性就业流动人口低527元，比流动人口平均水平低308元。2016年，女性就业流动人口月平均工资增加至3205元，与男性就业流动人口之间的收入差距扩大至 1098 元，与流动人口平均水平的差距扩大至 651 元。整体上看，虽然流动人口的收入水平随着时间的推移在增加，但女性收入增加的幅度远不及男性，流动人口性别间的收入差距在逐步拉大，反应出女性流动人口在收入上升通道上遇到的阻碍和压力比男性大。

（四）二孩政策降低了女性流动人口的就业机会。

使用 2014 年和 2015 年全国流动人口动态监测数据，通过 2014 年实施的单独二孩政策就人口政策对女性劳动者就业机会的影响进行了研究。单独二孩政策的实施，确实在一定程度上减少了女性就业机会，导致失业人群中女性比重的增加。2014 年流动人口失业群体中，女性所占比重为 40.48%；2015 年女性所占比重为 46.25%。也就是说二孩政策实施后，相对于男性，女性流动人口找工作更为困难。控制个人特征和流动特征后，二孩政策对女性就业机会的负面影响仍然存在。进一步分析发现，二孩政策导致的女性就业歧视，在私营部门更为明显。这一方面说明单独二孩政策的实施，对女性就业机会带来了一定的冲击，另一方面也说明中国过去 30 年左右性别差距不断缩小的主要原因也在于一胎政策的实施。一胎政策对中国社会产生了诸多影响，如促进了青少年教育机会的平等。通过教育增加就业机会，以及控制女性生育数量，都使得女性在劳动力市场上的竞争力逐渐增加。

二、二孩政策导致女性流动人口未就业增多的原因分析

（一）家庭式流动模式使得女性未就业流动人口在料理家务上比例提高。

女性流动人口的迁移流动模式发生较大改变，85.2% 的女性流动人口都是随家庭流动而非个人独自流动。其中跟配偶一起流动的比率为 90.4%，跟子女一起流动的比率为 55.9%，由此可见女性流动人口在流

迁过程中必须承担"妻子"和"母亲"的社会角色职责，从而承担照料家务的工作。女性未就业流动人口中，料理家务/带孩子所占比重大幅提高，从2012年的23%增加至2016年的33%，而不想工作的女性流动人口比率仅为0.6%。女性流动人口料理家务/带孩子比率的提高，反映出大部分女性流动人口为承担照顾家庭责任而放弃工作的比率增加，从而影响女性流动人口的就业比率。

（二）生育政策放开后女性流动人口生育水平提高，从而增加了未就业比率。

女性流动人口的平均年龄为35.2岁，正是处于生育的黄金年龄段，其中15~28岁女性流动人口比率（在女性流动人口中占比）为28.1%，29~35岁比率为29.3%，36~49岁比率为34.6%。具有较好生育条件和较高生育意愿的女性流动人口，在流动过程中，其生育行为会影响就业参与。2016年湖北省流动人口动态监测数据显示，在流动期间处于怀孕和哺乳期而未就业的女性流动人口比率高达8.5%，反映出生育政策调整后女性流动人口的生育响应比较明显，从而降低了其劳动参与水平。

（三）女性流动人口就业享有劳动就业保障水平低加大了女性就业歧视现象。

女性流动人口在六类社会保障的参保率上均低于男性流动人口，说明女性在享受社会保障上的明显劣势。从社会保障的具体类别来看，医疗保险参保率最高，而其中以女性流动人口在户籍地而非流入地享有的新农合比例最高。其次是养老保险，仅有21.9%的女性流动人口参加了养老保险，参保女性中2/3左右是在户籍地购买的新农保。由此可见，女性流动人口参与率略高的医疗保险和养老保险大部分均是在户籍地参加而非流入地，很大程度上降低了女性在流入地享有基本社会保险服务的便利性。

而女性就业流动人口享有的劳动就业保障，包括失业保险、工伤保险、生育保险和住房公积金，城镇职工医疗保险、公费医疗保险等

90%左右都是在流入地参保,但参保比率非常低,均不到5%,其中尤以住房公积金参保率最低,仅为2%,反映出女性就业流动人口在劳动就业保障方面的水平较差,给女性流动人口就业带来较大的风险和不确定。

表1　　　　　2016年流动人口社会保障参保率差别

社会保障类别		男性	女性	女性在流入地的参保比率
养老保险		26.3%	21.9%	31.1%
失业保险		6.9%	4.1%	90.2%
工伤保险		7.9%	4.3%	90.6%
生育保险		5.7%	3.9%	89.2%
住房公积金		3.6%	2.0%	87.8%
医疗保险		46.7%	43.7%	26.3%
医疗保险分类	新农合	34.6%	32.4%	8.0%
	城乡居民合作医疗保险	0.8%	1.1%	40.4%
	城镇居民合作医疗保险	3.7%	4.9%	77.8%
	城镇职工医疗保险	7.5%	5.2%	88.1%
	公费医疗	0.1%	0.1%	90.2%

注:女性在流入地的参保比率为在流入地参与该类别社会保障的女性流动人口数量与参与该类别社会保障的全部女性流动人口数量之比。

(四)二孩政策强化了劳动力市场对女性流动人口的歧视。

在劳动力市场竞争激烈、生育成本逐步提高的情况下,二孩政策的实施,将使生育对女性的劳动参与和职业发展的影响越来越凸显。女性的分娩特别是二次分娩以及需要照顾两个小孩,其精力占用会给企业带来一定的生产率降低,相比之下企业会更加不愿意招聘女性或者同女性员工签订劳动合同,以降低企业的生产运营风险成本,无疑大大强化了劳动力市场对女性流动人口的歧视。

流动人口中男性与工作单位签订劳动合同的比率从 2011 年的 27.4%上升至 2016 年的 35.1%，而女性仅从 21.4%上升至 21.7%，反映出女性流动人口在劳动就业保障上与男性流动人口的差别日益明显。而在女性流动人口中，未与工作单位签订劳动合同的比率从 2011 年的 38.2%上升至 2016 年的 39.1%，高于男性流动人口 2016 年未与用人单位签订合同的比率（38.7%），整体可以看出女性流动人口就业不稳定性和歧视现象加重。

三、全面二孩政策下消除女性流动人口就业歧视的对策建议

一直以来，女性在就业市场中，面临着各种显性或隐性的就业歧视，从而影响女性的劳动参与率。全面二孩政策下，女性流动人口生育意愿和水平的提高，是提高人口出生率、缓解人口老龄化的重要途径。因此，消除女性流动人口的就业歧视，保障女性流动人口在就业中的权益，对提高流动人口家庭发展能力、促进二孩政策的有效落实起到重要作用。这些问题的解决，需要政府、企业和社会的共同重视与相互配合。

（一）二孩政策实施背景下加强对女性劳动者的就业帮扶支持。

中国过去 35 年执行的一胎政策不仅对社会人口结构产生了一定的影响，也在一定程度上减少了劳动力市场上的性别差距，而单独二孩政策的实施却在一定程度上使得女性劳动者再次面临减少的就业机会。由于女性需要在家庭和工作之间进行权衡，随着 2016 年全面二孩政策的放开，女性的家庭责任进一步得到强化，女性劳动者的就业机会可能会再次面临减少的趋势。在个体层面上，高学历女性可以通过不断累积的自身人力资本克服这种政策的影响，低学历女性需要提升自我技能尽早

进入劳动力市场。在政府层面上，继续在《中国妇女发展纲要（2011—2020年）》的基础上完善对女性劳动者的就业帮扶，减少企业对女性劳动者生产率不确定的担忧，并积极拓展女性劳动者的就业方式，能在一定程度上促进女性就业机会的增加。

（二）依法保障女性的就业权益，制定完善保障女性合法权益的配套措施。

通过立法和监督，严格落实《中华人民共和国劳动法》、《妇女权益保障法》等法律法规，保障女性就业、休假的权利，同时鼓励用人单位制定有利于女性职工平衡个人职业发展和家庭关系的政策，帮助女性职工做好个人职业规划。对于出现女性就业歧视的行为，进行严格的处罚，以惩戒类似行为的发生。此外，女性流动人口，更易在非正规部门就业，进一步增加了其面临就业歧视的风险，因此更应加强对此类非正规部门就业的监管和保护，从法律层面上全面保护女性流动人口的就业权益。

（三）建立企业生育补偿金，完善企业和政府的生育成本分摊机制。

尽管目前国家劳动就业法中明确规定不得歧视女性，但用人单位对女性的隐性歧视体现在就业女性生育期间对企业经济效益带来的损失，虽然生育保险可以保障女性职工的收入和生育费用，但无法保障企业在此期间的用人短缺问题，因此企业更偏向招聘男性或者已婚已育女性。因此，在全面二孩政策下鼓励生育，应该从生育成本的分摊机制入手，建立企业生育补偿金，由政府对企业进行适当补偿，将生育成本由企业和政府共同承担，通过经济方式补偿企业，减少企业在女性职工生育期间的收益损失，促进劳动就业法的真正落实。

（四）完善生育配套服务，吸纳多方资源共同减轻家庭养育成本。

女性在养育子女期间，需要在幼儿照料、子女教育等多方面花费大量的养育成本，因此合理吸纳多方资源共同减轻家庭养育成本，对促进全面二孩政策实施至关重要。推进3岁以下婴幼儿幼托机构的建设，鼓励以社区和单位为依托，兴办托儿所，将托儿所和幼儿园进行延伸联系，使女性职工在产假结束后就能够回到工作岗位。同时，可以吸纳社会组织资源，依托社区为单位，鼓励社会组织兴办幼儿育儿保健培训班和妈妈心理交流咨询班。女性流动人口因受教育程度较低，对于育儿知识和心理健康恢复知识较为缺乏，利用网络电子化信息资源，加强育儿保健知识的推广，同时帮助女性流动人口消除孕前孕后的心理落差，更利于其家庭的健康发展。

（五）完善家庭的支持发展政策，鼓励流动人口家庭化迁移。

女性流动人口家庭化迁移流动的趋势越来越明显，但因其社会保障水平不高、家庭获得的社会政策支持有限而受限于家庭照料无法工作的比例较大。因此完善流动人口家庭的支持发展政策，包括完善生育保障和生育服务机制，建立流动人口家庭的住房保障机制，以及设立不同生育水平下的家庭税收减免机制鼓励流动人口的生育行为，同时为流动人口家庭的生育、养育幼儿以及青少年发展提供政策支持。

报告五

家庭化流动人口的城市融入分析

近年来,中国乡城劳动力迁移逐渐表现为家庭化的趋势。家庭式流动是人口流动发展到新阶段的自然产物,是流动人口群体对城市生活空间提出的新挑战,是中国城镇化进程中的一个重要现象。但是家庭化迁移是否有助于流动人口的社会融合?以及家庭化流动人口在社会融合中遇到哪些新的问题?需要我们深入的思考与研究。

本报告使用的是 2013 年武汉市的 1999 份流动人口动态监测调查数据,针对目前流动人口家庭化迁移的特点,分析家庭化流动人口社会融合的现状,并在此基础上探讨影响家庭化流动人口社会融合的因素,最后对如何更好地促进家庭化流动人口社会融合提出了政策建议。动态监测数据分析显示:2013 年流入武汉市的外来人口,未与家庭成员一起流动的(单独外出务工)有 354 人,占 17.7%;与家庭成员一起流动的有 1645 人,占 82.3%。

一、家庭化流动人口社会融合现状

总体来说,家庭化流动人口的融合程度较高,虽目前大部分尚处在一般性融入及较深融入阶段,但完全融入的势头比较明显。相对于单独迁移的流动人口来说,家庭化迁移更有助于流动人口融入城市。但是由于受整体经济状况的制约，每增加一个家庭成员的家庭迁移都会增加流动人口融入城市的风险。具体的现状如下：

（一）以夫妻组成的二人家庭的流动人口现阶段还难以融入流入地的主流社会中。

在家庭化流动中，以夫妻双方共同流动所占比例最少，占 5.3%。这一部分人群，教育程度普遍较低，多数人拥有初中或高中学历；就业稳定性较差，有 39.0% 的流动人口自己经营商铺，有 26.1% 的流动人口从事服务工作，而只有 11.0% 的流动人口从事技术及管理工作。同时居住环境较差，在未改造的老城区居住的流动人口占到 34.5%，在城中区或棚户区居住的流动人口占到 16.6%，在城乡结合部居住的流动人口占到 28.7%。这一群体，居留意愿相对较差，城市只是其暂居地，回流的思想较为严重。

（二）核心家庭对流入地的文化适应期短，融入意愿较强、融入度较高。

家庭化流动人口流入目的地后，能够主动去学习当地语言，并且能够熟练运用当地的语言。据数据显示，听得懂本地话且能够熟练使用或较熟练使用本地话的人口占 70.9%，在与本地人进行交流的时候使用普通话的人口占到 40.5%，使用本地话跟本地人交流的占到 16.5%。语言能力和语言实践既反映流动人口与当地居民沟通的能力和手段，也反映他们保留家乡文化的意愿。流动人口在与本地人交谈的时候使用普通话或者是本地话，能够通过交谈了解流入地的文化风俗，了解流入地居民的生活习惯为其以后长期在流入地生活打好基础。同时也从侧面反映出家庭化流动人口想彻底融入当地的主流社会的意愿强烈。

（三）由随迁老人一起组成的主干家庭受以地缘联系建立起来的人际网络的影响，融入程度较差。

由随迁老人组成的主干家庭，虽然摆脱了"归巢"思想的束缚，但是这类家庭人际网络多半是以地缘联系建立起来的，社会网络呈乡土化。据数据显示，这类家庭在休闲或是需要帮助时，更愿意找自己的亲戚、同乡，或者是一起从老家出来打工的朋友。其中愿意一起出来打工的亲戚、同乡，分别占到64.9%和40.7%，而愿意找当地同事朋友帮忙的仅占11.5%。这种以地缘等初级联系为基础建立起来的人际网络使其社会认同感大大缺乏，其社会关系呈内向性和乡土性，社会圈子相对封闭狭小，他们也不愿去打破这一封闭状态，在客观上形成了自我隔离状况，很难融入流入地。

（四）在相同融入水平情况下，每增加一个成员的家庭就会增加其融入城市的风险。

从数据上看来，以三人共同迁移的核心家庭融入程度大致相同，在这种相同融入水平的情况下，每增加一个成员就会给这个家庭带来经济等多方面的负担，使其在流入地扎根长久居留的意愿减少，回流的可能性逐渐加大。因为缺乏相应地社会支持，举家迁移后，特别是有孩子的流动人口的家庭，想给孩子提供更好的受教育的机会，却因缺乏社会支持而需要支付高额的教育费用。这样就给整个家庭带来了负担。同时随迁老人的加入，使得整个家庭的负担相对于单独居留城市要重，加之没有相应地给予老人的社会福利与支持，也迫使流动人口产生回流的意识。

二、家庭化流动人口社会融合存在的问题分析

虽然家庭化流动人口的融合程度较高，但目前大部分尚处在一般性融入及较深融入，但是欲达到完全融入还尚需时日。造成家庭化流动人口社会融合现阶段状态的原因是比较复杂的，结合表1计量分析结果，我们对武汉市家庭化流动人口社会融合存在的问题进行如下分析：

（一）户籍制度与相关福利挂钩，是现阶段家庭化流动人口未实现完全融合的主要因素。

现阶段户籍制度仍然是制约着家庭化流动人口融入程度的主要因素

之一，户籍制度改革最为困难的一个重要原因在于户籍制度里嵌套了各种社会福利制度。一是，流动人口虽然移居城市，但是户籍仍在流出地。由于各种相关福利制度都与户籍制度挂钩，进入城市后，在城市相关的福利制度就无法享受。根据数据显示，有77.4%的流动人口参加了户籍地的新农保，故而进入城市后不愿自己购买商业保险而缺乏相应的福利保障。二是，受经济条件的限制，靠自身的能力无法实现与城市人同等的保障待遇的。流动人口举家迁移，相对于单独流动的流动人口，经济负担较大，加上职业稳定性相对较弱，故而靠自身的能力是无法实现与城市人同等保障待遇的。这样一来，就会加重流动人口的回流意识，从而影响其融入城市的程度。

（二）受教育程度低，居住条件差，在客观上形成了自我隔离状况，很难完全融入流入地。

首先，低的受教育水平制约着高层次的就业。低层次的就业缺乏稳定性，就业的不稳定带来的后果就是融入程度低。根据数据显示，有65.3%的流动人口拥有初中学历，而只有6.0%及3.8%的流动人口拥有中专及大学专科的学历，这一部分流动人口进入城市后，由于找不到相对稳定的高层次的工作，愿意长久待在一个地方的可能性就会大大降低。其次，居住环境较差，在客观上形成了自我保护和自我隔离的状况，从而使自己与城市脱离。根据数据显示，在未改造的老城区居住的流动人口占到34.5%，在城中区或棚户区居住的流动人口占到16.6%，在城乡结合部居住的流动人口占到28.7%。这一群体，居留意愿相对较差，城市只是其暂居地，回流的思想较为严重。且较差的居住条件，使其不愿与城市其他人接触，久而久之会造成流动人口的自我隔离。这样一来，家庭化流动人口想要完全融入城市就会更难。

（三）受经济条件的制约，加之缺乏相应的社会支持，使家庭化流动人口融入城市的风险系数大大增加。

首先，家庭化流动人口就业选择渠道较窄。数据分析显示，40%的流动人口从事餐饮类的服务工作，这类工作的性质决定其经济条件不高。每增加一个成员就会增加家庭经济的负担，经济负担过重就会制约其融入城市的程度。其次，缺乏社会支持，子女受教育的问题成为制约家庭融入城市的关键因素。根据数据显示，目前有53.9%的家庭的子女在流入地接受教育，由于户籍制度的限制和缺乏相应的社会支持，流动人口的子女在城市接受教育需要支付高额的费用，随着随迁子女数量的增加，子女受教育的费用会加重整个家庭的经济负担。经济负担的加重就会使其产生回流的思想，这样一来，家庭化流动人口居留的意愿就会降低，完全融入城市的风险就会加大（见表1）。

表1　家庭化流动人口社会融合影响因素多元线性回归

变量	系数	标准误
年龄	-0.018*	0.009
受教育年限 a	0.155***	0.024
是否家庭迁移	0.204***	0.060
住房类型	0.478***	0.107
职业 b	0.581***	0.125
中等水平的消费层次	-0.092**	0.050
有无社会保障	0.550***	0.081
常数项	1.762***	0.132
R^2	0.120	
调整的 R^2	0.115	
Sig	0.000	

注：*$p<0.1$，**$p<0.05$，***$p<0.01$

a. 受教育年限，即被访者与其配偶的实际受教育年限，具体操作为：未上过学=0，小学=6，初中=9，高中=12，中专=12，大学专科=15，大学本科=16，研究生=19。b. 职业分为白领人和蓝领人。白领人从事的是技术、教育、企业中的高层管理者、公务员等；蓝领人从事的是个体户、服务业、餐饮服务业、运输操作业等。

三、政策建议

流动人口是城市社会经济发展的重要劳动力组成部分，特别是举家迁移的流动人口，更是城市社会经济发展不可或缺的一部分。但是其在社会融合中面临着诸多问题，如何推进家庭化流动人口更好地融入城市，已经成为现阶段流动人口管理工作中亟需解决的一个难题。

家庭化流动人口社会融合是一个逐渐的、不断过渡的过程，影响社会融合的因素也是多方面的，本报告基于数据分析的结果和目前家庭化流动人口社会融合出现的实际情况，提出以下几点建议：

（一）放宽户籍制度限制，使户籍制度逐渐与相关的福利制度脱钩。

现阶段户籍制度仍然是制约着家庭化流动人口融入程度的主要因素之一，户籍制度改革最为困难的一个重要原因在于户籍制度里嵌套了各种社会福利制度。因此，为了扫除家庭化流动人口现阶段的融入障碍，就必须要放宽户籍制度的限制，使户籍制度逐渐与相关的福利制度脱钩。例如社会保障制度应与就业身份相关，而不是与户籍制度相关。只要有就业关系，无论到哪里就业，劳动者都应有自己的养老、医疗和社会保障账户。这种户籍制度与福利制度脱钩，不仅仅在就业社会保障方面，在子女教育、计划生育、住房等基本公共服务方面也要逐步实现属地化，并通过属地均等化来淡化与户籍的关联。

（二）完善社会网络支持，提高家庭化流动人口组织化程度。

一般来说，流动人口远离家乡进入一个几乎陌生的环境，他们失去了原本熟悉的社会关系网络。即便是家庭化流动人口大部分有亲人陪伴，但仍需要建立一个稳定的社会网络关系。在脱离熟悉的社会网络的同时，也脱离了流出地的管理，故而在一定程度上也失去了原本流出地提供的各种福利保障和服务。因此，有必要在流入地建立一个以个人关系网、社区及政府相结合的流动人口社会网络支持，一方面不仅可以引导流动人口积极参与社会事务，促进与当地人的互动，从而建立起完善的个人网络。另一方面也可以增加流入人口的社会保障与社会融合机制，减少家庭化流动人口在融入过程中遇到的问题和麻烦。

（三）构建统一的社会保障制度，减少流动人口社保的便携式损失。

在目前的社保政策下，流动人口所在的打工地社保制度将获益，流出地将受损。为了克服城乡分割二元制的障碍，就必须要建立统一的社会保障制度。将目前的统账结合升级为"混合型"的统账结合，这种类型的统账结合具有便携性，随身携带，在进入流入地后不存在身份转换的问题，可以直接在异地办理缴费和退休等。在解决流动人口养老保险的"便携性损失"时，结合流动人口的具体情况与流动特点，提出了构建统筹的流动人口养老保障体系的五项措施：（1）建立缴费标准的"年×级"制度；（2）实行集体账户对个人账户的转移；（3）建立缴费年限的弹性制度；（4）实行缴费年限折算；（5）实行保险费折算与建立养老保险缴费卡。

（四）重视并提高流动人口的经济融合水平，防止出现新的两极分化。

目前，家庭化流动人口的经济融合水平相对较低，需要企业、政府及个人的共同努力，改变家庭化流动人口的经济融合现状。首先，拓宽就业渠道、提供更公平的竞争条件，保证流动人口在职位晋升上的公平性。其次，针对流动人口住房条件相对较差的情况，政府要健全和完善流动人口住房保障机制，把符合条件的流动人口纳入住房公积金制度，将廉租房及经济适用房等各类保障性住房逐步向流动人口开放，逐步落实流动人口享受政府保障性住房的权利。

（五）加强价值观的引导，促进其与本地居民更加积极正面的社会交往。

家庭化流动人口在进入流入地后，在人际交往方面或者遇到困难需要找别人帮忙方面还是基本寻求与其一起流入的老乡、亲戚的帮助。在社会交往方面，与本地居民还缺乏更加积极的正面的社会交往，应增加其主观能动性。一方面，除了积极参加社区组织的各项活动外，还要在心理上把当地人看成与自己身份相当的同伴，而不是把本地人在心理上予以隔离。另一方面，要扩大交往圈。流动人口应该主动和善意地扩大社会交往，尤其在城市中建立比较丰富和融洽的人际关系，利用较多的社会资源实现自己的发展。从而实现流动人口更好地融入流入地的主流社会中。

报告六

重启社区的力量：流动人口的社会融合与健康促进

　　加强流动人口健康服务，促进流动人口社会融合，对于积极推动人口城市化进程、建设社会主义和谐社会具有重要的意义。2015年，中国的流动人口总量已达到2.47亿，约占总人口的18%。这一庞大的群体在推动城市经济发展的同时，也给城市管理造成了巨大的压力。随着20世纪90年代末中国传统单位制的衰落和社区建设的不断推进，社区正日益成为城市乃至国家治理的重要细胞单元。本报告关注城市社区在流动人口社会治理方面所可能发挥的重要作用，呼吁重启社区的力量。放眼全球，流动人口的服务与管理中"政府"和"市场"交替"上场"，又循环"失败"。这促使我们将眼光投向政府和市场之外，重新去发现和打造"社区力量"。社区力量是以政府与社会提供的物质和制度支持为基础，整合公共部门、私人部门、社区组织等多种行为主体的参与、竞争和合作治理，引导社区民众自我管理、自主参与和互帮互助，所形成的应对公共服务多元需求的能力。

　　本报告利用2013年和2014年全国流动人口动态监测社会融合专题调查数据，试图立足城市社区这一特定场域，探究流动人口所居住的社区环境以及在社区中的组织参与状况对其健康状况和社会融合的影响，以期进一步完善中观层面的流动人口社区治理理论，并为我国未来的社区建设及流动人口社会融合提供可能的建议。

一、流动人口的社区居住环境与组织参与状况

（一）流动人口的社区居住环境。

由表1可以看到，中国的流动人口尽管工作在城市，但相当一部分人口仍然居住在农村社区，这一比重高达34.80%，位居其后的流动人口聚集中心依次为城乡结合部（占比19.44%）和别墅区或商品房社区（占比13.15%）。如果将城中村、城乡结合部和农村社区这类仍旧保留着大量农村生活特征的社区统称为农村型社区的话，则居住在农村型社区的流动人口则高达63.25%，而居住在城镇型社区（包括别墅区或商品房社区、经济适用房社区等居于城市内部或具有显著城镇生活特征的社区）的流动人口仅为34.85%。这表明多数流动人口就其居住场所而言未能真正扎根城市，而是集中居住于城市外围一些农村性色彩浓厚的社区，这可能会对于其真正融入城市带来负面影响。

表1　　　　　　　流动人口的社区居住类型

目前居住社区类型	频数（人）	频率（%）
别墅区或商品房社区	2220	13.15
经济适用房社区	694	4.11
机关事业单位社区	254	1.50
工矿企业社区	928	5.50
未经改造的老城区	1787	10.59
小计：城镇型社区	**5883**	**34.85**
城中村或棚户区	1520	9.01
城乡结合部	3281	19.44
农村社区	5874	34.80
小计：农村型社区	**10675**	**63.25**

续表

目前居住社区类型	频数（人）	频率（%）
其他类型社区	320	1.90
总计	16878	100.00

将近半数（41.35%）的流动人口在其居住社区中的邻里以外地人为主，而主要与本地市民为邻的流动人口仅略高于四分之一（25.63%）（见表2）。这表明多数流动人口不仅所居住的场所位于城市"边陲"，其身边的邻际交往也主要以外地人为主，这同样可能会阻碍流动人口真正融入城市。

表2　　　　　　　流动人口的社区邻里类型

主要邻居类型	频数（人）	频率（%）
外地人	6979	41.35
本地市民	4326	25.63
前两类人口差不多	4932	29.22
不清楚	641	3.80
总计	16878	100.00

（二）流动人口的社区参与。

流动人口的组织参与整体处于较低的水平，未有任何一类组织的参与率能够达到10%以上。相比而言，流动人口最常参与的三类组织分别为工会（参与率8.67%）、老乡会（参与率8.18%）以及同学会（参与率5.28%），其中除了工会属于正式的社会组织之外，其余两类均属于非正式性、自发性的社会组织。这也表明流动人口的正式组织化水平尚且不高，相当一部分流动人口是依靠学缘、地缘等非正式关系组织起来的。

有78.00%的流动人口没有加入任何一个组织，有16.42%的流动人口加入了某一个组织，而加入2个及以上组织的流动人口仅占到5.58%。这表明流动人口的组织化水平还处于较低的水平，大多数流动人口仍处于"单打独斗"的状态，未能获取到来自组织的资源和情感支持。

在流动人口参与的社区活动方面，由表3可知流动人口最常参与的两类社区活动分别为社区文体活动和社会公益活动，参与率分别达到15.93%和14.87%，而这两类活动具有较强的娱乐性和社会服务性，与之相对的，那些涉及政治权利的政治性活动，如选举、评优以及业委会、居委会管理活动则参与率均处于较低水平。由表4可知，71.01%的流动人口在上一年度没有参与过任何一项社区活动，16.34%的流动人口参与过一项社区活动，8.61%的流动人口参与过2项社区活动，而参与过3项及以上社区活动的流动人口比重仅为4.04%。这表明同组织参与情况类似，流动人口对社区活动的参与率也处于较低的水平，大多数流动人口与社区缺乏必要的活动接触，这可能会影响到其真正融入社区生活。

表3　　　　　　　　流动人口参与的社区活动类型

社区活动类型	参与频数（人次）	参与频率（%）
社区文体活动	2689	15.93
社会公益活动	2510	14.87
选举活动	816	4.83
评优活动	644	3.82
业主委员会活动	234	1.39
居委会管理活动	1048	6.21
其他	56	0.33
	16878	100.00

表 4　　　　　　　流动人口参与的社区活动类型数

参与的活动类型数	频数（人）	频率（%）
0	11985	71.01
1	2758	16.34
2	1454	8.61
3	474	2.81
4	146	0.87
5	45	0.27
6	12	0.07
7	4	0.02
总计	16878	100.00

二、城市健康需求的"去社区化"与流动人口的社区依赖

市场化导向改革以来，城市医疗卫生需求呈现"去社区化"趋势，近年来国家极力推动的分级诊疗也难以改变社区卫生服务机构的困局。但是进城务工的流动人口的医疗服务需求，又主要依赖于社区卫生服务机构。目前流动人口接受基本公共卫生服务水平明显低于城镇户籍人口。调查显示，流动孕产妇接受保健服务情况明显改善，流动孕产妇住院分娩率达到98%，但仍有接近四成的流动孕产妇没有达到产前5次检查的基本要求；一些地区将流动人口纳入结核病等重大传染病防控项目，但传染病侵袭的主要人群还是流动人口；公共卫生计划免疫遗漏对象中流动人口大约占70%。

（一）城市健康需求的"去社区化"。

2005年，中国总诊疗40.97亿人次，其中，社区卫生服务中心

（站）完成 1.22 亿人次，仅仅占比 2.97%；2009 年医改启动。但是到 2015 年底，社区卫生服务中心（站）完成的诊疗人次仍仅占总诊疗的 9.17%。以医疗资源最为发达的北京、上海为例，根据《2013 年中国卫生统计提要》，2012 年，北京、上海的总诊疗人次分别为 1.85 亿、2.2 亿，其中，社区卫生服务中心（站）承担的诊疗人次分别为 0.41 亿、0.75 亿，所占比率不过 22%、34%。这意味着，即便在医疗资源相对充足的京沪二地，双向转诊形同虚设，大病、小病都走出社区进入各级医院中完成。

资源有限和收入低下导致社区卫生机构留不住好医生。《2013 年中国卫生统计提要》显示，2012 年，我国社区卫生服务中心执业（助理）医师的文化程度构成比分别为：研究生 1.5%、本科 31.7%、大专 41.0%、中专 22.2%、高中及以下学历者 3.6%；从技术职务看，初级职称者占 56.1%，中级职称者占 31.9%，高级职称者占 7.9%。据北京市统计局公布的 2012 年北京市城镇非私营单位就业人员年平均工资 8.47 万元，三级医院年人均收入 14.0 万元，而社区卫生人员平均收入 7.6 万元（包括工资、津贴等所有收入）。

（二）流动人口患病后就医机构选择以城市社区医院为主。

动态监测数据分析显示，流动人口患病后，选择在务工城市看病为主，比率达到 72.8%。流动人口在最近一次患病后医疗机构的选择中，36.4% 选择在社区卫生站就医，同样比率的流动人口选择在综合医院就医，而选择回老家的比率仅为 4.0%。剩下的人群中，选择自己去药店买药的比率为 17.1%，在本地及老家以外的地方就医的比率为 1.4%，同时，仍然存在有 4.7% 的流动人口选择不治疗。医院空间可及性是影响流动人口就医选择的主要因素。城郊就业的流动人口到社区卫生站及个人诊所的比率为 43.4%，而到综合医院的比率为 32.1%。

（三）流动人口主要依托社区获得健康知识。

健康知识是影响人们健康状况重要因素，而传染病相关知识不仅关乎个人健康，还会影响公共健康风险。根据动态监测数据分析结果显示，流动人口50%以上的健康知识是在所居住的城市社区获得。具体来看，过去一年流动人口在社区接受过生殖健康、营养健康和吸烟危害等健康教育的比重分别为83.9%、68.6%和64.6%，在社区获得性病\艾滋病、结核病防治等传染病知识的比重分别为64.7%和46.2%；另外还有54.8%和44.6%的流动人口分别在社区获得过慢性病和职业病防治知识。从信息获取渠道来看，流动人口获得以上健康知识90%以上是通过社区宣传栏和健康宣传资料；65.4%是通过社区健康知识讲座。可见，流动人口在城市中社会网络缺乏和社会活动范围有限，获得健康知识主要是基于社区平台。

（四）社区环境影响流动人口的身体健康。

社区环境对居民健康的影响，一方面是环境质量较差的社区，居民生活其中容易滋生各种疾病；另一方面生活环境对人们的生活态度和行为有很大影响，从而间接影响人们的健康状况。动态监测数据分析结果显示，社区居住环境对流动人口心理健康的影响并不显著，但是会显著影响人们的身体健康状况。居住在商品房社区或经济适用房社区的流动人口自评健康不好的概率分别是10.2%和10.1%；而城郊结合部、城中村或棚户区流动人口自评健康不好的概率分别为12.2%和12.3%，住在其他非正式居住区流动人口自评健康不好的概率为15.3%。另外从社区内成员构成来看，社区内成员以本地人为主，流动人口自评健康不好的概率为8.96%，以外地人为主的社区流动人口健康自评不好的概率为12.5%；对社区成员不能判断的流动人口自评健康不好的概率为16.3%。可以看到，随着流动人口居住社区环境的下降，流动人口健康状况随之变差。

（五）社区参与有利于改善流动人口的心理健康。

流动人口背井离乡，进入一个陌生的环境，更容易产生心理健康问题。社会资本理论认为，社会网络和社会参与是改善人们心理健康的重要因素。社区为社会互动提供了一个重要的平台。一般而言，流动人口在初到迁入地时会选择租金低廉、低收入社区，而这些社区充斥着更多的歧视、危险因素并且社会支持难以获得，而这些会显著降低流动人口的社区归属感，不利于流动人口的心理健康。本地人和外地人混合社区提供了跨文化互动以冲破城乡偏见的可能性，这种关联可以强化不同群体之间的联系从而促进融合，减少对流动人口的排斥和歧视。而参与社区举办的文体活动、选举活动以及居委会管理活动，在交流互动中可以增加流动人口对社区的归宿感和安全感，从而减少在陌生环境中的紧张、焦虑情绪。

三、社区环境、组织参与对流动人口社会融合的影响

（一）以本地人为主的邻里环境有助于增进流动人口的社会融合。

计量结果显示，以社区类型和邻里类型两大指标加以衡量的社区环境变量对于流动人口的社会融合存在显著影响（见表5）。相较于那些外地人占多数的社区，以本地人为主的邻里环境能够显著提升流动人口总体的社会融合水平，既提升了融合体验，同时也增强了融合意愿。即流动人口居住社区的本地化与绅士化程度越强，其社会融合水平相应也就越高。这可能是由于本地人环境能够提供更强的社会资本促进流动人口对城市的融入。而居住在如商品房社区、经济适用房社区等城镇性色彩更浓的社区之中尽管能够提升流动人口的社会融合意愿，却会对其融合体验产生负面影响。这可能是由于那些能够居住在城镇型社区中拥有自己房屋的流动人口本身就是流动人口中的成功人士或"精英"，因此其对于融入当地社会抱有极高的热情与期望，但受流动人口的身份限制，其在城镇型社区中更容易体会到来自当地人的敌意或不友好，从而阻碍了其整体社会融合水平的提高。

表 5　社区环境、组织参与对流动人口社会融合的影响

		社会融合体验	社会融合意愿
社区环境	居住在城镇型社区	−0.015	0.067
	居住在其他类型社区	0.008	−0.036
	邻居以本地市民为主	0.112	0.160
	邻居不以本地市民为主	−0.039	−0.055
社区组织参与	参加了至少一个组织	0.016	0.024
	未参加任何一个组织	−0.004	−0.007
	参加过至少一项社区活动	0.077	0.110
	未参加任何一项社区活动	−0.031	−0.045

（二）参与多样的社区活动能显著增进流动人口的社会融合。

与未参加过任何社区活动的流动人口相比，参与过社区文体活动、公益活动、选举活动以及居委会管理活动的流动人口均拥有显著更高的社会融合得分；具体到融合体验和融合意愿而言，只有参与社区文体活动和居委会管理活动能够显著提升流动人口的融合体验，而参与社区公益活动与居委会管理活动能够显著增强流动人口的融合意愿。

流动人口参与的社区活动类型越丰富，其社会融合水平越高。流动人口参与的社区活动类型数会显著提升其当地融合感得分。流动人口参与的社区活动类型每增加一种，其当地的融合感得分会提升2.5%，且在0.01水平上显著。

（三）参与社区居委会管理活动可有效促进流动人口的融合体验与融合意愿。

在不同的社区活动之中，社区居委会管理活动对于流动人口的社会融合水平具有最为明显的促进作用，能够显著改善流动人口的融合体验与融合意愿，而社区文体活动和公益活动等更具娱乐性和社会性的活动在一定程度上也有助于提升流动人口的社会融合水平。这表明影响流动人口社会融合的关键在于政治性的"赋权"，即吸纳流动人口参与到社

区事务的日常管理之中；而更具社会性的"找乐"，即通过文体娱乐和公益活动为流动人口提供开展社会交往和实现个人价值的愉悦体验，也有助于增进其对于城市社会的归属感和认同感，提升其社会融合水平。

（四）在社区之外加入老乡会组织会显著阻碍流动人口的社会融合。

尽管流动人口参与社会组织的活跃程度整体而言对其社会融合并无显著的作用，然而参与本地的老乡会组织却会对流动人口的社会融合产生显著的不利影响。尽管老乡会作为一种地缘团体能够为流动人口短期内快速适应城市生活提供支持和帮助，但长期而言老乡会组织会加剧流动人口的内卷化趋势，使流动人口的社会交往圈子更加封闭，不利于其本地社会网络的构建与社会资本的积累，从而导致其社会融合水平下降。

四、重启社区的力量：对策建议

（一）立足社区整合社会力量和服务资源，搭建流动人口社区融合平台。

美国学者奥斯特罗姆提出的"多中心治理"模式可以更为有效地为流动人口提供健康服务，实现健康管理。多中心治理以整合政府组织、公共部门、私人部门、社区组织等多种行为主体的参与、竞争和合作治理为实践形态，通过有效的资源交换、相互依赖、信任和协商，从而能够灵活地应对公共服务的多元需求，提高服务供给的质量和效率，实现服务型社会治理模式。在该模式下，政府更多地扮演了一个中介者的角色，即制定多中心制度中的宏观框架和参与者的行为规则，同时运用经济、法律、政策等多种手段为公共物品提供法律和政策保障。

借鉴多中心社会治理理论，搭建流动人口社区融合平台，以推动政府、企业和社会等管理资源和服务资源在社区有效整合，增强社区本身的自治和服务功能，拓展流动人口通过社区政治参与的渠道，充分发挥社区在流动人口社会融合中的积极影响，促进流动人口与本地市民和睦相处、互动融合。帮助流动人口解决在城市生活和工作中的困难和问题，逐渐熟悉城市生活方式、养成城市生活习惯，促进流动人口身份认同和社会责任培育。

（二）以家庭医生制度为依托，构建流动人口社区健康服务网。

基于"多中心治理"理论，依托家庭医生签约服务模式，构建以社区卫生服务中心、社区居委会和社区社会组织等为主体的社区流动人口健康服务网。家庭医生以维护和促进整体健康为方向，面向家庭和社区，有利于推动医疗卫生工作重心下移、资源下沉，改善就医环境、均衡医疗资源。流动人口与城市户籍人口一样享受社区家庭医生的签约服务。当前家庭医生应以社区卫生服务中心的全科医生为主，并有二级以上医院医师提供技术支持和业务指导。家庭医生签约是竞争性的，它能够鼓励医生以较低的医疗费用为更多的人提供服务，还可以增强医生的主动服务意识。既可以吸引流动人口前来登记、签约和就诊，又可以提供有效的"健康管理"服务。完善社区居委会对流动人口进行公共卫生服务与管理机制，社区积极开展有针对性的健康教育、健康促进、免疫、慢性病、传染病等健康知识宣传，整合企业、慈善会等各个方面的资源为流动人口提供必要的医疗救助。积极发展社区医务社工，以协助病人熟悉康复计划、救治环节，协调医患关系以及临终关怀。社区医务社工可以在社区内为流动人口提供便捷有效的福利和医疗服务，一方面可以为病残等有需要的群体提供专业的医疗和护理，另一方面还可以提供一定的福利服务和日常看护。

（三）转变社区医疗卫生服务模式，增强主动服务意识。

社区卫生服务机构应积极转变以往传统的"坐堂待诊"的工作模式，增强为社区居民主动提供服务的意识和意愿，主动了解社区人群的健康需求，参与对影响人群健康不良因素的监测工作，向社区居民提供个性化、综合性、连续性的医疗、卫生和保健服务；医疗理念上也要走出"重医轻防"的误区,增强社区卫生服务的健康预防和干预作用,除了保留传统的生物医学服务,还应提供社区康复、精神卫生、慢性病防治与管理、健康教育等广泛的服务项目。

(四)统筹社区建设,推动流动人口社会融合。

本研究证实了城市社区作为一种特定场域,其物质、社会环境会对流动人口的行为与心理产生重要的影响,因此在流动人口治理方面应当更加重视社区的力量,将社区建设与流动人口治理统筹结合,并可以尝试进行社区混居、控制社区内部的外地人比例、吸纳更多的流动人口参与社区居委会日常管理工作,以及面向流动人口积极开展社区文体娱乐以及公益活动等方式促进流动人口真正融入城市社会,实现真正的城市化。

四、流动人口基本公共服务专题

报告一

流动人口参加社会保险的现状及原因

　　社会保障是民生之基，已成为政府提供的重要公共品之一。然而，随着人口流动规模的扩大，对于流动人口数量庞大的湖北省而言，流动人口的社会保障建设将成为公共服务供给上的一大难题。本报告依据2013年湖北省流动人口动态监测数据的5999个流动人口个案样本，从就业、流动范围、参保类别等不同角度分析湖北省流动人口的参保问题，并进一步探讨流动人口参保差异的原因。

　　2013年湖北省流动人口动态监测数据采取分层、多阶段、与规模成比例的PPS方法进行抽样，抽样总体为在调查前一个月到湖北省居住、非本区（县、市）户口且2013年5月年龄在15~59岁的流入人口。调查范围包括武汉、黄石、十堰、宜昌和恩施、神农架林区等15个地区，覆盖范围广。本次调查的样本总数为5999份，其中，男性3092人，女性2907人，分别占被调查总人数的51.5%和48.5%；在年龄分布上，15~29周岁、30~39周岁、40~49周岁、50~59周岁的被调查者分别占总人数的36.5%、34.5%、26.3%、2.7%，以青壮年为主；从婚姻状况来看，有86.7%为初婚，11.1%为未婚，1.6%为再婚，0.6%为离婚或丧偶；在受教育程度方面，有较高学历的人数很少，以初中文化为主，占64%，接近总人数的2/3。

一、流动人口参加社会保险的现状分析

（一）流动人口参加社会保险的比率有较大提高，但整体水平仍然较低，且医疗保险和养老保险呈现出户籍地与流入地差异。

2013年动态监测调查数据显示，79.3%的流动人口在户籍地享有医疗保险，其中新型农村合作医疗保险的比率最高，为76.2%，享有农村养老保险和城镇养老保险的分别占23.2%和1.3%，商业保险参保率较低，为2.5%，其他各类社会保障（工伤保险、失业保险、生育保险、住房公积金、农村低保等）的参与率均低于3%。2010年流动人口在本地医疗保险参与率仅为8.5%，而2013年这一比率提高至17.3%，增加了8.8个百分点，与同年在户籍地享有的保险相比，医疗保险的覆盖面略广，城镇职工医保、城镇居民医保参保率分别高了6.0和4.5个百分点，商业医保参保率高了2.9个百分点，城镇养老保险参与率为9.7%，比户籍地高出8.4个百分点。

（二）流动人口参加社会保险受就业状态影响，社会服务、住宿餐饮、批发零售和建筑行业参保率低。

按照就业行业类型分类，以城镇职工医疗保险为例，参保率从高到低依次为党政机关和社会团体、教育/文化/广播电影电视、金融/保险/房地产、科研和技术服务和制造业。党政机关和社会团体参保率达62.50%，教育/文化/广播电影电视为51.79%，金融/保险/房地产为35.14%，而社会服务业、住宿餐饮业、批发零售业、建筑业等流动人口就业较集中的行业参保率均低于10%（见图1）。

从职业来看，公务员/办事人员、国家机关单位负责人及专业技术人员等稳定性较强的流动人口参保率较高，其中公务员、办事人员参保率高达60%，而流动人口比较集中的建筑、餐饮、商贩、经商、装修等行业的从业人员，以及无固定职业者参保率较低，均低于10%（见

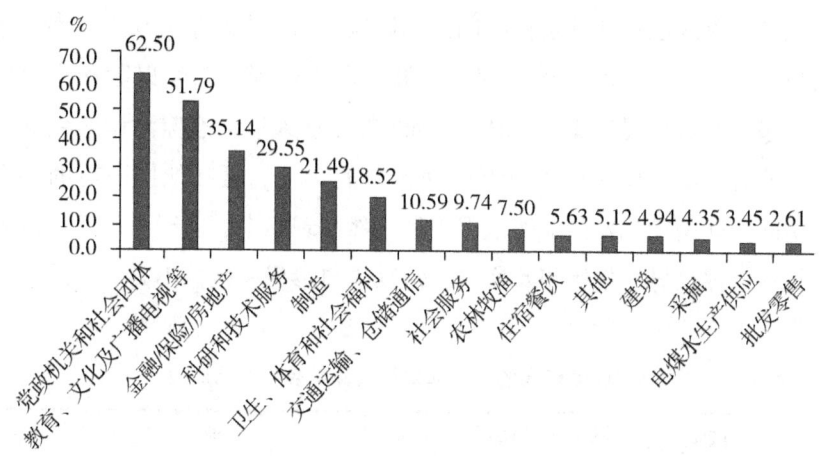

图1 2013年不同就业行业的流动人口享有城镇职工医疗保险情况

图2）。职业稳定性较差的人员工资水平有限，同时又缺乏必要的社会保障，不利于其在城市稳定的生活和长远的发展。

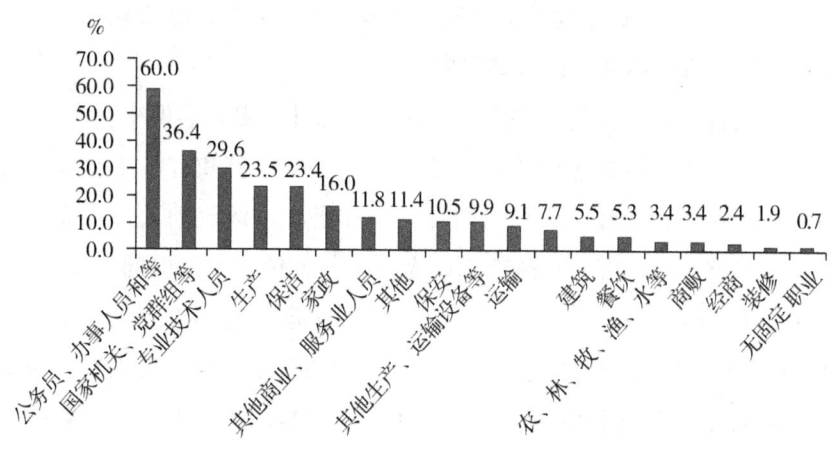

图2 2013年不同职业的流动人口享有城镇职工医疗保险情况

（三）流动人口参加社会保险受流动范围影响，省内跨市和市内跨县流动人口参保率较高。

流动人口的参保情况依据流动的远近存在差异。整体上看,跨省流动人口在流入地参加社会保险的比例偏低,而省内跨市流动人口参保率均高于40%,其中城镇养老保险、城镇职工医保、工伤保险和生育保险均超过半数(见表1)。2013年湖北省流动人口动态监测调查数据显示,跨省流动人口占到了所有流动人口的24%,摆在他们面前的一大现实问题就是异地就医能否医保报销,然而现实中,由于各地医保政策不统一,导致异地报销很难实现,流动人口参保积极性不高。

表1　不同流动范围的流动人口社会保险参与情况比较

	城镇养老保险	城镇职工医保	城镇居民医保	商业医保	工伤保险	失业保险	生育保险	住房公积金
跨省流动	15.3%	13.7%	17.9%	28.4%	13.8%	15.1%	11.1%	24.7%
省内跨市	52.7%	53.0%	42.6%	44.4%	52.2%	48.3%	56.3%	44.7%
市内跨县	32.0%	33.3%	39.5%	27.2%	34.0%	36.6%	32.5%	30.6%

(四)流动人口参与社会保险的区域差异显著,宜昌市和咸宁市参保率较高,鄂州市和潜江市参保率低。

湖北省不同城市的流动人口在流入地的社会保险参保率存在差别。表2显示,从城镇养老保险参与情况来看,咸宁市和宜昌市参保率较高,分别为23.5%和22.6%,而鄂州市和潜江市的流动人口却无人参保。咸宁市、荆门市和宜昌市流动人口参与城镇职工医保的比率最高,依次为15.9%、13%和12.9%,参与工伤保险的比率也最高,依次为20.3%、18.8%和17.3%,而宜昌市、十堰市和荆门市流动人口的城镇居民医保参与率位居前三,依次为14.3%、14.2%和13.2%。整体而言,湖北省各城市流动人口的生育保险和住房公积金参与率不高,均低于5%。武汉市流动人口参与商业医保的比例最高,为6.3%,其次为襄阳市,为5.6%。

表2　2013年不同城市的流动人口享有社会保险基本情况（%）

	城镇养老保险	城镇职工医保	城镇居民医保	商业医保	工伤保险	失业保险	生育保险	住房公积金
黄石市	7.7	7.7	2.2	4.4	3.3	2.2	0.0	1.1
十堰市	9.1	5.3	14.2	4.2	7.9	4.9	1.9	0.9
宜昌市	22.6	12.9	14.3	3.5	17.3	16.1	4.4	2.1
襄阳市	4.8	4.4	10.0	5.6	3.8	2.9	1.3	0.6
鄂州市	0.0	0.0	0.0	4.3	0.0	0.0	0.0	0.0
荆门市	14.7	13.0	13.2	4.3	18.8	2.9		
孝感市	2.2	2.2	2.2	4.3	2.2	2.2	2.2	2.2
荆州市	5.1	4.0	10.2	1.8	4.0	2.2	0.7	1.1
黄冈市	6.1	5.3	5.3	3.5	5.3	2.6		1.8
咸宁市	23.5	15.9	7.4	2.9	20.3	14.7	4.4	2.9
随州市	13.0	4.3	4.3	4.3	0.0	0.0	0.0	0.0
恩施州	8.8	3.6	2.9	2.2	4.4	3.6	1.5	3.6
潜江市	0.0	4.3	0.0	0.0	0.0	0.0	0.0	0.0
神农架	4.3	0.0	4.3	0.0	4.3	4.3	4.3	0.0
武汉市	9.6	7.5	3.8	6.3	7.1	4.6	2.3	1.6

（五）流动人口就医报销比例较低，折射出流动人口参加医疗保险比例较低和报销难的问题。

在2013年湖北省流动人口动态监测的5999个样本中，针对"最近一次看病如何报销"这个问题，在5999个样本中共有571人回答此问题，其中没有报销的有470人，占82.3%，在城镇职工医疗保险中心和商业医疗保险公司报销的分别为22人和5人，在新型农村合作医疗办公室报销的为51人，占8.9%，与76.2%的流动人口新型农村合作医疗参与率相距甚远。尽管流动人口在农村的新型农村合作医疗参与率较高，但是却面临就医报销难的问题。

二、流动人口参加社会保险比例较低的原因分析

（一）流入地政府在流动人口参保方面出于自身利益考虑，未采取有效的监管措施。

流入地政府侧重保护本地居民的利益，政策措施通常不利于具有高度流动性的非本地户籍劳动者参保，如不鼓励企业缴纳的养老统筹资金向外地转移，有些地方政府甚至为发展地方经济，甚至不惜以牺牲职工医疗保险为代价来吸引企业投资。另外，完善的社会保障体系对于地方财政来说无疑是一笔巨大开支，由于社会保障存在道德风险，流入地政府不会倾向于接纳健康风险较高的人群。特别是在大城市，医疗卫生条件好，医保待遇高，流入地政府为了避免大量外来人口加入到社会保障体系，往往出台一些政策提高社会保险的门槛，因此，外来流动人口被排斥在社会保险体系之外。

（二）流动人口非正规就业比例高，流动性较强，企业为其办理社会保险的动力不足，因而参保权益难以得到维护。

城镇社会保险大多建立在正规就业、稳定劳动关系基础上，没有劳动关系和劳动合同这一前提，社会保险工作无从推动。流动人口流动性较强，大多集中在批发零售、住宿餐饮、社会服务、制造业等行业，且多为个体工商户或就职于私营企业，规模较小，组织结构简单，稳定性较差，因而劳动关系不稳定，参加社会保险的比例较低。此外，一部分企业漠视国家有关法律法规，侵犯农业转移人口的合法权益，拒不为农业转移人口办理社会保险，再加上地方政府侧重本地居民的利益，政策措施通常不利于具有高度流动性的非本地户籍劳动者参保，如不鼓励企业缴纳的养老统筹资金向外地转移，这也是流动人口参保率偏低的原因之一。

（三）流动人口医疗保险转移续接和异地报销面临多重瓶颈。

流动人口最大的特征就是高流动性，他们利用农闲时间进城打工，频繁往返于农村和城市之间，变换于不同的工种或职位之间。而我国的城镇职工医疗保险和新型农村合作医疗实行市、县级统筹管理，由于各地区间经济发展水平不平衡，政策不统一，使农村和城市在医疗保障体系的衔接上出现不一致情况，导致医疗费用不能及时或不能报销，由此导致的流动人口"因病致贫"、"因病返贫"现象时有发生。去年湖北省建立起省级医疗保险异地就医结算管理信息交换平台，14个市（州）参保人员在协和医院等9家医院可异地就医，并实现联网及时结算医疗费用，并开始着手建立主要针对新型农村合作医疗的9省份跨省就医即时报销体系，但由于新政尚处于试点阶段，因而医保异地报销仍然是流动人口面临的一大难题。

（四）流动人口目前健康状况良好，养老观念发生改变，参保意识不强。

在2009年以前，跨统筹区域流动只可携带个人账户资金，这样无法实现养老保险的转移接续，因此流动人口参加养老保险面临着参保权益中断、受损的风险。而在2011年新《社会保险法》颁布后，参加基本养老保险的个人，达到法定退休年龄时累计缴费不足十五年的，可以缴费至满十五年，按月领取基本养老金，也可以转入新型农村社会养老保险或者城镇居民社会养老保险，按照规定享受相应的养老保险待遇。但即便如此，也有被调查者认为自己身体状况良好，希望能够在年轻时积累更多的经济资本，每月拿出一部分钱来买养老保险，会导致即期收入减少。流动人口由于自身收入及文化水平的限制对未来生活缺少合理的规划，对养老保险的重要性缺少认识，一定程度上也影响了其参保情况。

三、改善流动人口社会保险状况的对策建议

（一）进一步完善流动人口社会保险制度，降低参保标准，提高社

会保险覆盖面，缩小流动人口参保的地区差异。

流动人口的高流动性使其处于相对弱势地位，新出台的《社会保险法》虽对流动人口的社会保险做了制度性安排，但缺少具体实施细则，应根据流动人口的实际需求建立专门的社会保险法，明确各项目建设的优先次序，完善社会保险体系。首先要确立强制工伤保险，将受职业病危害的流动人口纳入工伤保险的范围。其次要确立医疗保险制度，保障流动人口不会因大病影响其工作和收入，逐步建立省级医疗保险异地就医结算管理信息交换平台和跨省就医即时报销体系，简化报销流程，降低就医报销成本。再次要建立一套针对流动人口的养老保险体系，以较低的缴费率和较低的工资替代率，把他们包括在养老保险费体系之内，并且实行全国统筹。同时，考虑到流动人口的实际收入水平，适当降低缴费标准，建立收入水平与缴费标准联动机制，根据流动人口不同时期的平均收入状况调整其社会保险缴费标准。并且，针对流动人口社会保险参与状况的地区差异，推动低参与地区如鄂州和潜江各项社会保险参与状况平衡发展。

（二）政府要建立健全流动人口劳动关系协调机制，强化企业的责任。

企业作为流动人口的劳动场所，也是流动人口权益遭受侵害最直接、最主要的场所。政府要依法加强对企业、用人单位的监督检查，从规范劳动用工关系入手，为企业尤其是农业转移人口就业较集中的中小型企业设立流动人口社会保险专门资金，要求所有企业都必须与流动人口签订劳动合同，购买社会保险，提供相应的福利服务，随机对合同签订率进行抽样检查。对损害流动人口保障权益、拖欠工资、超时用工拒不支付薪资的企业，要坚决予以制裁，造成严重后果的要依法严肃处理。通过法律的威慑力和震慑作用，使用人单位和企业意识到国家对流动人口社会保障权的重视，形成全社会关注、关心流动人口，致力于维护流动人口合法权益的社会氛围，迫使企业切实保障流动人口的合法权益。同时，企业自身也应该充分肯定流动人口对企业的贡献，面对流动人口的就业难、社会保险缺失等问题，企业应尽最大努力承担社会责任，让流动人口感受到来自企业的关怀，享受到公共部门的服务。

（三）大力做好社会保障及相关政策的宣传工作，提高流动人口的参保意识。

不管是将农业转移人口纳入城镇职工社会保障制度，还是纳入农村社会保障制度，首当其冲的任务就是要做好社会保障的宣传。针对农业转移人口对劳动法、劳动合同及社会保障认知度很低的现实，要求必须做好对农业转移人口的宣传工作。通过调查农业转移人口了解和认同宣传社会保险的渠道，说明应该集中力量做好电视、电台对社会保障及相关项目的宣传，同时也要重视报纸、书籍等对农业转移人口的影响力，充分利用户外宣传、网络等多渠道、同步骤地进行宣传，不但要向农业转移人口公示国家的政策、法规，还要把农业转移人口参加社会保险后所能享受到的待遇尽量地详尽化，使他们能清楚地认识到参保后的权益，激发他们的参保热情和信心，以吸纳更多的成员加入到社会保障制度中。

（四）建立社保账户异地对接机制，拉动消费和内需。

短期内，在资源有限、制度改革分步推进的前提下，建立以流入地或常住地为主的流动人口保费缴纳制度，降低参与门槛，方便流动人口随时随地选择社会保险；建立基于工作地为主的个人社保账户在城乡、区域间的完全累积与自由流转制度，实现非个人社保账户在全国范围内的统筹；建立自主选择使用区域的便民措施，方便流动人口提取使用，增强保障的及时性。长期内，以推动流动人口享受国民待遇为终极目标，结合农村土地制度改革，推进社会保障体制在区域间、城乡间的对接和统一，调整流动人口收入预期，促进消费。

报告二

流动人口公共卫生服务均等化现状

　　流动人口公共卫生服务均等化的实现需要流动人口自主选择和政府提供服务两方面共同努力，首先，我们从流动人口自主选择角度来分析，流动人口在最近一次患病后将会怎样选择就医机构？就医费用能否报销？何种途径报销？

　　本研究所使用的数据来自于2013年全国流动人口动态监测中湖北省流动人口动态监测数据，主要被调查者为近一年出现患病或身体不适的流动人口，经筛选后共得到632个样本。本文试图从不同特征流动人口的角度来研究其基本公共卫生服务均等化问题。

一、流动人口医疗服务利用现状

　　（一）流动人口患病后就医机构选择以城市医院为主。

　　流动人口患病后，选择在务工城市看病为主，比率达到72.8%。如表1所示，流动人口在最近一次患病后医疗机构的选择中，36.4%选择在社区卫生站或个人诊所就医，同样比率的流动人口选择在综合医院就医，而选择回老家的比率仅为4%。剩下的人群中，选择自己去药店买药的比率为17.1%，在本地及老家以外的地方就医的比率为1.4%，同时，仍然存在有4.7%的流动人口选择不治疗。

表1　　　　　　　　流动人口患病后医疗机构选择

社区卫生站及个人诊所	综合医院	药店	回老家	本地及老家以外的地方	不治疗
36.4%	36.4%	17.1%	4.0%	1.4%	4.7%

（二）流动人口患病后报销方式以新农合、城镇职工医疗为主。

我们将患病的流动人口中，最近一次医疗费用得以报销的流动人口样本筛选出来，研究分析流动人口的医疗费用以什么样的方式报销。从表2可见，流动人口医疗费用从新农合报销的比率为52.3%，占报销比率人数一半以上，城镇职工医疗报销比率达到了19.6%，当场减免的比率达到18.7%，就业单位和商业保险公司报销的比率分别为4.7%、3.7%。

表2　　　　　　　　流动人口患病后医疗费用报销

当场减免	城镇职工医疗	商业保险公司	就业单位	新农合	其他机构
18.7%	19.6%	3.7%	4.7%	52.3%	0.9%

（三）流动人口以参加户籍地的新型农村合作医疗为主。

调查数据表明，流动人口中在老家参加新农合的比率为76.2%，参加城镇医保的比率为2.9%，参加养老保险的比率为24.5%；在本地参加养老保险的比率为9.7%，参加职工医保的比率为7.1%，可以看出，在参保的流动人口中，以参加户籍地的新型农村合作医疗为主。流动人口几乎包揽了城市里所有最脏、最累、最危险的工作，从这个角度来看，流动人口在城市中是最需要社会保障的群体，但事实上，其社会保障率相对较低。

二、流动人口公共卫生服务均等化存在的问题

（一）50岁以上的流动人口享受到的城镇医疗保障水平低。

在医疗机构的选择上，50岁以上的流动人口在患病后选择回老家的比率为6.3%，明显高于其他年龄组的流动人口回老家看病的比率；50岁以下的流动人口中选择社区卫生站或个人诊所的比率与选择综合医院的比率相差很小，而50岁以上的两者比率相差近13个百分点，同时，进药店的比率也明显偏高。

住院费用得到报销的流动人口中，通过新农合报销费用的比率均在50%以上；50岁以上的流动人口住院费用，通过城镇职工医疗保险中心报销的比率为0%，享受到城镇职工医疗的均为50岁以下的流动人口，以30~40岁年龄段的人数最多，比率最大。

（二）家庭月收入低的流动人口不能享受到良好的城镇医疗保障水平。

家庭月收入越高，流动人口患病后回老家看病及不治疗的比率越低，而家庭月收入越低的流动人口选择回老家看病及不治疗的比率越高。家庭月收入为3000元及以下的流动人口中，6.3%选择回老家看病，7.6%选择不治疗，并随着家庭月收入的增加，此比率逐渐降低。而收入的高低对于选择综合医院还是非综合医院并没有太大影响，对选择社区卫生站及个人诊所治疗还是综合医院治疗的比率相差也不大。

月收入低的家庭倾向于选择新农合报销就诊费用，而月收入高的家庭倾向于商业保险、城镇职工医疗保险等类似城镇居民的报销方式。数据分析表明，家庭月收入在3000元以下的流动人口，完全没有享受到城镇职工医疗保险报销住院费用，而月收入在3000~5000元的家庭享受城镇职工医疗保险报销的比重达到36.8%。

（三）文化程度低的流动人口在公共卫生服务均等化中为弱势

群体。

文化程度高的流动人口对于医疗政策的理解和自身条件有更好的判断,选择性更强,能有效选择并享受到城镇职工医疗和新农合所带来的利益。数据分析显示,城镇职工医疗报销的比率随文化程度的增加而增加,由0%上升到30%;新农合报销的比率随文化程度的增加,由20%上升到70%。

在住院治疗的流动人口中,受教育程度高,越能享受城镇医保。住院费用报销方式为城镇职工医疗保险中心报销的比率与流动人口受教育程度成正比,而报销方式为新农合报销的比率与其受教育程度成反比。受教育程度越低,住院费用由新农合报销的比率越高。受教育程度为小学的流动人口,由新农合报销的比率为80%,随着受教育程度的逐渐增加,这一比率减少到50%,而城镇职工医疗保险报销的比率随着受教育程度的增加从0上升到了25%。(见表3)

表3　　　　不同文化程度流动人口的医疗选择

	门诊费用报销					住院费用报销		
	当场减免	城镇职工医疗	商业保险公司	就业单位	新农合	当场减免	城镇职工医疗保险中心	新农合
小学	80.0%	0.0%	0.0%	0.0%	20.0%	20.0%	0.0%	80.0%
初中	20.0%	16.7%	6.7%	3.3%	53.3%	16.1%	16.1%	67.7%
高中	0.0%	30.0%	0.0%	0.0%	70.0%	25.0%	25.0%	50.0%

(四)农业户口享受到城镇医疗保障低于非农户口。

农业户口享受到城镇医疗保障低于非农户口。农业户口的门诊费用报销比率中,新农合报销为53.2%,而非农业户口的新农合报销比率为28.6%;非农业户口通过城镇职工医疗报销的比率高达42.9%。同时,非农业户口门诊费用就业单位报销的比率为14.3%,而农业户口

的这一比率仅 2.1%。(见表 4)

农业户口的流动人口住院费用报销以新农合为主,非农业户口以城镇职工医疗保险为主。农业户口的流动人口住院费用由新农合报销比率为 70%,非农业户口该比率为 0%。而城镇职工医疗保险的这一比率中,农业户口为 12.5%,非农户口为 75%。

表 4　　　　　不同户口性质流动人口医疗选择

	门诊费用报销					住院费用报销		
	当场减免	城镇职工医疗保险	商业保险公司	就业单位	新农合	当场减免	城镇职工医疗保险	新农合
农业户口	21.3%	19.1%	4.3%	2.1%	53.2%	17.5%	12.5%	70.0%
非农户口	14.3%	42.9%	0.0%	14.3%	28.6%	25.0%	75.0%	0.0%

(五) 城市中不同区域流动人口享受城镇医疗保障及医疗机构选择存在不均衡性。

城市中不同区域流动人口享受城镇医疗保障及医疗机构选择,主要是受地理位置、信息把握度、就医便利性、就医价格所影响。中心城区的流动人口在生病后更倾向于到医院问诊而非药店,回老家看病的比率最高;近郊区的流动人口患病后回老家的比率最低,他们的主要选择是综合医院。

在最近一年患病的样本中,中心城区选择综合医院和非综合医院的比率差异较小,为 36.8% 和 38.8%,选择回老家的比率为三个区域中最低值 13.2%,表明中心城区的流动人口在生病后更倾向于到医院问诊而非药店,由于中心城区医疗机构比较集中,到医院就医便利,且对各类医院的信息把握比较准确,因此对医院的选择分布较为平均,而这一类人群回老家的比率为 3%,是三个区域中回老家比率最高的,越是位于城市中心,经济压力越大,因此选择回老家的比率越大。近郊区的流动人口患病后回老家的比率最低,仅为 1.4%。他们的主要选择是综合医院，比率到达 42.5%，选择综合医院和非综合医院的差异也是最大的。同时，选择药店的比率是三个区域中最高的，为 28.8%，近郊区距离城市中心点的距离在中心城区和远郊区之间，但是他们对于医院信息把握度和就医的便利性没有中心城区的流动人口强，因此他们患病后倾向于选择直接到信誉高的综合医院就诊，或者到近距离药店拿药；远郊区的流动人口到社区卫生站及个人诊所的比率为 43.4%，而到综合医院的比率为 32.1%，回老家看病的比率为 1.9%。受地理区域限制，远郊区的流动人口生病后选择到综合医院是非常耗时耗精力的，因此，他们患病后选择到中心城区的综合医院就诊的比率低，与到非综合医院的比率相差 10 多个百分点，远郊区的医疗费用等相对于城区会略低，流动人口回老家看病的比率比较居中。

三、政策建议

（一）调整流入地区域性公共卫生服务制度，提高流动人口对社区卫生服务的利用水平。

根据流动人口的分布，调整医疗卫生资源的结构，扩大中、初级医务人员数量，指定区域卫生规划，强化社区卫生服务对流动人口的干预，在流动人口集中的社区大力开展健康教育和健康咨询活动。为解决社区卫生服务中心人员少、技术水平低、资金紧张等问题，建议政府加大对社区卫生服务的投入，政策上向社区倾斜，可以采取按人头付费的方式提高社区医务工作者的积极性，变被动服务为主动服务。

（二）提高流动人口就医能力，改善流动人口城市就医条件。

流动人口密集的大城市内部加强区域制度调整，降低流动人口就医经济门槛，根据流动人口年龄、健康档案中的健康程度设计一些便民、优惠的公共卫生服务包，鼓励流动人口在城市内享受经济上可接受、质量上有保障的公共卫生服务。还可以通过增加公益性的流动人口就业能力培训来增强流动人口的就业能力，扩大就业面，让流动人口更好更优地就业，增强流动人口经济实力，从而带动整体流动人口群体的综合实力，促使流动人口自觉向享受公共卫生服务均等化靠拢。

（三）鼓励流动人口小范围流动、降低流动频率。

流出地应加快发展城乡企业，提供更多小范围流动就业的机会，以增加流动人口对农村公共医疗卫生服务的可及性。而流入地应与企业加强沟通联系，鼓励企业拿出部分资金为流动人口购买医疗保险或公共卫生服务，构建政府、企业、个人三方出资的流动人口公共卫生服务购买体系，一方面可以改善流动人口的健康状况，另一方面可以增强现有流动人口的工作稳定性。

（四）建立和完善流动人口经费保障机制。

将流动人口纳入各级人口总数，并将流动人口基本公共卫生服务经费按照户籍人口同等的标准，纳入各级财政预算予以保障，做到专款专用，由卫生部门与财政部门按实际服务的人口数结算经费，确保满足流动人口基本公共卫生服务均等化的需求。使流动人口享有基本卫生服务、基本卫生安全保障和重点人群享有重点服务等三大类十二项内容。

报告三

农业转移人口的基本公共服务状况及对市民化的影响

新型城镇化的核心是人的城镇化，让农业转移人口真正享有城市基本公共服务，才是推动农业转移人口市民化的关键。本报告利用2013年国家卫生计生委在上海、武汉等八个城市进行的社会融合专题调查数据，依据"十二五"公共服务体系规划，选取与农业转移人口密切相关的基本公共教育、劳动就业服务、基本医疗卫生、基本住房保障和基本社会保障五项基本公共服务进行分析。

一、农业转移人口在城基本公共服务现状

（一）农业转移人口享受城市基本公共服务现状。

总体来看，农业转移人口群体获得基本公共服务的比重相对较低，有41.0%的农业转移人口没有享受任何的基本公共服务项目，有42.6%的农业转移人口仅享受到其中1项基本公共服务。分公共服务项目来看，只有2.0%的农业转移人口享受到了基本医疗卫生服务，11.4%的农业转移人口享受到了劳动就业服务。（见表1）

表1　　不同就业身份农业转移人口的基本公共服务差异　　单位:%

	基本公共 服务类型	劳动就 业服务	基本公 共教育	基本医 疗卫生	基本住 房保障	基本社 会保障
总体		11.4	22.6	2.0	0.8	36.1
就业 身份	雇员	12.7	16.3	2.8	0.8	51.0
	雇主	11.3	39.4	0.7	1.2	18.4
	自营劳动者	10.8	37.1	0.4	0.7	8.9
	家庭帮工	7.8	31.1	0.5	0.4	6.2

1. 雇员就业身份的农业转移人口参加基本社会保障的比重相对较高。

从不同就业身份来看，雇主、自营劳动者和家庭帮工等就业身份在城市中的经济状况较好，更加注重对子女的教育，更希望子女在城市公立学校就读，从而使子女更好地适应城市生活，因此享有城市基本公共教育的比例较高。但是雇员就业身份的农业转移人口往往工作不稳定，因此对城市基本社会保障的需求更大，而且身为雇员，雇主往往会为其缴纳一些国家规定的社会保险，因此雇员身份的农业转移人口享受到的基本社会保障的比例更高。

2. 省内流动的农业转移人口更容易获得劳动就业服务。

农民进城务工，一方面扮演着城市工人的角色，另一方面又与农村保持着密切联系，因此流动范围的不同对于农业转移人口获得的基本公共服务也不同。跨省流动的农业转移人口在劳动就业服务方面比率仅有9.2%，而省内跨市和市内跨县获得劳动就业服务的比率分别为15.8%和13.9%，均大于跨省流动，这说明省内流动的农业转移人口更容易获得就业方面的扶持（见表2）。与之形成反差的是市内跨县的农业转移人口在流入地获得的基本社会保障最低，这说明近距离流动的农业转移人口对基本社会保障的需求较低。

表2　　不同流动范围农业转移人口的基本公共服务差异　　单位:%

	基本公共服务类型	劳动就业服务	基本公共教育	基本医疗卫生	基本住房保障	基本社会保障
流动范围	跨省流动	9.2	20.6	2.0	0.9	39.6
	省内跨市	15.8	26.1	2.2	0.9	31.4
	市内跨县	13.9	26.7	1.0	0.3	19.2

3. 学历较低的农业转移人口更期望子女受到良好的教育。

受教育水平的高低对农业转移人口基本公共服务的获得具有重要影响。一般来说，文化程度越低的人，对基本公共服务的认知和获取能力也就越低，但这些人反而是更为需要城市基本公共服务的群体。随着文化程度的提高，农业转移人口享受基本公共教育的比重在明显降低。小学及以下学历农业转移人口群体享受城市基本公共教育的比重最高，为27.8%；高中及以上学历农业转移人口这一比重为16.4%（见表3）。可见低学历的农业转移人口更期待自己的子女受到良好的教育，不希望子女像自身一样受到学历的局限。

但是随着文化程度的提高，农业转移人口群体获得基本医疗卫生和基本社会保障的比重在增加，尤其是获得基本社会保障的比重增加更为明显。

表3　　不同文化程度农业转移人口的基本公共服务差异　　单位:%

	基本公共服务类型	劳动就业服务	基本公共教育	基本医疗卫生	基本住房保障	基本社会保障
受教育程度	小学及以下	7.9	27.8	1.5	1.0	24.3
	初中	10.6	24.4	1.8	0.9	31.7
	高中及以上	15.0	16.4	2.6	0.6	50.8

4. 在国有、集体企业就职的农业转移人口的基本公共服务状况相

对较好。

进入国企、集体企业和外资企业的农业转移人口比率虽然低，但是其获得的基本社会保障比率却分别达到72.6%、57.9%和83.4%，明显要优于就职于个体或者私营企业的农业转移人口（见表4）。但是不同就业单位性质对于其他基本公共服务的获得影响差距并不大，甚至就职于个体或私营企业的农业转移人口获得的基本公共教育要高出就职于外资企业的农业转移人口13个百分点。

表4　　不同个人特征的农业转移人口的基本公共服务差异　　单位:%

	基本公共 服务类型	劳动就 业服务	基本公 共教育	基本医 疗卫生	基本住 房保障	基本社 会保障
就业 单位 性质	国企及党政机关	23.6	23.1	2.2	0.0	72.6
	集体企业	12.8	26.0	3.1	4.0	57.9
	个体或私营企业	11.4	24.1	1.7	0.5	29.9
	外资企业	14.9	11.1	4.7	0.9	83.4
	其他	6.4	26.3	0.5	1.8	9.2

（二）农业转移人口与城市当地居民基本公共服务比较。

1. 基本公共服务仍与户籍制度相匹配，当地居民享受的基本公共服务远高于农业转移人口。

当地居民获得的各项基本公共服务比率均大于农业转移人口，前者的基本社会保障的覆盖率达到92.5%，基本做到全覆盖，而农业转移人口的这一比率仅为36.1%；差距相对较小的基本公共服务为劳动就业服务和基本公共教育。

大部分农业转移人口仅仅享受到一项城市基本公共服务，且享受到一项服务的项目主要为基本公共教育或基本社会保障，比率为35.8%。农业转移人口享受公共服务项目的均值为0.7804，还不到一项基本公共服务。当地居民均值为1.8288，基本上来说，城市居民大概每人会享受到两项基本公共服务。如图1所示，横轴代表享有几项基本公共服务，纵轴代表频率。

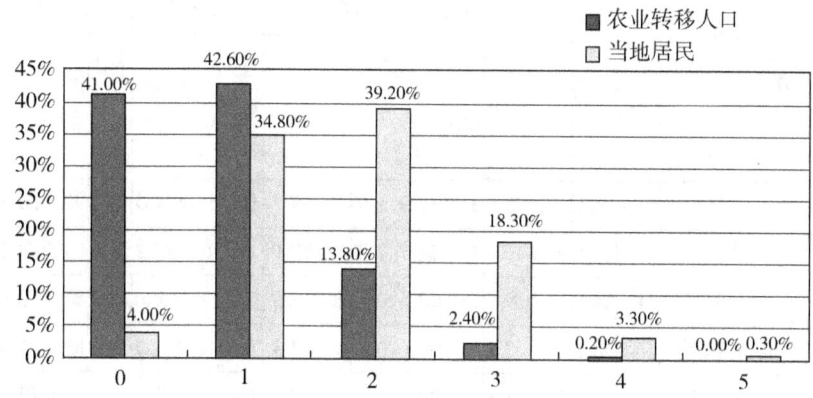

图1　农业转移人口和当地居民享受到的基本公共服务项目数对比

2. 就业身份为雇员的农业转移人口的基本公共服务与当地居民差距较大。

从就业身份来看，雇员身份农业转移人口的各项基本公共服务与当地居民差距更大，享受基本公共教育的比重比当地居民低24.3%，享受劳动就业服务的比重较当地居民低19.8%。虽然在基本社会保障方面差距达到44.5%，可是与其他就业身份相比较，这一差距是最低的（见表5）。这一方面是因为雇员身份相对其他就业身份的社会保障率高，另一方面是因为当地居民社会保障已基本全覆盖，各个就业身份在该项基本公共服务差距不大。

3. 随着文化程度的提高，农业转移人口获得劳动就业服务和基本住房保障的比重，明显少于当地居民。

文化程度对农业转移人口和当地居民获得基本公共服务的影响存在差异。文化程度越高，农业转移人口与当地居民在就业服务和基本住房保障等项目上的差距越大，同样是初中文化程度，农业转移人口享受基本住房保障的比重是0.9%，当地居民是13.4%；农业转移人口享受劳动就业服务的比重是10.6%，当地居民是19.6%。（见表6）

表 5　　　　不同就业身份的农业转移人口与当地居民的基本公共服务现状

单位:%

基本公共服务类型		劳动就业服务			基本公共教育			基本医疗卫生			基本住房保障			基本社会保障		
		农业转移人口	当地居民	差值	农业转移人口	当地居民	差值	农业转移人口	当地居民	差值	农业转移人口	当地居民	差值	农业转移人口	当地居民	差值
就业身份	总体	11.4	26.5	*15.1*	22.6	37.5	*14.9*	2.0	11.1	*9.1*	0.8	15.4	*14.6*	36.1	92.5	*56.4*
	雇员	12.7	32.5	*19.8*	16.3	40.6	*24.3*	2.8	10.7	*7.9*	0.8	16.0	*15.2*	51.0	95.5	*44.5*
	雇主	11.3	24.0	*12.7*	39.4	52.9	*13.5*	0.7	8.6	*7.9*	1.2	7.7	*6.5*	18.4	88.7	*70.3*
	自营劳动者	10.8	18.5	*7.7*	37.1	45.8	*8.7*	0.4	7.7	*7.3*	0.7	12.2	*11.5*	8.9	88.8	*79.9*
	家庭帮工	7.8	15.2	*7.4*	31.1	41.7	*10.6*	0.5	7.5	*7.0*	0.4	7.4	*7.0*	6.2	87.8	*81.6*

注：表中所示斜体加粗差值是指同一类别同一基本公共服务，当地居民减农业转移人口得到的差值，该数值越大，代表农业转移人口与当地居民在该项公共服务的差异越大。

表 6　　　　不同文化程度农业转移人口与当地居民的基本公共服务现状

单位:%

基本公共服务类型		劳动就业服务			基本公共教育			基本医疗卫生			基本住房保障			基本社会保障		
		农业转移人口	当地居民	差值	农业转移人口	当地居民	差值	农业转移人口	当地居民	差值	农业转移人口	当地居民	差值	农业转移人口	当地居民	差值
受教育程度	总体	11.4	26.5	*15.1*	22.6	37.5	*14.9*	2.0	11.1	*9.1*	0.8	15.4	*14.6*	36.1	92.5	*56.4*
	小学及以下	7.9	13.4	*5.5*	27.8	26.3	*-1.5*	1.5	16.6	*15.1*	1.0	9.1	*8.1*	24.3	92.7	*68.4*
	初中	10.6	19.6	*9.0*	24.4	44.8	*20.4*	1.8	13.4	*11.6*	0.9	13.4	*12.5*	31.7	91.4	*59.7*
	高中及以上	15.0	29.6	*14.6*	16.4	35.4	*19.0*	2.6	9.9	*7.3*	0.6	16.4	*15.8*	50.8	92.9	*42.1*

注：表中所示斜体加粗差值是指同一类别同一基本公共服务，当地居民减农业转移人口得到的差值，该数值越大，代表农业转移人口与当地居民在该项公共服务的差异越大。

但是随着文化程度的提高,农业转移人口享受基本医疗卫生和基本社会保障的比重,与当地居民的差距在缩小,尤其是基本社会保障的差距缩小最为明显。农业转移人口和当地居民享受基本社会保障的差距降低了26.3个百分点。

4. 在非国有企业,农业转移人口的基本公共服务与当地居民差距相对较小。

相对国有或集体企业,农业转移人口和当地居民在私有企业获得基本公共服务的比重都要更低一些。比如农业转移人口在国企及党政机关获得劳动就业服务和基本社会保障的比重分别是23.6%和72.6%,而在个体或私营企业的比重分别是11.4%和29.9%(见表7)。但是在外资企业,农业转移人口获得基本公共服务的概率要高于个体或私营企业。

表7 不同单位性质农业转移人口与当地居民的基本公共服务现状　　　　　　单位:%

基本公共服务类型		劳动就业服务			基本公共教育			基本医疗卫生			基本住房保障			基本社会保障		
		农业转移人口	当地居民	差值	农业转移人口	当地居民	差值	农业转移人口	当地居民	差值	农业转移人口	当地居民	差值	农业转移人口	当地居民	差值
就业单位性质	国企及党政机关	23.6	48.3	*24.7*	23.1	42.8	*19.7*	2.2	12.1	*9.9*	0.0	18.8	*18.8*	72.6	99.0	*26.4*
	集体企业	12.8	38.5	*25.7*	26.0	41.2	*15.2*	3.1	8.4	*5.3*	4.0	15.3	*11.3*	57.9	95.9	*38.0*
	个体或私营企业	11.4	19.7	*8.3*	24.1	40.9	*16.8*	1.7	9.5	*7.8*	0.5	12.8	*13.3*	29.9	91.2	*61.3*
	外资企业	14.9	19.8	*4.9*	11.1	47.1	*36.0*	4.7	8.7	*4.0*	0.9	12.1	*11.2*	83.4	98.4	*15.0*

注:表中所示斜体加粗差值是指同一类别同一基本公共服务,当地居民减农业转移人口得到的差值,该数值越大,代表农业转移人口与当地居民在该项公共服务的差异越大。

不同所有制类型的单位在对职工户籍身份的认识上存在差异。相对于国有或集体企业，在个体、私营或外资企业的农业转移人口与当地居民的基本公共服务差距更小。在国有企业，农业转移人口和当地居民在劳动就业服务和基本住房保障拥有比重上分别相差24.7%和18.8%，在个体或私营企业该差距分别是8.3%和12.3%；在外资企业分别为4.9%和11.2%。

5. 农业转移人口与非农户籍流动人口基本公共服务比较。

城市中不仅有农业转移人口，还有很多拥有城镇户籍的流动人口，这部分人与农业转移人口同属于外来务工人员，但是由于户籍性质的不同，所获得的城市基本公共服务的可及性也不同。总体来看，农业转移人口的各项基本公共服务都比非农户籍流动人口要差。农业转移人口享受劳动就业服务的比重是11.4%，非农户籍流动人口的比重是15.6%；农业转移人口享受基本医疗卫生服务的比重是2.0%，非农户籍流动人口的比重是9.8%；农业转移人口享受基本社会保障的比重是36.1%，非农户籍流动人口的比重是61.9%。

二、城市基本公共服务对农业转移人口市民化的影响

（一）劳动就业服务对农业转移人口市民化的影响。

城乡二元的劳动力市场和就业政策使农业转移人口在城市工作的工作条件、工资收入与福利等方面遭遇不平等待遇，影响了农业转移人口的市民化意愿，同时，不利于农业转移人口市民化能力的提升。只有先进城就业，拥有相对稳定的工作和收入，具备在城市中长期生存的能力，才能进一步获得身份上的转变，以及思想、意识行为的转化。另一方面，农业转移人口的就业质量不高是农业转移人口低收入水平的直接原因，低微的工资使农业转移人口没有足够的经济条件进行人力资本提

升的投资，人力资本无法提升又会使他们长期处于非正规部门就业，这种恶性循环长此以往直接导致农业转移人口市民化能力无法提高。因此，提高农业转移人口的就业服务质量可以增加农业转移人口对城市的认同感和适应性。计量分析结果显示（见表8），获得劳动就业服务的农业转移人口长期留城的概率会增加32.9%；获得城市户籍意愿强度也会增加16.6%。

（二）基本公共教育对农业转移人口市民化的影响。

实现对农业转移人口子女的教育普及、受教育权利的一致，一方面可以减轻农业转移人口对子女的教育投入，免除了借读费、择校费等费用，降低了其市民化的成本；另一方面子女留在城市入学，对父母形成一种羁绊，可以有效减缓农业转移人口的流动性。计量结果显示，相较于其他私立学校，子女在本地公立学校上学的农业转移人口具有城市长期居留意愿的概率将增加58.8%，打算将户籍迁入城市的概率也会增加37.7%。并且子女在公立学校读书的农业转移人口对城市的归宿感也更强。农业转移人口实现真正的市民化，将城市视为自己的故乡，往往需要几代人在城市的适应，农业转移人口子女跟城市青少年一起受教育，可以增加农业转移人口子女的适应性，减轻心理上的受排斥感，最终将城市视为自己的故乡，成为真正的市民。

（三）基本医疗卫生对农业转移人口市民化的影响。

农业转移人口在城市大多从事脏、苦、累、险的工作，工作环境差，劳动强度高，有一部分农业转移人口身体健康状况不容乐观。然而，由于农业转移人口不具有城市户籍，因此并不能享受城市的公共医疗卫生服务。看病难看病贵的问题在农业转移人口群体中表现得尤为突出。农业转移人口在生病以后，无法在城市负担高昂的医疗费用，如果城市政府能够为其报销部分医疗费用，他们留城的概率会增加28%。就是那些生病后经常在公立医院看病的农业转移人口留城意愿也增强了34.5%。

（四）基本住房保障对农业转移人口市民化的影响。

面对攀升的房价,农业转移人口微薄的工资收入显然不能实现他们的"城市梦";伴随着房价的上升,城市的租房水平也是水涨船高,大多数农业转移人口在支付住房租金后工资基本上所剩无几。住房已经成为农业转移人口一个沉重的负担,没有在务工城市拥有自己的居所,农业转移人口便谈不上真正的市民化。城市保障性住房体系为城市低收入人群提供了一个满足住房需求的平台。2013年农业转移人口已购保障房、商品房和自建房的比例只有8.6%,而城市人口中这一比例达到73.3%。两相比较,城市住房已经成为建立城市归属感的一个重要因素,在城市中的产权房已经成为衡量是不是一个市民的重要属性。计量结果显示,如果能获得城市廉租房或公租房,那么该农业转移人口迁入城市户口的意愿就会增加59.2%。

(五) 基本社会保障①对农业转移人口市民化的影响。

在城市的农业转移人口由于没有签订正式的劳动合同,他们的权益往往得不到保护,享受不到这些社会保险。部分农业转移人口在户籍地参加了新农合、新农保等农村社会保障。但是,由于城乡二元的社会保障体系,二者很难实现良好的衔接,而且城市现行的社会保险制度对于农业转移人口来说存在覆盖面窄、社保金额低、手续繁琐、机制不顺畅等问题。农业转移人口一方面想融入城市,却无法获得在城市的社会保障,因此不敢放弃在农村的社会保障,担忧失去土地这一天然保障有可能带来生活水平的下降和不稳定,这使农业转移人口市民身份转变的意愿不够坚定,农业转移人口的市民化效果产生很大的折扣。但是农业转移人口一旦获得城市社会保障,对其市民化意愿将有极大的促进作用,转入城市户籍的意愿将会增加33.5%,长期城市居留意愿将会增加12.3%,城市归宿感将会增加16.5%。

---

① 这里的社会保障主要是指养老保险、工伤保险、失业保险、生育保险、城市最低生活保障和养老保障等维持居民生活的最低保障,用以保障人们的生存和发展权。

表 8　　基本公共服务对农业转移人口市民化的影响效应

模型	二元 logistic 回归					
	城市归属感		长期居留意愿		转变户籍意愿	
	β	exp(β)	β	exp(β)	β	exp(β)
劳动就业服务						
是否参加政府职业培训	0.505***	1.658	0.284***	1.329	0.154***	1.166
基本公共教育						
子女是否在本地公立学校上学	0.156*	1.169	0.463***	1.588	0.320***	1.377
基本医疗卫生						
生病时是否去公立医疗机构看病	−0.069	0.933	0.296***	1.345	0.103	1.108
生病费用是否由政府报销	−0.158	0.854	0.247*	1.280	0.087	1.091
基本住房保障						
居住房屋是否由政府提供	−0.134	0.875	0.130	1.139	0.465**	1.592
基本社会保障						
是否拥有城市社会保障	0.153**	1.165	0.116***	1.123	0.289***	1.335
控制变量及检验	略					

注：模型中控制变量包括个人特征：年龄、性别、婚姻状况、受教育程度；家庭特征以及社会特征等。

*在 0.1 水平上显著；＊＊在 0.05 水平上显著；＊＊＊在 0.01 水平上显著。

三、对策建议

农业转移人口在城镇经济社会发展中起着关键的作用，给予这个群体平等的基本公共服务是新型城镇化的重点任务，也有利于新型城镇化的顺利推进。根据前文分析，我们提出城镇基本公共服务均等化的实现路径如下：

（一）公共转移支付与常住人口挂钩，逐步剥离与户籍挂钩的基本公共服务。

国家应建立常住人口为服务口径的公共转移支付制度，厘清中央和流入地、流出地政府的责任，调动流入地城市政府接纳进城农村人口的积极性。为配合该项制度的建立，各地区要建立常住人口身份识别制度和监测体系。同时，坚决停止赋予城镇户籍任何新的公共福利内容，由国家专门制定监督机构对各地新出台的政策进行监督，真正做到新出台的就业、义务教育、技能培训、保障房分配等政策不再与户口挂钩。推进廉租房申请资格与户籍脱钩，目前已经与户籍挂钩的住房限购政策应尽快出台替代办法。巩固和落实义务教育与户籍脱钩，推进学前教育、异地高考的管理体制改革。加快城镇职工养老、医疗保险向农业转移人口开放，推进城镇居民养老、医疗保险和社会救助与户籍脱钩。

（二）政府要建立健全农业转移人口劳动关系协调机制，强化企业的责任。

企业作为农业转移人口的劳动场所，也是流动人口权益遭受侵害最直接、最主要的场所。政府要依法加强对企业、用人单位的监督检查，从规范劳动用工关系入手，为企业尤其是农业转移人口就业较集中的中小型企业设立农业转移人口社会保险专门资金，要求所有企业都必须与农业转移人口签订劳动合同，购买社会保险，提供相应的福利服务，随机对合同签订率进行抽样检查。对损害农业转移人口保障权益、拖欠工资、超时用工拒不支付薪资的企业，要坚决予以制裁，造成严重后果的要依法严肃处理。同时，企业自身也应该充分肯定农业转移人口对企业的贡献，面对农业转移人口的就业难、社会保险缺失等问题，企业应尽最大努力承担社会责任，让农业转移人口感受到来自企业的关怀，享受到公共部门的服务。

（三）进一步完善农业转移人口社会保险制度，降低参保标准，提高社会保险覆盖面，缩小农业转移人口参保的地区差异。

首先，要确立强制工伤保险，将受职业病危害的农业转移人口纳入工伤保险的范围。其次，要确立医疗保险制度，保障农业转移人口不会因大病影响其工作和收入，逐步建立省级医疗保险异地就医结算管理信息交换平台和跨省就医即时报销体系，简化报销流程，降低就医报销成本。再次，要建立一套针对农业转移人口的养老保险体系，以较低的缴费率和较低的工资替代率，把他们包括在养老保险费体系之内，并且实行全国统筹。同时，考虑到农业转移人口的实际收入水平，适当降低缴费标准，建立收入水平与缴费标准联动机制，根据农业转移人口不同时期的平均收入状况调整其社会保险缴费标准。同时，针对农业转移人口社会保险参与状况的地区差异，推动低参与地区，如鄂州和潜江各项社会保险参与状况平衡发展。

（四）调整流入地区域性公共卫生服务制度，提高农业转移人口对社区卫生服务的利用水平。

在农业转移人口密集的大城市内部加强区域制度调整，降低农业转移人口就医经济门槛，根据农业转移人口年龄、健康档案中的健康程度设计一些便民、优惠的公共卫生服务包，鼓励农业转移人口在城市内享受经济上可接受、质量上有保障的公共卫生服务。根据农业转移人口的分布，调整医疗卫生资源的结构，扩大中、初级医务人员数量，指定区域卫生规划，强化社区卫生服务对农业转移人口的干预，在农业转移人口集中的社区大力开展健康教育和健康咨询活动。为解决社区卫生服务中心人员少、技术水平低、资金紧张问题，建议政府加大对社区卫生服务的投入，政策上向社区倾斜，可以采取按人头付费的方式提高社区医务工作者的积极性，变被动服务为主动服务。

（五）大力做好社会保障及相关政策的宣传工作，提高农业转移人口的基本公共服务参与意识。

针对农业转移人口对劳动法、劳动合同及社会保障认知度很低的现实，要求必须做好对农业转移人口的宣传工作。通过调查农业转移人口了解和认同宣传城市基本公共服务的渠道，说明应该集中力量做好电视、电台对基本公共服务内容和获取方式的宣传，同时也要重视报纸、书籍等对农业转移人口的影响力,充分利用户外宣传、网络等多渠道、同步骤地进行宣传,不但要向农业转移人口公示国家的政策、法规,还要把农业转移人口所能享受到的待遇尽量地详尽化,使他们能清楚地认识到自身的权益,激发他们的获取基本公共服务的热情和信心。

报告四

农业转移人口的长期保障状况分析

农业转移人口作为城市建设的中坚力量，其市民化问题是新型城镇化建设的关键。十八届三中全会审议通过的《中共中央关于全面深化改革若干重大问题的决定》明确提出要推进农业转移人口市民化，逐步把符合条件的农业转移人口转为城镇居民。在当前新型城镇化建设过程中，城市长期保障状况是农业转移人口市民化的关键。但是目前农业转移人口群体的长期保障状况处于怎样的水平？拥有哪些保障？哪些农业转移人口获得了长期保障？本报告基于2013年全国流动人口动态监测数据，对上述问题进行分析。

一、农业转移人口的长期保障总体状况

农业转移人口的长期保障是指农业转移人口所具有的能为其当前和将来生活提供保障性的资源条件，可以分为基础型保障和发展型保障。基础型保障是指满足农业转移人口生存基本需要的各类支持，比如：新农合、新农保、工伤保险、失业保险等。发展型保障是指可以在发展中不断积累、具有增值功能的保障资源。比如：城市住房、职业技能培训等。农业转移人口既享有农村提供的长期保障又享有城市提供的长期保障。农业转移人口的长期保障状况总体特征如下：

(一)农业转移人口在城市的长期保障大约相当于城城流动人口的1/2,城市当地居民的1/4。

农业转移人口在城市的长期保障和城市当地居民之间有较大的差距。如果从城市保障性住房、劳动合同、城市养老保险、城市工伤险、城市失业险、城市职工医疗保险六个方面测算城市长期保障,并根据拥有比重的倒数对这六个指标分别赋权。计算发现,农业转移人口在城市的长期保障值为0.21,城城流动人口为0.44,城市当地居民为0.77。从各类长期保障享有率对比来看,农业转移人口和城城流动人口、城市居民差距较大的有城市住房、城镇养老保险、城镇职工医疗保险,这三种保障的享有率分别低于城城流动人口20.8、24.7、23.7个百分点,低于城市居民78.7、52.4、37.4个百分点;和城城流动人口、城市居民差距比较小的有城市失业险、城市工伤保险和劳动合同,这三种保障分别低于城城流动人口21.5、16.8、16.8个百分点,低于城市居民23.9、13.4、13.1个百分点(见图1)。

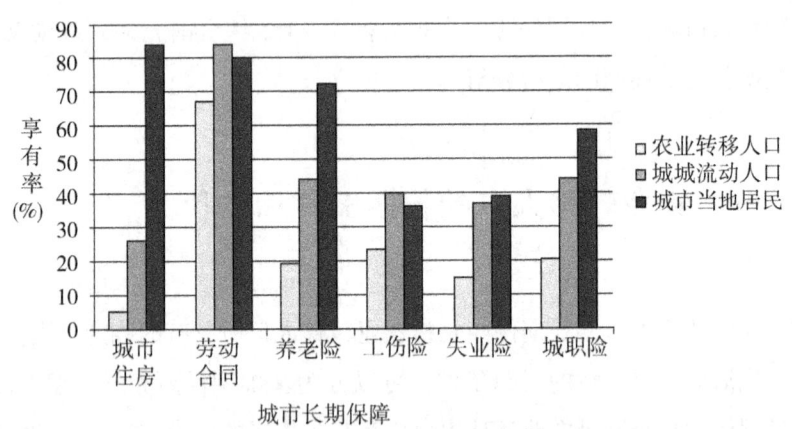

图1 农业转移人口、城城流动人口、城市当地居民城市长期保障享有率对比

(二)农业转移人口农村基础型长期保障相对健全,而城市基础型保障相对欠缺。

农业转移人口在农村拥有土地资源的比重为90.9%，新农合与新农保参加的比重分别为73.6%和27.1%。在城市，农业转移人口享有城市职工医疗保险和城镇养老保险的比重分别为20.5%和19.4%；工伤保险、失业保险的比重分别为23.0%和15.0%。这可以反映出，农业转移人口在农村的基础型保障享有率较高，相对健全；而在城市中的基础型保障享有率较低，相对欠缺。

（三）农业转移人口农村发展型长期保障不足，而城市发展型长期保障相对较好。

农业转移人口在农村的发展型保障比较匮乏，对农地的投资遇到增长的瓶颈，也缺乏职业培训这类发展型资源；而在城市发展型长期保障上，有23.6%的农业转移人口居住在由政府或企业提供的保障性住房中；有12.5%的农业转移人口参加过政府组织的免费职业培训；就业身份为雇员的农业转移人口中，与雇方签订劳动合同的比率为67.1%。

（四）城市社会保障薄弱且存在区域性差异。

总体上，农业转移人口在城市中享有城镇养老保险的占19.4%；享有工伤保险的占23.0%；享有城镇职工医保的占20.5%；享有失业保险的占15.0%，享有生育保险的占6.2%。从东中西来看，就业于东部地区的农业转移人口，城市社会保障状况明显优于中西部地区（见图2）。

二、农业转移人口长期保障存在的问题

（一）在户籍地参加新农合和新农保比重总体不高。

2013年全国流动人口动态监测数据显示，农业转移人口在户籍地参加新农合的比率为67.4%，而参加新农保的比率相对更低，为25.0%。从户籍地来源来看，来自东部地区的农业转移人口参加新农合的比率（62.5%）要低于中西部地区（70.3%和65.6%）。从受教育程

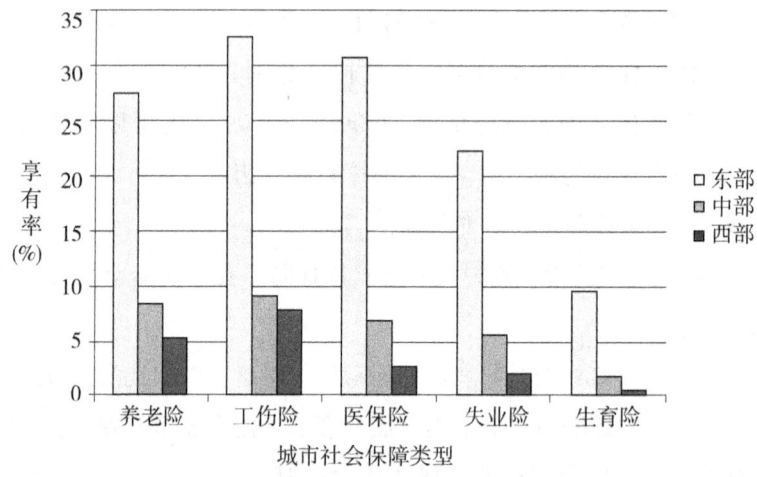

图 2　就业于东中西地区的农业转移人口城市社会保障享有率

度来看，高中文化程度的农业转移人口参合参保率（63.4%、22.0%）要低于初中及以下文化程度的农业转移人口（68.6%、26.0%）。从年龄来看，年轻一代①的农业转移人口参合参保率（65.3%、21.5%）要低于老一代农业转移人口（69.7%、29.1%）。

（二）在城市住房主要以租住房为主，拥有自购房的占 5%。

2013 年全国流动人口动态监测数据显示，我国农业转移人口在城市住房以租住房为主，占 79.2%，单位或雇主提供免费住房占 10.7%，自购房仅占 5%。不同就业身份的农业转移人口住房来源也有差异，雇主和自营劳动者租住私房比例分别为 75.1% 和 81.8%；而雇员租住私房比例相对较低，为 59.8%，此外，该群体中租住单位房占 14.3%，由单位提供免费住房占 17.9%。在自购房的比例上，雇主最高，为 11.6%；其次是自营劳动者，为 5.7%；雇员最低，仅为 3.8%。从不同规模城市来看，大城市拥有自购房的比例反而高于中小城市。

---

① 年轻一代是指 1980 年以后出生的，年老一代是指 1980 年以前出生的。

(三) 接受政府免费职业培训的比重总体偏低。

2013年全国流动人口动态监测数据显示,我国只有12.4%的农业转移人口接受过流入地政府提供的免费职业培训。从流入区域来看,就业于东部地区的农业转移人口接受培训的比例(9.5%)低于中西部地区(18.6%和14.1%)。从受教育程度来看,小学及以下文化程度、初中、高中文化程度的农业转移人口接受该培训的比例依次上升,分别为8.4%、11.8%和15.9%。从就业行业来看,采掘业的农业转移人口接受培训的比例相对较高,为56.1%;人数分布较多的住宿餐饮业、批发零售业、制造业、建筑业分别为13.4%、12.1%、10.8%和9.0%。

(四) 与雇主劳动合同签约率较低。

2013年全国流动人口动态监测数据显示,目前农业转移人口中未与雇方签订劳动合同的比例为33.3%。不同产权性质的就业单位劳动合同签约率也不同。私营企业劳动合同签约率最低,为64.7%;其次为国有及国有控股企业,签约率为87.5%;港澳台企业、外资及合资企业合同签约率相对较高,分别为92.9%和92.5%。从受教育程度来看,小学及以下、初中、高中文化程度的农业转移人口劳动合同签约率依次上升,分别为55.9%、65.7%、74.1%。从不同行业来看,建筑业的农业转移人口签约率较低,仅为38.7%,批发零售业、住宿餐饮业、制造业分别为53.8%、55.0%和76.2%。

(五) 城市社会保障状况差。

2013年全国流动人口动态监测数据显示,农业转移人口中享有城镇养老保险的占18.9%;享有城镇职工医保的占19.9%;享有工伤保险的占22.2%;享有失业保险的占14.5%;享有生育保险的占6.0%;享有商业保险的占4.2%。从流动范围来看,一般跨省流动社会保障的享有率相对较高,其次为省内跨市,市内跨县的最低。就业单位性质上,一般外资及合资、港澳台企业享有率较高,其次国有及国有企业、私营企业最低。

(六) 农业转移人口在农村拥有土地,对市民化形成阻力。

2013年全国流动人口动态监测数据显示，90.9%的农业转移人口在农村都拥有土地，平均每户土地数量为4.8亩。分户籍地来源来看，来自东部地区①的农业转移人口土地拥有率最低，为89.4%，中西部地区分别为90.7%和93.9%；来自东部地区的农业转移人口平均每户土地数量为5.0亩，中西部分别为4.6和5.1亩。从土地禀赋分位数分布来看，75%的家庭土地数量在2亩以上，50%的家庭土地数量在3亩以上，25%的家庭土地数量在5亩以上，5%的家庭土地数量在11亩以上。

三、对策建议

（一）通过"土地换保障"解除土地的社会保障功能，为农业转移人口返乡提供必要的生活保障。

农业转移人口外出务工后不再经营土地，失去土地后的农业转移人口相当于失去了赖以生存的基础。因此，有必要通过"土地换保障"，使农业转移人口与城镇居民享有同等的社保待遇。首先，要继续推进户籍制度改革，促进农民进城从事非农就业。其次，改革农村土地制度，给予农民永佃权或土地产权，在法律范围内可以转让。对于农业转移人口转让给国家的永佃权或产权，国家不支付现金，而是参照农业转移人口在城市的生活水平建立由国家、企业和个人多方筹资的社会保障体系，不足部分由国家补足。这样，农业转移人口一旦面临年老、疾病后返乡，便有了一定的生活保障。

（二）强化用人单位的责任意识，提高农业转移人口的就业稳定

---

① 东部地区是指北京、天津、河北、辽宁、上海、江苏、浙江、福建、山东、广东、广西、海南12个省市；中部地区是指安徽、江西、湖北、湖南、河南、山西、内蒙古、吉林、黑龙江9个省份；西部地区是指重庆、四川、贵州、云南、西藏、陕西、甘肃、宁夏、青海、西藏10个省、市、自治区。

性、分层分类、逐步推进农业转移人口的社会保障体系。

稳定的工作对于农业转移人口的市民化起着至关重要的作用。作为用人单位，要设立专门的劳动保障监察部门，杜绝侵犯农业转移人口合法权益的行为。此外，还应对新进职工进行集中培训，提高专业化和技能化水平。另外，农业转移人口流入城市之后，被迫与农村社会的各项资源与福利相割裂，因此企业需要与农业转移人口签订劳动合同，并提供基本的社会保障，如企业职工养老保险、企业职工医疗保险、失业保险和生育保险。针对我国农业转移人口构成复杂和社会保障需求差别大的实际，有必要分层推进农业转移人口社会保障建设，根据轻重缓急程度，优先解决农业转移人口的工伤、医疗保险，有条件的地方率先解决农业转移人口的失业、养老和生育保险。

（三）根据农业转移人口的购房意愿和购房能力，发挥政府、企业和市场多主体的调节功能，解决农业转移人口的住房问题。

由于不同群体农业转移人口具有不同的支付能力，因而对解决住房问题的期望方式有较大差别。针对低收入群体的农业转移人口，主要依靠政府给予政策支持修建廉租房，或由政府拨款给用工单位建造宿舍；而高收入农业转移人口具有较强的支付能力，应提高支付能力，取消购房限制，鼓励购房。可以通过市场方式自行解决这部分群体的住房问题，提供住房公积金贷款，落实好单位的住房补贴，允许购买经济适用房。此外，还应完善金融服务，对购买城市经济适用房、限价房的农业转移人口降低购房首付款比例，延长还款期限；在土地供应方面，要在规划利用时为农业转移人口住房尤其是经济适用房预留空间，使农业转移人口的住房建设合法化。

（四）加大农业转移人口基本公共服务的专项财政投入，合理分摊基本公共服务的责任与成本，形成均衡导向的财政投入和保障机制。

首先，要明确划分中央和地方政府间针对农业转移人口的基本公共服务职能，职责分明、权责统一；其次，根据农业转移人口的规模、基本公共服务项目，对流入地农业转移人口基本公共服务通过转移支付方式给予补偿；再次，调整财政分配结构，尤其是调整财政支出结构，按照全部人口数而不是财政供养人口测算人均数；最后，加强监管，提高转移支付补偿和奖励资金的使用效益，建立农业转移人口基本公共服务转移支付绩效评价体系，绩效评价结果与下年度转移支付相挂钩，确保每一笔资金能够用于流动人口基本公共服务项目，提高资金使用效益。

报告五

城市化进程中的社会保护不平等

　　改革开放后三十多年间,城市化和工业化主导的中国经济增长,带来了城市就业的扩大和农村劳动力大规模转移,使得城乡居民共同分享经济发展的成果,在很大程度上减少了绝对贫困人口。但是经济发展的同时带来了社会风险的上升和新的不平等问题,居民也大大提高了对更加均等、完善的社会保护的需求。农业转移人口的社会保护状况,与中国的城市化进程、社会稳定和农村发展都密切相关。在城市化快速推进的过程中,如果在城市中缺乏社会保护性资源,实现市民身份转变的农业转移人口将面临更严重的脆弱性和陷入贫困的风险。在经济新常态下,经济发展速度的放缓对农业转移人口在城就业和生活带来更大的压力,城市中社会保护对于农业转移人口群体的重要性将进一步凸显。

　　社会保护不平等不仅影响新型城镇化的顺利推进,而且涉及社会稳定和经济发展的可持续性。本报告基于社会风险管理理论和可行能力理论构建了社会保护的分析框架,首次提出了社会保护不平等的概念,结合2013年中国流动人口和当地居民社会融合专题调查数据,使用模糊评价法对城市居民社会保护状况进行评价,考察农业转移人口、外来市民和本地市民群体之间的社会保护不平等特征,并对农业转移人口内部不同群体之间的社会保护不平等进行测算。

一、社会保护的测度：指标选取与测度方法

本文基于前文构建的社会保护分析框架，从政府保障、企业福利、社区防护和家庭支持四个方面的功能性指标评估城市居民的社会保护状况。由于农业转移人口是城市化的核心群体，在指标选取时我们做了重点考虑。

（一）政府保障。政府保障是指城市劳动者在就业、医疗、住房、社会培训、子女教育等方面享受的权利，往往由政府以法律或制度予以确定。政府通过法律形式强制要求用人单位为居民购买社会保险，解决其医疗、养老等后顾之忧。政府为技能性工种的劳动者提供岗前培训，可以帮助他们快速适应工作岗位，增强就业稳定性。大部分农业转移人口在城市缺少合法稳定的住所，而政府以租金补贴或实物配租方式提供的廉租房和公租房，是一种保障性住房，可以极大地缓解农业转移人口的住房压力。除了对农业转移人口本人的保障外，政府对农业转移人口随迁子女的教育或借读费用减免，是对子女入学机会的保护，也可以看作政府提供的社会保护。

反映这一功能性活动的指标有：参加培训状况和政府住房保障。培训是政府对农业转移人口人力资本的再投资，该值越大，表明农业转移人口参与政府提供的职业技能培训越多。政府保障的另一方面是是否提供给农业转移人口保障性住房，如公租房、廉租房和政策住房，因为住房是最原始的保护性措施，它不仅仅起着遮风挡雨、御寒防冻的作用，还影响到农业转移人口是否在城市长期居留的决心。

（二）企业福利。在我国社会转型期，政府任务是在制度层面建立基本社会救助体系。大部分迁移人口无法享受的养老、失业和医疗保险等福利安排是由雇主（或工作单位）、而非城市政府提供的，并

非与城市户口等制度安排直接相关。企业为农业转移人口提供的福利，除了为其缴纳社会保险外，很重要的一点就是签订劳动合同以明确合同期限、工作时间、劳动报酬等内容，保障农业转移人口的合法权益。

我们选用就业保障和城市社会保障参与情况来反映劳动者能够从企业获得福利情况。就业保障主要从企业是否与劳动者签订劳动合同来看，我们认为签订合同的劳动者就业稳定性更高。社保参与情况用六种城市社会保险①的参与数目来体现。尽管购买社会保险是政府对企业的强制性要求，但执行过程中是由企业作为缴纳主体为其购买，所以这里算作企业福利而不是政府保障。

（三）社区防护。社区是居民城市生活的基本单元，社区防护主要体现在稳定、补偿和社会交往三大功能。反映社区防护的指标选取了社区居住环境和社区互动情况两方面内容。社区居住环境反映了城市居民的居住条件，主要从居住的社区类型来体现。社区互动情况反映的是社区生活的质量，我们用参加选举、文体、公益、业主委员会活动的累计种类来衡量，参加的社区活动越丰富，互动情况越好。

（四）家庭支持。在我国传统社会中，人们具有极强的家庭观念，家庭中个人的发展路径往往与家庭联系紧密，并且这种观念一直影响至今。农业转移人口要想获得保障其城市生活的永续性资源，除了依托个人素质及能力之外，还必须借助家庭的支持。家庭支持是个体禀赋的拓展，家庭或所有家庭成员为农业转移人口提供的各种自然资源、社会资源、经济资源等。

农业转移人口外出务工后，很大程度上与农村家庭所拥有的自然资本、经济资本和社会资本相割裂，因而我们在考察家庭支持时，用家庭

---

① 六种社会保险包括城镇养老保险、城镇职工医保、城镇居民医保、工伤保险、失业保险、生育保险和住房公积金。

功能完整性和家庭支持能力两个指标来体现。家庭功能完整性用本地家庭成员占所有家庭成员比重来体现，家庭支持能力主要是以人力资本为基础的支持，用本地家庭成员的平均受教育年限衡量。

表1中是本文选取的农业转移人口社会保护的指标体系。

表1 城市居民社会保护的指标体系

一级指标	二级指标	指标选取	变量取值	变量类型
城市社会保护	政府保障	人力资本投资	是否参加政府提供的免费培训	是=1，否=0	D
		政府住房保障	是否享有政府提供的廉租房/公租房/政策性住房	是=1，否=0	D
	企业福利	就业稳定性	劳动合同签订情况	签订=1，未签订=0	D
		社保参与情况	参加社会保险种类	取参加城镇养老保险、城镇职工医保、城镇居民医保、工伤保险、失业保险、生育保险和住房公积金的数目之和，参加=1，未参加=0，取值范围在0~7之间	D
	社区防护	社区居住环境	居住社区类型	别墅或商品房社区=3，经济适用房社区或机关单位社区=2；工矿企业社区或未经改造老城区=1；城中村（棚户区）、城乡结合部或农村社区=0	C

续表

一级指标	二级指标	指标选取	变量取值	变量类型
城市社会保护	社区防护	社区互动情况	选举/文体/公益/业主委员会活动参与情况	取参加社区选举、文体、公益和业主委员会活动的数目之和，参加=1，未参加=0，取值范围在0~4之间	C
	家庭支持	家庭功能完整性	在本地共同生活的家庭成员情况	家庭劳动力数量赋值*本地家庭成员和家庭总成员的比重①	C
		家庭支持能力	本地家庭成员平均受教育年限	本地家庭成员的受教育年限之和/本地家庭成员数量	D

注：C 连续变量；Q 虚拟定性变量；D 虚拟二分类变量

二、农业转移人口、外来市民和本地市民的社会保护状况

（一）农业转移人口、外来市民和本地市民的城市社会保护水平呈现梯度递增。

总体来看，农业转移人口、外来市民和本地市民的城市社会保护水平呈现梯度递增，本地市民的社会保护水平为 0.347，明显高于外来市民的 0.191，而外来市民又明显高于农业转移人口群体，后者仅为

---

① 家庭劳动力数量赋值是根据该家庭目前可使用的劳动力来计算的，主要考察两个方面，一是是否已成年，二是流入本地的原因。赋值情况分为 4 种：未成年且流入原因为学习或出生 = 1/8；未成年且流入原因为务工经商、随迁、婚假等 = 1/4；已成年且流入原因为学习或出生 = 1/4；已成年且流入原因为务工经商、随迁、婚假等 = 1/2。

0.149（见表2）。外来市民和农业转移人口群体的社会保护水平较为接近，本地市民的社会保护平均水平是农业转移人口的2.3倍。

（二）农业转移人口的政府保障状况仅占本地市民的1/4。

在政府保障状况中，农业转移人口的隶属度最低，仅占本地市民的1/4。外来市民的人力资本投资和政府住房保障水平比农业转移人口略高，但相差不大。政府提供的职业技能培训可以很好地弥补农业转移人口在人力资本上的缺陷，但我们的测算结果显示政府提供的人力资本投资并不多。政府保障的另一方面是住房保障。住房保障的隶属度比人力资本投资还要低。这说明对于绝大部分农业转移人口而言，享受到政府提供的廉租房、公租房和政策性住房等优惠性住房政策的机会非常低，主要原因在于各地保障性住房的顶层设计不够，申请门槛太高，无法保障到在城市生活的大量外来人口。

（三）农业转移人口在城市的企业福利隶属度远低于中间水平。

农业转移人口在城市的企业福利隶属度远低于中间水平。企业福利状况的两项功能性获得中，就业稳定性的隶属度为0.731，处于较高水平，表明大部分农业转移人口与企业签订了劳动合同，但是一个很奇怪的现象是，社保参与情况的隶属度却仅为0.173，似乎逻辑上不成立。因为通常情况下，劳动合同是覆盖了社会保险等条款内容的。进一步分析农业转移人口的特殊性发现，27.6%的农业转移人口就业身份为雇主或自营劳动者，因而不存在签订劳动合同和企业为其购买社保的可能，模糊评价时我们将他们处理为已签订劳动合同的人群；另外，城乡之间、城市之间社会保险制度衔接的不完善性和农业转移人口高流动性的特点，导致农业转移人口城市参保率很低。另外，在评估企业福利时，考虑到农业转移人口除了自购或自建房屋和政府提供保障性住房外，有的会居住在单位免费住房，这也可以视为一种保护的范畴，因此我们尝试着采用企业住房保障来体现企业福利，指标是是否居住在单位免费房。但评价结果发现，农业转移人口的企业住房保障比外来市民和本地市民都要好，似乎与常理不符。事实上原因并非是农业转移人口住房保障更好,而是由于农业转移人口租住单位房的情况更多,这在某种程度上意味着长期保障的弱化。

表 2 农业转移人口、外来市民和本地市民社会保护的评价结果

指标变量	农业转移人口		外来市民		本地市民	
	隶属度	权重	隶属度	权重	隶属度	权重
政府保障	**0.041**	**3.188**	**0.050**	**2.990**	**0.200**	**1.610**
人力资本投资	0.114	2.172	0.156	1.858	0.265	1.328
政府住房保障	0.008	4.791	0.009	4.733	0.154	1.873
企业福利	**0.258**	**1.355**	**0.418**	**0.873**	**0.484**	**0.726**
就业稳定性	0.731	0.313	0.875	0.134	0.792	0.233
社保参与情况	0.173	1.752	0.358	1.027	0.405	0.905
社区防护	**0.125**	**2.075**	**0.205**	**1.585**	**0.355**	**1.035**
社区居住环境	0.201	1.607	0.487	0.721	0.402	0.911
社区互动情况	0.078	2.548	0.112	2.187	0.318	1.147
家庭支持	**0.535**	**0.625**	**0.634**	**0.456**	**0.623**	**0.473**
家庭功能完整性	0.729	0.316	0.731	0.313	0.761	0.273
家庭支持能力	0.457	0.783	0.578	0.548	0.558	0.583
总模糊指数	0.149	1.907	0.191	1.654	0.347	1.057

注:计算过程中,为符合数学意义,将数值 1 和 0 分别改为 0.999 和 0.001。

(四)农业转移人口的社区防护水平明显低于本地居民,也低于外来市民。

社区防护体现在硬件和软件两方面,硬件体现在社区居住环境上,软件体现在社区互动情况上。从评价结果看,社区居住环境的评价值为 0.201,农业转移人口的居住环境较为恶劣,以工矿企业社区、老城区以及城中村(棚户区)居多,极少居住在经济适用房社区或机关单位社区,这主要是由于农业转移人口的工资收入与工作性质决定的。社区

互动用农业转移人口在社区选举和文体、公益、业主委员会活动中的参与度来衡量，其评价值仅为0.078，表面上看是农业转移人口极少与社区组织和成员互动，深层次分析则反映了两个问题，一是农业转移人口在城市社会中政治权力的弱化，很少参与到社区管理和政治表达中去，二是农业转移人口有效社会资本的缺乏，不积极去发展异质性包含不同社会地位成员的社会网络。由于社区层面没有为农业转移人口提供足够的防护性保障措施，所以他们面临着社会不安全的困扰。

（五）农业转移人口的家庭保障状况处于中间水平。

尽管农业转移人口家庭保障隶属度水平并不高，但相比于其他三种类型的长期保障具有明显的优势，这说明家庭依然是农业转移人口获取保障的主要来源，同时也折射出政府、企业和社区在为农业转移人口提供社会保护方面的严重缺失。家庭支持用家庭功能完整性和家庭支持能力两个指标来衡量。家庭功能完整性的隶属度为0.825，好于0.6的模糊界线，属于较高水平，表明农业转移人口进城已突破过去的"个体流动"，开始向着"举家迁移"模式转变。家庭功能越完整并不代表家庭支持状况一定更好，还需要考察家庭支持能力的强弱。模糊评价结果显示，家庭支持能力隶属度为0.457，低于家庭功能完整性，原因在于尽管大部分农业转移人口的家庭成员都在本地居住和生活，但他们彼此之间提供支持的能力相对较弱。

图1显示了农业转移人口、本地市民和外来市民城市社会保护的雷达图。

三、城市化进程中的社会保护不平等分析

城市外来人口与本地市民之间的社会保护不平等是城市化进程中群体间不平等的集中体现。本报告在基尼系数方法的基础上，提出了一个测算社会保护差异的指标——社会保护基尼系数，测算农业转移人口内

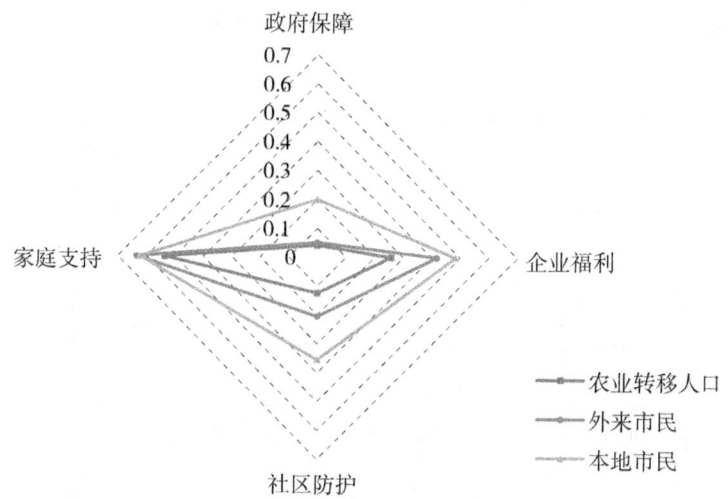

图 1　农业转移人口、外来市民和本地市民的城市社会保护水平对比

部以及农业转移人口和外来市民与本地市民的社会保护差距。并进一步绘制社会保护洛伦兹曲线推算得出，其弯曲程度反映了社会保护的不平等程度。

（一）农业转移人口、外来市民和本地市民之间的社会保护不平等

我们将农业转移人口、外来市民和本地市民作为城市居民的整体，考虑到不同群体所占比重差异，画出一条洛伦兹曲线，曲线单调递增且凸性特征明显（图2）。洛伦兹曲线能够很好地反映个体社会保护的差异。因为洛伦兹曲线将保障值从低到高依次排列，由于农业转移人口在城乡之间不断地迁徙，就业流动性很强，随时都可能面临着社会风险；而且，即使农业转移人口内部，也有普通打工农民与务工精英的区分。如果个体之间的保障差异很大，或者说保障极差和保障极好的群体，任意一个占比过高，都会带来严重的社会问题。从图中可知，60%的低社会保护群体仅拥有近30%的社会保护资源，相反地，40%的高社会保护群体却拥有近70%的社会保护资源，更为极端地，社会保护水平极低的20%的群体累计社会保护只占4.51%，足以说明我国各类群体间的

保障差异之大。根据公式，我们计算出的城市居民社会保护基尼系数为0.395。

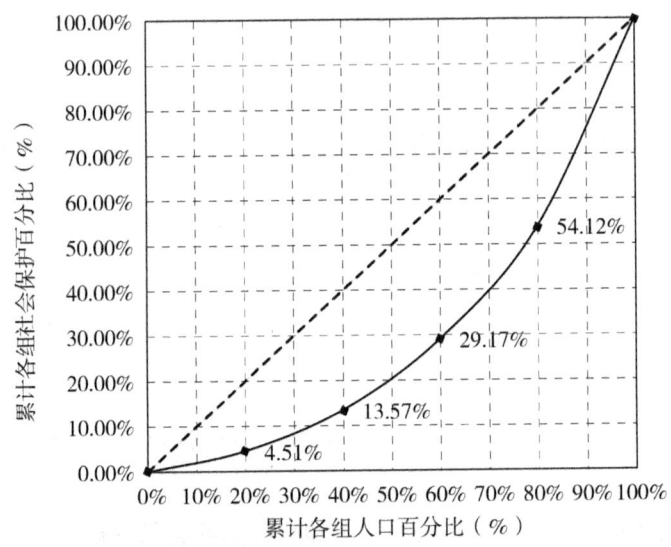

图2　城市居民的社会保护洛伦兹曲线（农业转移人口、外来市民和本地市民）

我们从总体样本中抽离出农业转移人口、外来市民和本地市民，分别画出各自的社会保护洛伦兹曲线。从图3可知，农业转移人口的社会保护洛伦兹曲线弯曲程度最大，其次是外来市民，本地市民的弯曲程度最小。计算结果显示，农业转移人口的社会保护基尼系数为0.384，外来市民和本地市民分别为0.314和0.256。根据社会保护基尼系数与社会保护不平等的关系可知，农业转移人口群体的社会保护最不平等，而本地市民的社会保护水平则相对平等。

由图3可知，将调查样本的社会保护值从低到高排序后，以三类群体累计的前60%人口为例，农业转移人口群体的社会保护占了28.64%，外来市民占到36.13%，本地市民更高，占41.33%，所以农业转移人口的洛伦兹曲线凸性最大，因而社会保护最不平等；本地市民凸性最小，社会保护相对平等些。

（二）农业转移人口内部社会保护不平等。

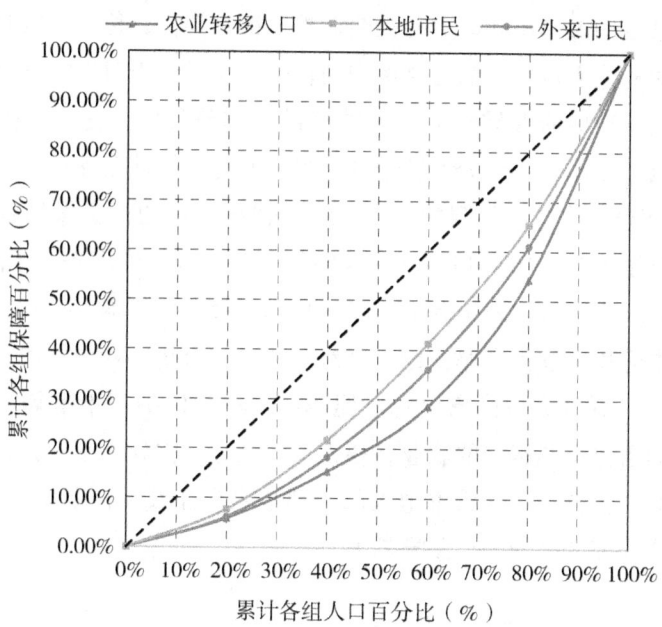

图3　农业转移人口、外来市民和本地市民洛伦兹曲线

从上文的分析中，我们知道社会保护在不同群体之间是存在差异的。那么，就农业转移人口内部而言，社会保护的差异性是否依然存在？不同个体特征的农业转移人口社会保护情况一样吗？据此，我们进一步测算不同行业、不同职业、不同务工年限以及不同市民化意愿下农业转移人口的社会保护基尼系数（见表3）。

1. 社会保护存在行业间不平等。现代服务业的农业转移人口社会保护最不平等，制造业则相对平等。现代服务业是传统服务业的技术改造和升级，高素质高智力是对从业人员的普遍要求，但是现代服务业之于传统服务业的不同也在于，现代服务业的竞争十分激烈，即使从事同一行业，工作岗位不同，工作绩效不同，会造成企业福利和政府保障的千差万别。

2. 社会保护存在职业间不平等。服务人员最不平等，经商人员和管理技术人员相对平等。根据我们对行业差距的描述，服务人员内部分化较为严重，从事金融、卫生、科研和教育等行业的农业转移人口更容易获得来自用人单位和政府的社会保护,批发零售、住宿餐饮和社会服务行业对从业人员给予的社会保护则较少,而且由于对人的专业技术性要求很低,造成农业转移人口能够轻易地实现跳槽,完成一次职业流动,频繁的工作转换十分不利于其获得长期稳定的社会保护。

3. 随着外出务工年限的增加,农业转移人口的社会保护状况从不平等过渡至平等,10 年以内的农业转移人口而言,外出务工年限越长,社会保护越不平等。外出务工年限越长,自身人力资本、物质资本以及社会资本的积累越为丰厚,也更容易在务工城市获得社会保护。

4. 农业转移人口的市民化意愿越高,社会保护越不平等。即在务工城市的居留意愿越强的农业转移人口,社会保护越不平等;打算在本地买房的,将自身定位为本地人的,都是愿意在城市长期生活下来的,这类群体内部的社会保护差异较大。

表 3　　　　　不同类型农业转移人口的社会保护差异

类型	基尼系数			
就业行业①	制造业 0.350	传统服务业 0.371	现代服务业 0.414	—
职业类型②	管理、技术人员 0.344	经商人员 0.349	服务人员 0.388	产业工人 0.363

---

① 在此本文仅区分农业转移人口就业行业较为集中和特殊的三个行业:制造业、传统服务业和现代服务业。传统服务业包括批发零售、住宿餐饮和社会服务等行业,现代服务业包括金融、卫生、教育、科研等行业。

② 在此本文对从事四种职业的农业转移人口进行基尼系数测算。管理、技术人员包括国家机关、党群组织和企事业单位负责人、公务员和专业技术人员;经商人员指从事商业买卖的人员;服务人员包括从事餐饮、家政、保洁、保安、装修等工作的人员;产业工人包括农林牧副渔业生产人员以及生产、运输和建筑工人等。

续表

类型	基尼系数			
外出务工年限	5年及以下 0.375	6-10年 0.393	11年及以上 0.381	
市民化程度	本地居留意愿	是 0.393		否 0.371
	买房地选择	本地 0.404		户籍地 0.371
	自我身份定位	本地人 0.393		外地人 0.372

四、结论与建议

（一）农业转移人口在城市社会保护状况处于较低水平。

本报告以2013年全国8个城市流动人口社会融合专项调查的数据为样本，基于对城市化进程中不同城市居民的社会保护状况进行了模糊评价，同时对外来市民和本地市民的社会保护状况进行了对比。研究发现，农业转移人口的整体社会保护水平处于低水平阶段，这与他们在城市生活所处的就业不稳定、经济不安全、住房无保障、社保不健全有很大关系。家庭依然是农业转移人口获取社会保护的主要来源，政府、企业和社区在为农业转移人口提供社会保护方面提升空间非常大。分别测算农业转移人口、外来市民和本地市民的社会保护基尼系数后发现，农业转移人口的社会保护最不平等，而本地市民的社会保护水平则相对平等。农业转移人口内部的社会保护存在行业差距和职业差距，并且，市民化意愿高的农业转移人口内部，越容易出现社会保护不平等。

（二）构建以政府、企业、社区和家庭为主体的社会保护体系。

随着国家新型城镇化的推进，越来越多的农业转移人口流向大城市和中小城镇。农业转移人口是在城市里永久居住，还是在城乡之间进行"钟摆式"流动，取决于政府能否为农业转移人口建立起抵御风险和增强可行能力的社会防护体系，也就是我们所说的社会保护。对于农业转移人口而言，要想在城市立足，获得一份稳定的工作并满足基本生活需求是第一步，此外，还要保证其在未来相当长的时间内，不会因为失业、疾病或意外事故的发生等而丧失生活来源。所以，应对新型城镇化中农业转移人口的市民化问题，解决其社会保护才是最关键因素。农业转移人口流入城市之后，打破了原来依靠家庭禀赋维系生计的模式，因此必须在生计策略上做出调整以实现长远发展。由于他们在人力资本、社会资本等方面都处于弱势地位，仅凭后天个人能力的提升难以实现职业地位的提升和生活水平的提高。这给我们的启示是，新型城镇化过程中，需要打破以往单一的"输血式"的社会保障供给，要构建起农业转移人口个人能力之外的，以政府、企业、社区和家庭为主体的社会保护体系，为农业转移人口的可持续性发展输入源源不断的动力，增强他们的可行能力，帮助其在城市"落地生根"。

（三）完善发展型家庭政策，实现流动人口家庭功能的再造。

新型城镇化建设的本质是人的城镇化，其关键是农业转移人口的市民化。但是市民化不只是给予农业转移人口市民身份，同时要建立起相应的社会保护体系，让农业转移人口真正在城市"落地生根"，防止城市病，防止出现新移民的贫困和边缘化现象。基于农业转移人口落地生根的目标，我们必须重新审视农业转移人口城乡迁移和市民化过程中面临的核心需求，以及外部政策如何调整来帮助农业转移人口。农业转移人口在城市找到一份工作不难，随着时间的推移，逐渐适应城市生产和生活方式也比较容易达到。但是，对农业转移人口来说，能够在城市站稳脚跟，让自己不必为未来失去劳动能力或者退休后的生活担忧，则是非常困难的；或者对于部分人来说单凭一己之力根本无法实现。本文研究的基本结论是，在农业转移人口个人能力之外建立维持生计的长期保障体系，才是推动农业转移人口市民化的关键。也就是说，农业转移人口无法落地生根的根本原因并不是当下生活艰难，而是在可预见的时期内，长期保障状况仍然很难发生改善。获得户籍身份、加薪只是权宜之计，更为重要的是帮助农业转移人口扎根于城市，排除后顾之忧，让他们利用本不宽裕的资源去和其他城市居民，在平等的起点上去竞争。这就需要政府，在保障性制度层面推进农业转移人口城镇社会保障体系全覆盖，在家庭发展层面完善发展型家庭政策，实现农业转移人口家庭功能的再造。

（四）构建发展型社会保护具有积极的社会意义。

本文研究结论还显示，获得一份稳定的工作对于农业转移人口市民化有着至关重要的作用，我们将其界定为发展型社会保护。从农村来到城市生活、工作，农业转移人口原有的农村保障因素被割裂了，而在城市中又获得不了有保障的职业或谋生手段，他们就倾向于通过流动来寻找和把握新的机会，或者通过不停地转换工作来寻求更高的收入。而由于频繁的流动，又进一步加重了农业转移人口长期保障的缺失。在当前产业结构调整和经济发展方式转变成为主流趋势的背景下，农业转移人口主要分布的建筑业、加工制造业和服务业都面临着技术升级和就业吸纳之间的矛盾。推动产业结构优化升级，并不是简单的资本和技术对劳动力的替代，劳动密集型产业虽然相对来说技术含量较低，但并非都是落后产业。以技术创新和管理创新为依托，为劳动密集型产业打造稳定的就业者队伍，在解决就业问题的同时，还能够为实现更高层次的产业升级奠定技术、资金和人才基础。另外，经济发展方式转变也为劳动密集型产业带来了成本和转型的双重压力，企业如果提高职工工资，就必须减少工作岗位供给。与农业转移人口签订正式的、长期的劳动合同，或者在单位提供一份福利性夫妻房，构建稳定的雇佣关系，就有利于破解企业技术升级、就业岗位减少和促进农业转移人口市民化之间的矛盾。

五、流动人口家庭发展与生育专题

报告一

符合单独二孩政策流动人口的生育意愿分析

流动人口在以往由于政策外生育问题严重，为躲避计划生育政策处罚往往外出流动而被戏谑地称为"超生游击队"。那么当前这个群体是否借放开单独二孩政策之际趁机多生，有多大比例愿意生二孩？这是亟待回答的现实问题。本报告依据2014年湖北省流动人口动态监测数据和湖北省符合单独二孩政策人群抽样调查数据，对湖北省流动人口对单独二孩政策认知和生育选择现状进行分析，并进一步探讨了当前流动人口二孩生育意愿低的原因。

2014年湖北省流动人口动态监测数据调查范围包括武汉、黄石、宜昌和天门、潜江等湖北绝大部分地区，共有5998份样本。2014年7月份在湖北省抽取符合单独二孩政策人群样本6883个，其中未迁移的4896个，省内跨市流动的1090个，跨省流入的750个，跨省流出的147个。

一、流动人口二孩生育意愿现状分析

（一）就业迁移降低了城乡家庭的二孩生育意愿和男孩偏好。
农村迁移的单独家庭二孩生育意愿和男孩偏好均显著低于未迁移单

独家庭。发生迁移的农村单独家庭想生二孩比例比未迁移单独家庭低10.7%；想生男孩的比例降低了1.7%，想生女孩的比例则增加了17.9%。城市化的推进有力改变了农村单独家庭的生育意愿，使农村单独家庭生育意愿向现代城市观念转变，这从农村单独家庭迁移后二孩生育意愿接近于城市单独家庭可见一斑。发生迁移的城市单独家庭生育二孩出生意愿和男孩偏好也略低于城市未迁移单独家庭，城市迁移单独家庭想生二孩比例比未迁移单独家庭降低了1.4%，想要男孩比例降低了1.6%（见表1）。

2014年湖北省流动人口动态监测数据分析显示，流动人口有二孩生育意愿的占8.9%，符合二孩政策的流动人口有二孩生育意愿的占17.5%，不符合二孩政策的流动人口有政策外生育意愿的占2.9%。

表1　未迁移和迁移单独家庭二孩生育意愿的对比

二孩生育意愿		城市（%）		农村（%）	
		未迁移	迁移	未迁移	迁移
二孩出生意愿	想要	17.0	15.6	26.5	15.8
	不想要	63.7	55.6	54.2	63.0
	没想清楚	19.3	28.8	19.4	21.3

本表数据来自于湖北省符合单独二孩政策人群调查。

（二）跨省流入人口生育率和性别比高于省内跨市流动人口。

跨省流入人口的二孩生育意愿要高于省内跨市流动人口的生育意愿（见图1）。湖北省符合单独二孩政策人群调查数据显示，符合单独二孩政策的省内跨市流动人口想要二孩的比重为15.12%，而符合单独二孩政策的跨省流入人口想要二孩的比重为19.02%。并且跨省流入人口二孩想要男孩的比重也高于省内跨市流动人口，符合单独二孩政策的省内跨市流动人口二孩想要男孩的比重为5.91%，而符合单独二孩政策的跨省流入人口想要男孩的比重为7.69%。

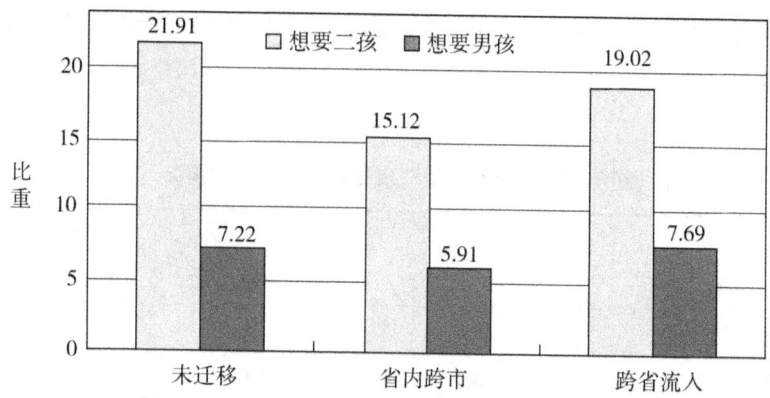

图1 不同迁移状态下符合"单独二孩"政策家庭的生育意愿 单位:%
本图数据来自于湖北省符合单独二孩政策人群调查。

（三）一孩性别对流动人口二孩生育意愿的影响缩小，而且不再是流动人口政策外生育的主要原因。

湖北省符合单独二孩政策人群调查数据显示，在符合二孩政策的流动人口中，一孩是女孩的流动人口有二孩生育意愿的占18.1%，一孩是男孩的流动人口为14.6%，一孩是女孩的比一孩是男孩的高3.5%，差异明显低于农村未流动人口。在不符合二孩政策的流动人口中，一孩是女孩的流动人口有政策外生育意愿的占2.4%，一孩是男孩的流动人口为2.9%，一孩是男孩的反而略高于一孩是女孩的，一孩性别不再是导致流动人口超生的主要原因。

（四）经济状况好的流动人口二孩生育意愿高。

从经济状况来看，家庭每月净收入越高的流动人口二孩生育意愿越高。以符合二孩政策的流动人口为例（见表2），家庭月净收入在3000元及以下的流动人口有二孩生育意愿的占16.4%，家庭月净收入在3001~6000元之间的流动人口为19.3%，家庭月净收入在6001元及以上的流动人口为27.9%。家庭月净收入在6001元及以上的流动人口二孩生育意愿是家庭月净收入在3000元及以下的流动人口的1.7倍。在不符合二孩政策的流动人口中，家庭月净收入在 6001 元及以上的流动人口有政策外生育意愿的占 6.9%，是家庭月净收入在 3000 元及以下的流动人口的 2.56 倍。

表 2　不同经济状况的流动人口二孩生育意愿的基本情况（%）

	月净收入在 3000 元及以下	月净收入 3001~6000 元	月净收入在 6001 元及以上
已经怀有二孩	2.6	2.3	4.9
打算生二孩	13.8	17.0	23.0
不打算生二孩	42.1	38.6	36.1
没想好是否生二孩	41.6	42.0	36.1

本表数据来自于 2014 年流动人口动态监测数据。

（五）流动时间短的流动人口二孩生育意愿高。

从本次流动时间来看，流动时间越长的流动人口二孩生育意愿越低。以符合二孩政策的流动人口为例（见表 3），流动时间在 2 年以内的流动人口有二孩生育意愿的占 21%，流动时间在 2~5 年的流动人口为 17.4%，流动时间在 5~10 年的流动人口为 13.4%，流动时间在 10 年以上的流动人口为 10.1%。流动 10 年以上的流动人口有二孩生育意愿不到流动 2 年以内的流动人口的一半。

表 3　不同流动时间的流动人口二孩生育意愿的基本情况（%）

	流动 2 年以内	流动 2~5 年	流动 5~10 年	流动 10 年以上
已经怀有二孩	2.8	2.9	2.3	1.3
打算生二孩	18.2	14.5	11.1	8.8
不打算生二孩	34.9	39.1	47.9	68.8
没想好是否生二孩	44.1	43.5	38.7	21.3

本表数据来自于 2014 年流动人口动态监测数据。

（六）实施长效避孕方式的流动人口二孩生育意愿低。

以符合二孩政策的流动人口为例，从主要避孕方式来看，实施长效避孕方式的流动人口二孩生育意愿低，其中实施男性/女性结扎术和皮下埋置术的流动人口有二孩生育意愿的均为0，安置宫内节育器的流动人口为11.2%。相反实施短效避孕方式的流动人口二孩生育意愿高，其中避孕套作为主要避孕方式的流动人口有二孩生育意愿的占16.8%，以口服避孕药作为主要避孕方式的流动人口为25.0%。当然也有可能存在逆向选择，有二孩生育打算的夫妇没有实施长效避孕手术。

二、流动人口二孩生育意愿低的原因分析

（一）城市务工经历使农村流动人口的生育观念由传统向现代转变。

城市务工经历使农村流动人口的生育观念由农村传统型向城市现代型转变。就子女数量观念而言，农村未流动人口往往偏好多子女家庭，而农村流动人口通过在城市的务工经历意识到较少的子女可以减轻家庭抚养负担，增强妻子就业能力，改善家庭生活质量，因此往往偏好少子女家庭。就子女性别观念而言，农村未流动人口男孩偏好较强，而城市务工经历使得流动人口的子女性别偏好逐渐靠近城市居民，男孩偏向有一定的削弱，这极大减少了因为想要男孩而多生的非理性生育。

（二）流动行为的选择性使流动人口的二孩生育意愿本身就不高。

流动行为本身具有一定的选择性，能够外出的流动人口在人口和行为特征上一般优于未流动人口，二孩生育意愿本身就不太强烈。从人口特征而言，相较未流动人口，流动人口往往年龄结构较轻，文化程度较高，因而生育观念较为现代化，生育二孩意愿不高。从行为特征而言，相较未流动人口，流动人口具有更强的发展意愿，提高生活水平和改善

生存环境是外出的首要目的，生育二孩属于非重点考虑的次属地位。

（三）高养育成本降低了流动人口的二孩生育意愿。

在现代社会中，养育子女不再是多给一把米的粗暴式放养，生育一个子女往往意味着高额的养育成本，而这是以中低收入为主的流动人口难以负担的。以湖北为例，一个孩子从幼儿园到大学仅教育成本就要30万元，加上其他的衣食住行开支，一个孩子大学毕业前共要49万元的养育成本。而2014年湖北流动人口家庭除开吃饭和住宿的每月净收入约为2667元，也就是说在不得大病并且保持最低限度的生活条件下，流动人口家庭仅养育一个子女就至少需要工作15年，高养育成本降低了流动人口生二孩的意愿。

（四）再生育的医学技术和行政障碍降低了流动人口的二孩生育意愿。

流动人口当前生育二孩存在两个客观障碍。一个是医学技术上的障碍，对于实施长效避孕方式的流动人口而言，长效避孕手术本身就对实施手术的妇女身体带来了可能的伤害，而且恢复性手术还存在一定的难度，即使手术成功也需要一年后才能再生育，这些因素都加大了再生育的风险。另一个是行政审批的障碍，当前审批单独二孩不仅需要流动人口夫妇双方工作单位以及户籍地社区意见并经过街道和区两级审核和公示，程序较为繁琐；而且还需要流动人口的独生子女证明，这加大了流动人口的二孩生育申请成本。

三、相关建议

（一）尽快分阶段、分地区放开全面二孩政策，扩大二孩政策的惠及人群。

应该尽快放开全面二孩政策，减少有生育二孩意愿群众的高龄生育风险。考虑到区域生育格局的差异性，以及减少扎堆生育的风险，建议分阶段、分地区逐步全面放开二孩政策，生育意愿较低的地区先全面放开，其次是生育水平中等地区再放开，生育水平较高的地区最后放开，同时每个地区内部的省与省之间，按照计划生育工作的基础条件保持一定的放开间隔。

（二）加强政策引导和宣传教育，鼓励符合二孩生育政策的群众生育二孩。

尽快调整现行生育政策导向，由引导群众少生向引导群众按政策生育转变，删除生育政策中对放弃二孩生育指标家庭的奖励措施，取消生育政策中对晚婚晚育的奖励措施以及生育间隔限制，禁止不同层级的卫计部门对同一独生子女家庭的累积奖励。加强社会的宣传教育，营造有利于符合二孩政策家庭生育二孩的舆论环境。

（三）优化申请二孩流程，完善流动人口婚育证明数据库的建设。

在申请二孩流程中，减少审核部门层级，压缩审核时间。对于外省流入以及流入时间较长的流动人口，户籍地提供独生子女证明不仅成本高，而且很有可能一些单位或村已经对流动人口情况不再了解，对于这种情况可以采取亲朋联保签字的形式，替代单位证明。另外需完善即将建设的流动人口电子婚育证明数据库，实现流动人口独生子女证明电子化，试行户籍地计生部门远程开具可生育二孩证明功能，避免流动人口在户籍地和流入地之间奔波。

（四）加强卫生机构计划生育技术服务能力，明确取消结扎或上环作为领取《独生子女父母光荣证》的前提。

强化卫生机构计划生育技术服务水平，加大对恢复手术的医技支持，减少恢复手术对育龄妇女身体的伤害，提高对实施恢复手术妇女的营养补偿。建议出台相关文件，明确不可将结扎或上环作为群众领取《独生子女父母光荣证》的前提，为放开全面二孩做准备。

报告二

湖北各地市流动人口计划生育免费服务项目评估

随着中国经济发展水平和居民生活水平的提高,人们对计划生育服务的需求水平迅速提升。流动人口计划生育服务是新时期人口和计划生育工作的难点、重点和薄弱环节。目前,针对中国流动人口计划生育服务项目的问题研究较多,但对流动人口计划生育免费服务项目的问题研究较少。本报告基于5999份2013年湖北省流动人口动态监测数据对湖北省各地市流动人口计划生育免费服务项目的评估,了解湖北省各地市对流动人口计划生育免费服务项目工作是否到位,流动人口对免费服务工作的满意度如何,以及在未来计生服务工作中应如何进一步发展。

一、流动人口计划生育相关政策及其免费服务项目

(一)流动人口的概念界定。

流动人口是指离开户籍所在地的县、市或者市辖区,以工作、生活为目的异地居住的成年育龄人员。国外一般称为人口流动。流动与迁移是两种相似但又区别的现象,流动人口与迁移人口虽然都进行空间的移位,但迁移是在永久变更居住地任意向指导下的一种活动。

(二)流动人口计划生育免费服务项目。

湖北省流动人口计划生育免费服务项目包括以下内容：

1. 孕情、环情监测；
2. 依法免费获得避孕药具；
3. 放置、取出宫内节育器及技术常规所规定的各项医学检查；
4. 人工流产术、引产术及技术常规所规定的的各项医学检查；
5. 输卵管结扎术、输精管结扎术及技术常规所规定的各项医学检查；
6. 皮埋放置术、皮埋取出术；
7. 孕前优生检查；
8. 计划生育手术并发症的诊断和治疗。

二、流动人口计划生育免费服务情况调查与评估

（一）抽样调查及数据情况。

本次调查数据来源于 2013 年流动人口动态监测调查。本次调查对象是湖北省各地市年龄在 15～59 岁的流动人口，包括黄石市、十堰市、宜昌市、襄阳市、荆门市、孝感市、荆州市、黄冈市、咸宁市、随州市、恩施州、潜江市、神农架和武汉市，调查采取问卷调查的形式共收回有效问卷 5999 份。问卷由 57 个问题组成，主要涉及受访者本人于家庭成员的基本情况、就业与收入支出、公共服务与社会保障、婚孕情况与计划生育服务的基本情况、流动人口对计生服务项目的满意度等方面的问题。

湖北省各地市的样本量分布情况如表 1 所示，样本总量为 5999 份，各地市的样本量分布不均匀，差距较大。其中武汉市的样本量最高，为 1999 份，占样本总量的 33.3%；其次是十堰市的样本量为 1000 份，占样本总量的 16.7%；而鄂州市、潜江市、神农架和随州市样本量最低，均为 40 份，占样本总量的 0.7%。

表1　　　　　　　　湖北省各地市的样本量分布情况

城市名称	频率	百分比	有效百分比	累积百分比
鄂州市	40	0.7	0.7	0.7
恩施州	240	4.0	4.0	4.7
黄冈市	200	3.3	3.3	8.0
黄石市	160	2.7	2.7	10.7
荆门市	120	2.0	2.0	12.7
荆州市	480	8.0	8.0	20.7
潜江市	40	0.7	0.7	21.3
神农架	40	0.7	0.7	22.0
十堰市	1000	16.7	16.7	38.7
随州市	40	0.7	0.7	39.3
武汉市	1999	33.3	33.3	72.7
咸宁市	120	2.0	2.0	74.7
襄阳市	840	14.0	14.0	88.7
孝感市	80	1.3	1.3	90.0
宜昌市	600	10.0	10.0	100.0
合计	5999	100.0	100.0	

（二）调查结果。

1. 湖北省各市地对流动人口计生免费服务项目的实施情况。

为了加强流动人口计划生育工作，寓管理于服务之中，维护流动人口的合法权益，稳定低生育水平，使得社会更加和谐，必须进一步加强对流动人口计划生育免费服务的水平。湖北省各地市提供计划生育免费服务项目情况如下：

调查显示（见表2），湖北省各地市为流动人口提供计划生育免费服务项目的样本量分布差异较大，其中武汉市的样本量最大，为902份；鄂州市和神农架的样本量最小，仅为16份。湖北省各地市为流动人口提供孕环情检查服务的地区占总数的 70.35%，但是区域之间比率相差较大，其中荆州市提供孕环情服务的比率最高，为 94.00%，其次是鄂州市和神农架，均为 93.80%，第三是随州市，为 82.40%。黄冈市提供此项服务的比率最低，为 33.00%。未提供此项服务的地区占总数的 15.21%，其中比率最高的是咸宁市，为 51.10%，其次是孝感市 44.40% 和黄冈市 34.00%。

表2　　　　　湖北省各地市提供孕环情检查情况

城市名称	本地是否提供过孕环情检查			
	样本量	是	否	不需要
鄂州市	16.0	93.80%	0.00%	6.20%
恩施州	96	70.80%	8.30%	20.90%
黄冈市	91	33.00%	34.00%	33.00%
黄石市	67	61.20%	4.50%	34.30%
荆门市	54	77.80%	3.70%	18.50%
荆州市	215	94.00%	0.90%	5.10%
潜江市	20	65.00%	20.00%	15.00%
神农架	16	93.80%	6.20%	0.00%
十堰市	404	78.00%	9.70%	12.30%
随州市	17	82.40%	17.60%	0.00%
武汉市	902	73.80%	9.10%	17.10%
咸宁市	47	38.30%	51.10%	10.60%
襄阳市	343	77.60%	11.10%	11.30%
孝感市	36	44.40%	44.40%	11.20%
宜昌市	240	71.30%	7.50%	21.20%
省平均值		70.35%	15.21%	14.45%

调查显示（见表3），湖北省各地市为流动人口提供避孕套或避孕药服务的地区占总数的 19.73%，区域之间的比率相差较大，其中宜昌市提供避孕套或避孕药服务的比率最高，为 34.20%，其次是十堰市，为 30.40%，第三是武汉市，为 28.80%。随州市提供此项服务的比率最低，为 0.00%。未提供此项服务的地区占总数的 22.19%，其中比率最高的是随州市，为 100.00%，其次是咸宁市 59.60% 和黄冈市 34.10%。

表3　　湖北省各地市提供避孕套或避孕药情况

城市名称	本地是否提供过避孕套或避孕药			
	样本量	是	否	不需要
鄂州市	16	18.80%	0.00%	81.20%
恩施州	96	17.70%	26.00%	56.30%
黄冈市	91	26.40%	34.10%	39.50%
黄石市	67	20.90%	4.50%	74.60%
荆门市	54	13.00%	1.90%	85.10%
荆州市	215	13.00%	1.90%	85.10%
潜江市	20	20.00%	5.00%	75.00%
神农架	16	25.00%	0.00%	75.00%
十堰市	404	30.40%	29.20%	40.40%
随州市	17	0.00%	100.00%	0.00%
武汉市	902	28.80%	19.50%	51.70%
咸宁市	47	10.60%	59.60%	29.80%
襄阳市	343	28.90%	24.20%	46.90%
孝感市	36	8.30%	19.40%	72.30%
宜昌市	240	34.20%	7.50%	58.30%
省平均值		19.73%	22.19%	58.08%

调查显示（见表4），湖北省各地市为流动人口提供上/取环手术检查的地区占总数的5.27%，但区域之间的比率相差不大，其中随州市提供上/取环服务的比率最高，为23.50%，其次是十堰市，为17.30%，第三是武汉市，为7.00%。鄂州市、荆门市、潜江市、咸宁市和孝感市提供此项服务比率最低，均为0.00%。未提供此项服务的地区占总数的30.73%，其中比率最高的是随州市，为76.50%，其次是咸宁市63.80%和黄冈市51.60%。

表4　　　　　湖北省各地市提供上取环手术情况

城市名称	本地是否提供过上取环手术			
	样本量	是	否	不需要
鄂州市	16	0.00%	0.00%	100.00%
恩施州	96	3.10%	37.50%	59.40%
黄冈市	91	4.30%	51.60%	44.10%
黄石市	67	2.90%	7.50%	89.60%
荆门市	54	0.00%	7.40%	92.60%
荆州市	215	3.30%	21.40%	75.30%
潜江市	20	0.00%	10.00%	90.00%
神农架	16	6.30%	18.80%	74.90%
十堰市	404	17.30%	37.60%	45.10%
随州市	17	23.50%	76.50%	0.00%
武汉市	902	7.00%	28.60%	64.40%
咸宁市	47	0.00%	63.80%	36.20%
襄阳市	343	5.50%	31.00%	63.50%
孝感市	36	0.00%	50.00%	50.00%
宜昌市	240	5.80%	19.20%	75.00%
省平均值		5.27%	30.73%	64.00%

调查显示（见表5），湖北省各地市为流动人口提供人工流产服务的地区占总数的1.24%，但是区域之间的比率相差不大，其中潜江市提供人工流产服务的比率最高，为5.00%，其次是恩施州，为3.10%，第三是荆州市，为2.30%。鄂州市、黄冈市、荆门市、神农架、随州市以及孝感市提供此项服务的比率最低，均为0.00%。未提供此项服务的地区占总数的34.17%，其中未提供此项服务比率最高的是随州市，为100.00%，其次是咸宁市68.10%和孝感市61.10%。

表5　　　　　湖北省各地市提供人工流产情况

城市名称	本地是否提供人工流产			
	样本量	是	否	不需要
鄂州市	16	0.00%	0.00%	100.00%
恩施州	96	3.10%	33.30%	63.60%
黄冈市	91	0.00%	50.50%	49.50%
黄石市	67	1.50%	4.50%	94.00%
荆门市	54	0.00%	1.90%	98.10%
荆州市	215	2.30%	27.40%	70.30%
潜江市	20	5.00%	5.00%	90.00%
神农架	16	0.00%	25.00%	75.00%
十堰市	404	0.30%	52.70%	47.00%
随州市	17	0.00%	100.00%	0.00%
武汉市	902	1.30%	30.70%	68.00%
咸宁市	47	2.10%	68.10%	29.80%
襄阳市	343	0.90%	33.50%	65.60%
孝感市	36	0.00%	61.10%	38.90%
宜昌市	240	2.10%	18.80%	79.10%
省平均值		1.24%	34.17%	64.59%

调查显示（见表6），湖北省各地市为流动人口提供结扎服务的地区占总数的1.77%，但是区域之间的比率相差较大，其中十堰市提供孕环情的比率最高，为6.40%，其次是随州市为5.90%，第三是咸宁市，为4.30%。鄂州市、黄石市、荆门市、荆州市、潜江市、神农架和宜昌市提供此项服务的比率最低，均为0.00%。未提供此项服务的地区占总数的32.35%，其中比率最高的是随州市，为94.10%，其次是咸宁市63.80%和孝感市55.60%。

表6　　　　　　　湖北省各地市提供结扎情况

城市名称	本地是否提供结扎			
	样本量	是	否	不需要
鄂州市	16	0.00%	0.00%	100.00%
恩施州	96	2.10%	34.40%	63.50%
黄冈市	91	2.20%	48.40%	49.40%
黄石市	67	0.00%	4.50%	95.50%
荆门市	54	0.00%	7.40%	92.60%
荆州市	215	0.00%	20.00%	80.00%
潜江市	20	0.00%	10.00%	90.00%
神农架	16	0.00%	25.00%	75.00%
十堰市	404	6.40%	49.00%	44.60%
随州市	17	5.90%	94.10%	0.00%
武汉市	902	1.90%	27.90%	70.20%
咸宁市	47	4.30%	63.80%	31.90%
襄阳市	343	0.90%	33.80%	65.30%
孝感市	36	2.80%	55.60%	41.70%
宜昌市	240	0.00%	11.30%	88.20%
省平均值		1.77%	32.35%	65.86%

调查显示（见表7），湖北省各地市为流动人口提供皮埋放置或取出服务的地区占总数的0.43%，但区域之间比率相差不大，其中十堰市提供皮埋放置或取出服务的比率最高，为5.00%，其次是襄阳市，为0.90%，第三是武汉市，为0.60%。其余各地市提供此项服务的比率最低，均为0.00%。未提供此项服务的地区占总数的32.45%，其中比率最高的是随州市，为100.00%，其次是咸宁市66.00%和十堰市52.00%。

表7　　湖北省各地市提供皮埋放置或取出情况

城市名称	本地是否提供皮埋放置或取出			
	样本量	是	否	不需要
鄂州市	16	0.00%	0.00%	100.00%
恩施州	96	0.00%	35.40%	64.60%
黄冈市	91	0.00%	45.10%	54.90%
黄石市	67	0.00%	4.50%	95.50%
荆门市	54	0.00%	9.30%	90.70%
荆州市	215	0.00%	20.50%	79.50%
潜江市	20	0.00%	10.00%	90.00%
神农架	16	0.00%	25.00%	75.00%
十堰市	404	5.00%	52.00%	43.00%
随州市	17	0.00%	100.00%	0.00%
武汉市	902	0.60%	28.20%	71.30%
咸宁市	47	0.00%	66.00%	34.00%
襄阳市	343	0.90%	32.70%	66.40%
孝感市	36	0.00%	47.20%	52.80%
宜昌市	240	0.00%	10.80%	89.20%
省平均值		0.43%	32.45%	67.13%

调查显示（见表8），湖北省各地市为流动人口提供孕前优生检查服务的地区占总数的4.44%，但区域之间比率相差较大，其中随州市提供孕前优生检查服务的比率最高，为29.40%，其次是襄阳市7.30%和十堰市6.70%。鄂州市、荆门市、潜江市、神农架和孝感市比率最低，均为0.00%。未提供此项服务的地区占总数的27.85%，其中比率最高的是随州市70.60%，其次是咸宁市63.80%和十堰市51.7%。

表8　　　　湖北省各地市提供孕前优生检查情况

城市名称	本地是否提供孕前优生检查			
	样本量	是	否	不需要
鄂州市	16	0.00%	0.00%	100.00%
恩施州	96	5.20%	34.40%	60.40%
黄冈市	91	5.50%	42.90%	51.60%
黄石市	67	3.00%	3.00%	94.00%
荆门市	54	0.00%	1.90%	98.10%
荆州市	215	0.50%	18.60%	80.90%
潜江市	20	0.00%	10.00%	90.00%
神农架	16	0.00%	25.00%	75.00%
十堰市	404	6.70%	51.70%	41.60%
随州市	17	29.40%	70.60%	0.00%
武汉市	902	3.00%	27.70%	69.30%
咸宁市	47	4.30%	63.80%	31.90%
襄阳市	343	7.30%	30.30%	62.40%
孝感市	36	0.00%	27.80%	72.20%
宜昌市	240	1.70%	10.00%	88.30%
省平均值		4.44%	27.85%	67.71%

2. 流动人口对计划生育免费服务的满意度。

调查显示（见表9），湖北省各地市的流动人口对户籍地计生管理满意度比率相差较大，其中满意度最高的是潜江市，为100.00%，其次是黄石市89.60%和恩施州72.90%。随州市的流动人口满意度最低，为11.80%。对户籍地计生管理不满意的比率最高的是恩施州，为3.10%，其次是十堰市1.20%和黄冈市1.10%。

表9　湖北省各地市流动人口对户籍地计生管理满意度

城市名称	对户籍地计生管理是否满意						
	样本量	满意	比较满意	一般	不太满意	不满意	说不好
鄂州市	16	56.30%	37.50%	6.30%	0.00%	0.00%	0.00%
恩施州	96	72.90%	15.60%	7.30%	0.00%	3.10%	1.10%
黄冈市	91	54.90%	14.30%	18.70%	1.10%	1.10%	9.90%
黄石市	67	89.60%	10.40%	0.00%	0.00%	0.00%	0.00%
荆门市	54	51.90%	27.80%	18.50%	0.00%	0.00%	1.80%
荆州市	215	56.70%	21.90%	16.70%	0.50%	0.90%	3.30%
潜江市	20	100.00%	0.00%	0.00%	0.00%	0.00%	0.00%
神农架	16	68.80%	12.50%	18.80%	0.00%	0.00%	0.00%
十堰市	404	58.90%	18.80%	16.60%	0.20%	1.20%	4.30%
随州市	17	11.80%	82.40%	5.80%	0.00%	0.00%	0.00%
武汉市	902	53.00%	29.30%	13.70%	1.00%	0.80%	2.20%
咸宁市	47	63.80%	23.40%	8.50%	0.00%	0.00%	4.30%
襄阳市	343	60.10%	25.70%	11.70%	0.50%	0.30%	1.70%
孝感市	36	52.80%	25.00%	16.70%	0.00%	0.00%	5.50%
宜昌市	240	67.90%	17.10%	11.70%	0.40%	0.40%	2.50%
省平均值		61.29%	24.11%	11.40%	0.25%	0.52%	2.44%

（三）流动人口计划生育免费服务项目评估。

按照国家的有关要求和规定，各地市对流动人口计划生育服务方面进行了积极探索，并且随着城市化进程的加速和户籍制度改革的迅速推进，流动人口数量、结构、居留和就业特征在不断变动，在不同时期、不同地区，流动人口呈现出不同的特征，因此，流动人口的计划生育工作在管理措施上要"对症下药"，尤其是要加大服务力度、提高服务质量。

三、落实流动人口计划生育免费服务项目存在的问题与不足

在调查中发现，湖北省各地市在落实对流动人口计划生育免费服务方面还存在诸多问题和不足：

（一）流动人口对计划生育免费服务方面的政策认知不足。

调查中发现，湖北省各地市的流动人口对计划生育免费服务方面的政策认知不足，主要表现在对免费服务项目的需求比例较低，如：约63.5%的人认为不需要提供上/取环手术，67.7%的人认为不需要提供孕前优生检查，这些都将影响流动人口计划生育免费服务项目的实施。

（二）服务机构的服务不到位。

调查发现，虽然湖北省各地市的流动人口对户籍地计划生育服务管理的满意度整体较高，但流动人口对服务不满意的主要原因之一是户籍地计划生育服务机构的服务不到位，其次是服务机构的办事效率不高。

（三）政策执行不到位。

在实施计划生育政策过程中，部分地市存在对流动人口某些政策落实不到位的现象，例如部分地市并未能很好地为流动人口提供计划生育免费服务项目，项目说明不清，或者服务态度不好，影响流动人口享受计生免费服务项目的积极性。

（四）免费服务项目宣传不到位。

由于流动人口职业的流动性、居住的分散性，很多流动人口并没有了解到现居地计生部门所能提供的免费计生服务项目的内容和相关政策。例如在部分地市，流动人口对计划生育免费服务项目知晓的比率只有34%，因此可以估计这个地区流动人口享受免费计生服务的比率也不会高。

四、完善流动人口计划生育免费服务项目的政策建议

基于对湖北省各地市的调查，本研究对流动人口计划生育免费服务项目进行分析评估。综合对计划生育免费服务的项目实施情况、服务满意度等方面情况的调查结果，发现：当前流动人口计划生育免费服务项目还存在流动人口对计生免费服务的认识不足、服务机构的服务不到位，政策执行不到位等问题。强化计划生育免费服务项目的意识、落实计划生育免费服务项目、完善保障机制有助于提高流动人口计划生育免费服务的实施，提高流动人口对服务机构的满意度。

（一）强化计划生育免费服务项目的意识，提升流动人口计划生育服务质量。

随着计划生育工作的展开，流动人口的计划生育服务已纳入计生公共服务中，但大多数人对计划生育免费服务项目的认识还缺乏了解，对计生服务的免费服务理念还没有真正树立起来，并且对计划生育免费服务的需求也不高。因此，应按照国家有关流动人口计生公共服务的精神要求，开展计划生育服务政策的学习活动，让流动人口更深入地了解计划生育的相关政策，保障其合法权益。

（二）落实计划生育的服务项目，加强政府的执行力度，提升流动人口对计生服务的满意度。

在对户籍地计划生育管理与服务的满意度方面，虽然流动人口的满

意度整体较高，但其对服务不满意的原因主要是计生服务机构的服务态度不好、办事效率不高，因此应加强政府的执行力度，增强计生人员自身的职业道德和工作能力，如对计生人员的工作进行考核，平时多开展学习活动。只有拥有一支职业道德水平高、工作能力强的计生队伍，才可以更高效地落实计划生育服务的相关政策，从而提升流动人口对计划生育部门服务的满意度。

（三）完善保障机制，规范流动人口计划生育管理。

国家制定相关政策为保障流动人口与常住居民在享受计生服务待遇方面的均等化，但现实中两者仍存在差距，因此，完善对流动人口计划生育的保障机制是必然的。首先，应加强流动人口计生服务的协调机制。由于流动人口的特殊性，计划生育管理服务需要诸多部门的配合与互动，因此需要加强协调机制，促进相关部门的配合，必要时可以加入第三方监督计生服务部门的工作，确保计划生育服务项目的实施。其次，规范流动人口计划生育管理。对流动人口的财政资金应保证专款专用，落实对流动人口提供计划生育免费服务。可以根据流动人口所在区域的不同对流动人口进行分区域管理，便于即时了解流动人口的需要，并根据其需要为流动人口提供相应的政府资源。

（四）完善管理服务制度，加大属地化管理的力度。

街道或乡镇级政府要抓好所辖范围的流动人口计划生育服务工作，做到横向到边，纵向到底。对流入人口，坚持"属地化管理、市民化服务"原则，明确重点对象，及时为流动人口提供与户籍人口同等的计划生育宣传咨询、避孕节育、生殖健康服务，定期为她们做好查体和提供避孕药具等服务，做到与户籍人口同宣传、同管理、同服务。

报告三

流动人口离婚率特征及其原因

工业化和城市化速度的加快，形成了规模庞大的流动人口，而流动人口的婚姻问题值得政府和学界的重视。目前对于离婚率的研究多是使用粗离婚率，即某一年离婚总对数除以该年年中包括男、女老少的总人口数，粗离婚率是最易获取、最易计算、最简单的离婚指标，然而也最容易受到人口年龄结构变动的影响。在本研究中我们使用一般离婚率作为分析指标。一般离婚率是某一年的离婚总对数除以该年年中已婚夫妇总对数，其分母剔除了不具备离婚风险的未婚青少年、儿童与处于离婚状态的人口。

本研究使用的是2014年全国流动人口动态监测数据，总样本200937人，其中未婚43401人，初婚150249人，再婚2637人，离婚3746人。流动人口的一般离婚率为2.44%。

一、流动人口离婚率现状

（一）流动人口离婚率高于全国居民平均水平。

根据第六次人口普查数据计算结果显示，2010年我国居民一般离婚率为1.90%，农村居民离婚率为1.39%，城市居民离婚率为2.90%。而流动人口群体的离婚率为2.44%，农业户籍流动人口的离婚率为

2.10%，非农户籍流动人口的离婚率为4.47%。（见图1）可见，农业户籍流动人口的离婚率显著高于农村居民平均水平；而非农户籍流动人口离婚率更是高于城市居民平均水平。

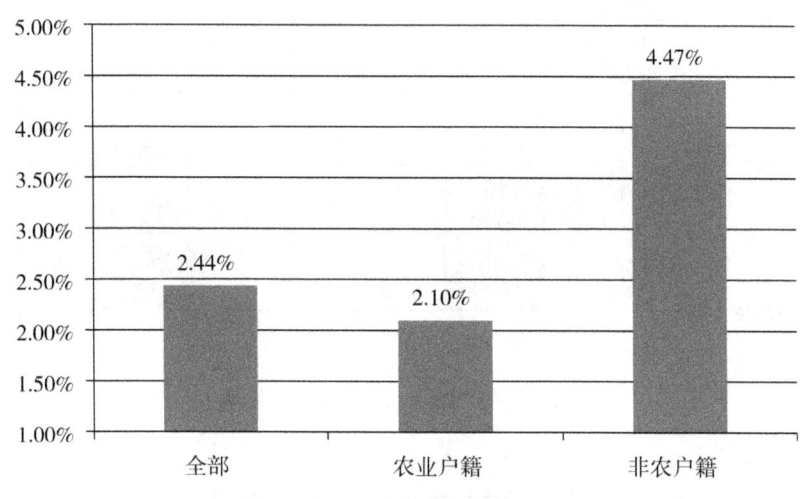

图1　流动人口离婚率的总体状况

处于离婚状态的流动人口，女性比重高于男性。对于非农户籍流动人口，女性的离婚率为5.48%，男性为3.73%。农业户籍流动人口的离婚率也是女性高于男性（见图2）。

（二）随着年龄的增长，流动人口的离婚率持续上升。

随着流动人口年龄的增加，离婚率呈现明显上升趋势。分年龄段来看，从20岁到45岁，流动人口的离婚率持续上升；从45岁到53岁，流动人口离婚率在高位波动，随后开始快速上升，在55岁达到峰值，为7.41%；之后离婚率开始下降，60岁流动人口的离婚率为2.44%。分城乡户籍来看，农业户籍流动人口，随着年龄的增加缓慢上升，整体幅度较小；而非农户籍流动人口在30岁后离婚率快速上升（见图3）。

（三）随着迁移空间距离的扩大，流动人口离婚率逐渐降低。

按照一般的流动范围分类，流动人口可划分为跨省流动、省内跨市

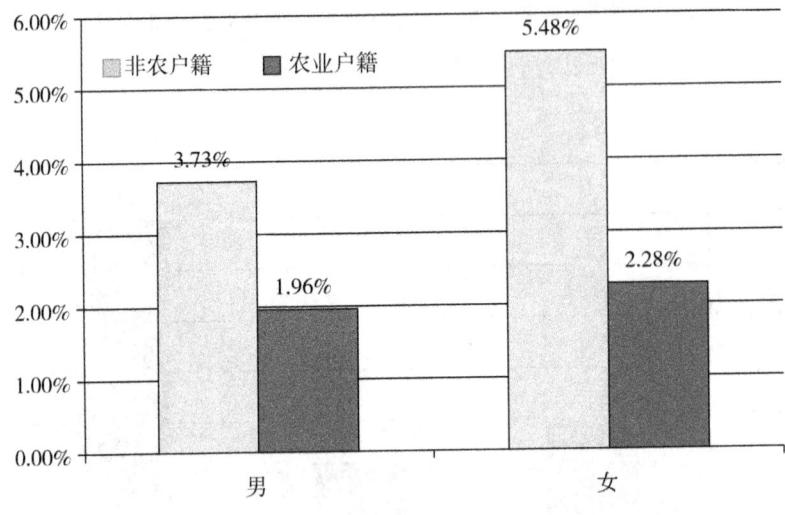

图 2　不同户籍流动人口男女离婚率

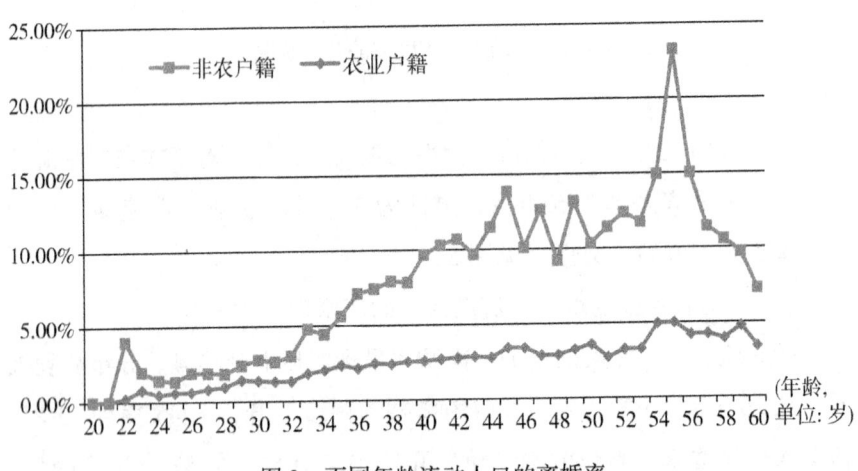

图 3　不同年龄流动人口的离婚率

流动和市内跨县流动，后面两类皆属于省内居民的区域间流动。调查结果显示，流动空间范围越远，流动人口的离婚率相对越低。市内跨县流动人口的离婚率最高，为 3.03%，其次是省内跨市流动为 2.39%，最低的是跨省流动人口为 2.25%（见图 4）。

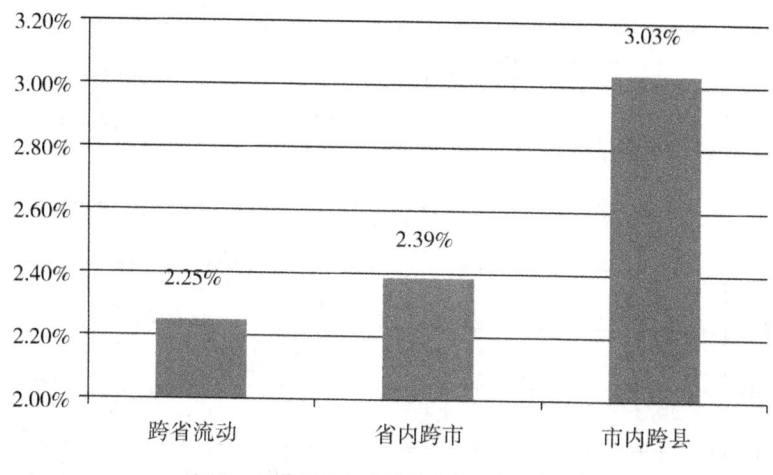

图 4　不同迁移范围流动人口的离婚率

（四）随着文化程度的提高，流动人口离婚率明显降低。

文化程度是体现社会发展水平的重要标志，也是一个家庭总体发展水平的体现。调查结果显示，对于不同文化程度的流动人口，其离婚率存在明显差异，总体来看，文化程度越高，离婚率越低。

分户籍性质来看，农业户籍流动人口离婚率，随着文化程度的提高持续下降。未上过学的农业户籍流动人口的离婚率最高，为 3.30%；小学文化程度的为 2.64%；初中文化程度的为 2.03%（见图 5）。

非农户籍流动人口的离婚率，随着文化程度的提高呈现倒 U 形变动。和农业户籍流动人口相比，未上过学的非农户籍流动人口离婚率更低一些，只有 1.67%。而小学文化程度的非农户籍流动人口的离婚率非常高，为 6.51%；随着文化程度的提高，非农流动人口离婚率也在下降，尤其是大学专科之后，离婚率从高中群体的 5.51%，下降到大专群体的 3.27%，大学本科群体的 1.93%。

但是一般来说，流动人口群体文化程度相对较低，尤其是农业户籍流动人口，所以流动人口离婚率整体水平偏高。

（五）不同结婚时间与流动人口离婚率。

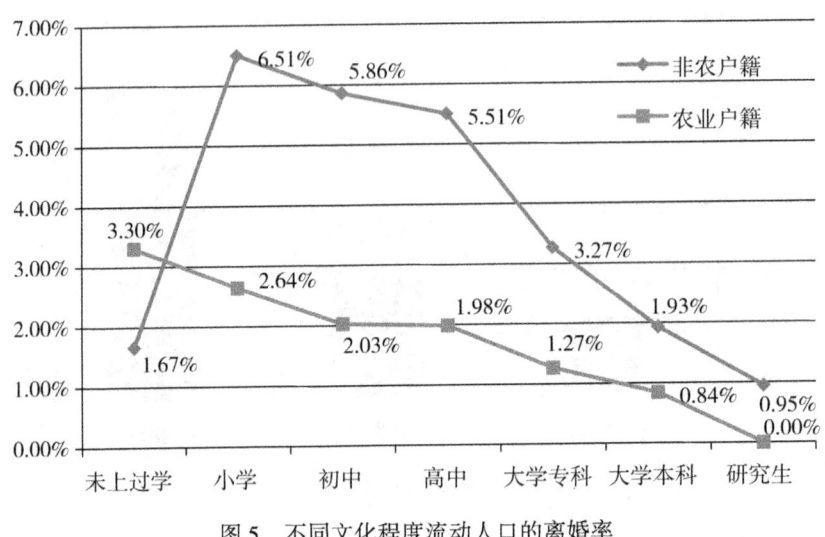

图 5 不同文化程度流动人口的离婚率

从结婚时间来看，有两个指标会影响离婚率，其一是婚龄，即结婚至今的时间，其二是初婚时的年龄。

从婚龄来看，随着结婚时间的延长，流动人口的离婚率逐渐上升（见图6）。对于非农户籍流动人口，存在一个所谓的"七年之痒"，在

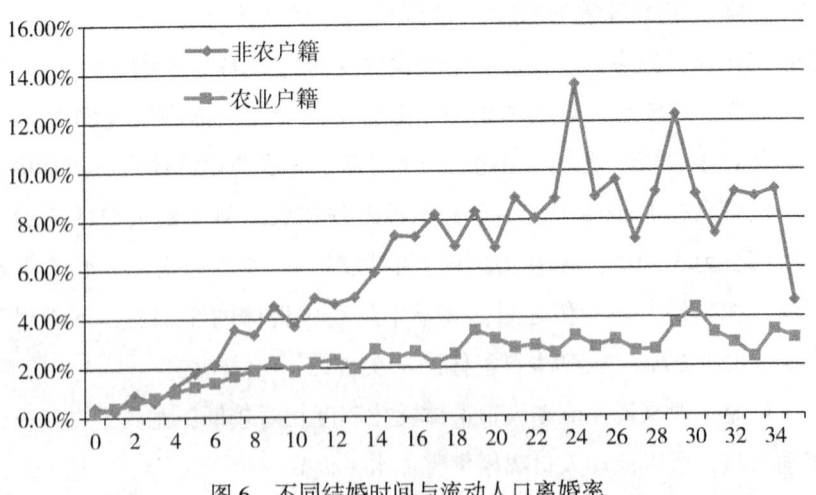

图 6 不同结婚时间与流动人口离婚率

结婚后的第七个年头，离婚率明显较高。结婚三年时离婚率为 0.79%，但是在结婚七年时，离婚率上升为 3.57%。随后几年有所起伏，变动不大；但是到结婚 14 年的时候，离婚率又有所上升，结婚 15 年时的离婚率为 7.38%。而对于农业户籍流动人口，"七年之痒"延迟到第 9 个年头，也就是结婚后前 9 年离婚率持续上升，从第 1 年的 0.39% 上升到第 9 年的 2.25%；之后离婚率维持在这个水平。

从初婚时间来看，初婚时间在 29 岁之前的流动人口，离婚率变动不大，基本维持在 2.4% 左右；而 30 岁以后才结婚的流动人口，离婚率明显上升，基本是结婚越晚离婚率越高。

二、流动人口离婚率偏高的原因分析

（一）就业迁移改变了价值观，是流动人口离婚率高的主要原因。

婚姻匹配的社会整合理论认为，一个价值观念趋同、人际互动良好以及社会联结牢固的社会环境所代表的社会整合力能够起到稳定婚姻关系、降低离婚率的作用，相反，社会整合力弱化将导致离婚率的上升。就业流动使得流动者的价值观和生活方式发生改变，一方面人口流动会弱化成员间规范的共识，造成社会行为失范；另一方面流动使得人们从熟人社会进入陌生人社会，形成匿名和非人格化的人际交往，削弱了个人对离婚的负面体验。流动人口婚前外出务工和婚后外出务工，形成的离婚率差异，可以对此形成佐证。2014 年全国流动人口动态监测数据分析结果显示，对于非农户籍流动人口，婚前外出务工的离婚率为 2.00%，婚后外出的离婚率为 6.42%；对于农业户籍流动人口，婚前外出务工的离婚率为 1.35%，婚后外出的离婚率为 2.50%（见图 7）。也就是说，婚前外出务工的人对于外部世界有了一定的认识，这些认识会影响他们的择偶标准。而婚后外出务工的人，新的环境接触和社会认识会对原有婚姻观念形成冲击。离婚案件统计数据显示，流动带来的婚外情是导致农业户籍流动人口离婚的主要原因。

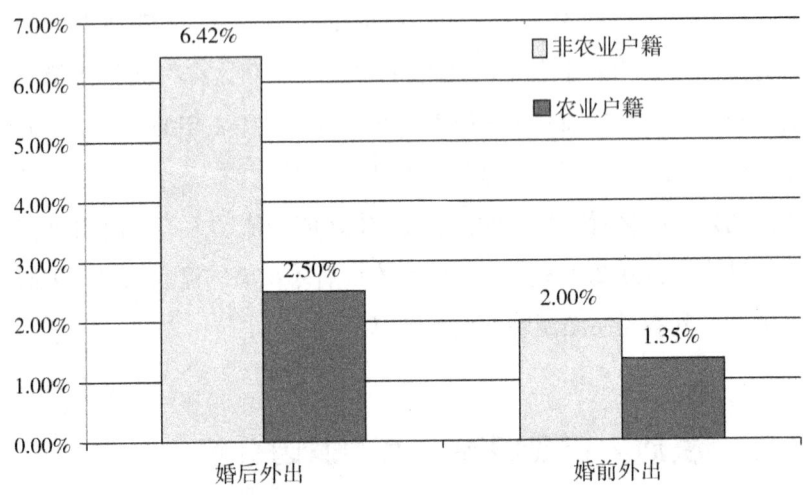

图 7 婚前和婚后外出对流动人口离婚率的影响

(二) 就业的高流动性影响夫妻感情。

流动人口的一个显著属性是就业的高流动性，职业变动频繁。从武汉市流动人口职业状况专题调查来看，只有 15.48% 的人以前没有转换过工作，56.63% 的人换过 1 次工作，20.92% 的人换过 2 次工作，4.93% 的人换过 3 次工作，2.04% 的人换过 4 次以上工作。在都市化和工业化、现代化的进程中，夫妻从两性结合的经济合作共同体向情感伦理实体转变，家庭经济功能对婚姻主体的限制程度下降，离婚倾向于以感情为判断标准。就业的高流动性会显著影响夫妻感情，容易导致婚姻的破裂。

受城乡二元社会结构影响，在相当长的时期内，还会有大量农村流动人口处于高流动性和夫妻分离状态，在没有配偶陪伴、监督的情况下，又受到越来越多的婚姻替代资源诱惑，流动人口的婚姻稳定性堪忧。

(三) 两地分居导致家庭功能弱化。

夫妻两地分居（特别是较长时间的）使婚姻的许多功能不能正常实现，使男女之间不能进行正常的心理沟通和情感交流，不能互相爱抚和慰藉，加之性压抑、性饥饿造成的烦恼和焦虑等，结果会使双方，特别是女性，造成精神创伤，会加大彼此的心理距离，造成彼此的疏离感和陌生感，从而使爱情出现危机，婚姻和家庭的稳定受到侵扰。尤其是对于农业户籍流动人口，传统的农村家庭的夫妻模式是朝夕相处，现在这种长期分居的夫妻生活无疑是对他们家庭和婚姻关系的一大冲击。

人口就业流动很容易带来夫妻的两地分居，必然造成婚姻收益和情感交流减少，从而增大个人的离婚概率。从第六次人口普查数据和2014年全国流动人口动态监测数据的对比来看，无论城市还是农村，流动家庭的离婚概率（2.44%）明显大于非流动家庭（1.90%）。

（四）经济独立使得女性流动人口离婚率增高。

一般来说，男性离婚人口要高于女性。中国大部分地区的男性离婚人口是女性离婚人口的2~3倍，这并不是表明离异男子的再婚比离异女子更困难，而是稳定的家庭对于女性是一种依靠也是束缚。所以外出务工增加了女性在经济上的独立性，也扩大了女性行为选择的自由性。根据2014年全国流动人口动态监测数据统计结果，在流动人口群体中，离婚人数占已婚人数的比重，女性明显高于男性。

外出务工对女性群体的经济独立性作用，在农业户籍流动人口中表现得更为明显。受传统观念影响，农村人地矛盾突出，存在许多歧视离婚妇女、剥夺其"集体成员"资格的不合理的村规民约，这些因素加上国家现有的土地政策和法律存在缺陷，使得以务农为主的妇女若要离婚，则经济上难以独立。

（五）离婚后外出，也是导致流动人口离婚率高的一个原因。

流动人口离婚率高还有一个原因是，夫妻双方或一方在离婚后选择外出务工，因此进入流动人口群体。有两个数据分析结果可以证明这一观点，其一是跨省流动人口的离婚率低为2.25%，而市内跨县流动人口的离婚率较高，为3.03%（见图8）。除非是早已有准备，离婚后外出更容易就近选择务工地点。其二，从外出务工时间来看，流动人口的离婚率和外出务工时间呈现倒 U 形曲线。刚外出务工的流动人口的离婚率相对更高，随着外出务工时间的延长，离婚率快速下降。直到外出务工 10 年后，离婚率才开始波动上升。也就是说，刚出来务工的流动人口离婚率更高，随后开始选择再婚，逐渐走出离婚者队伍。

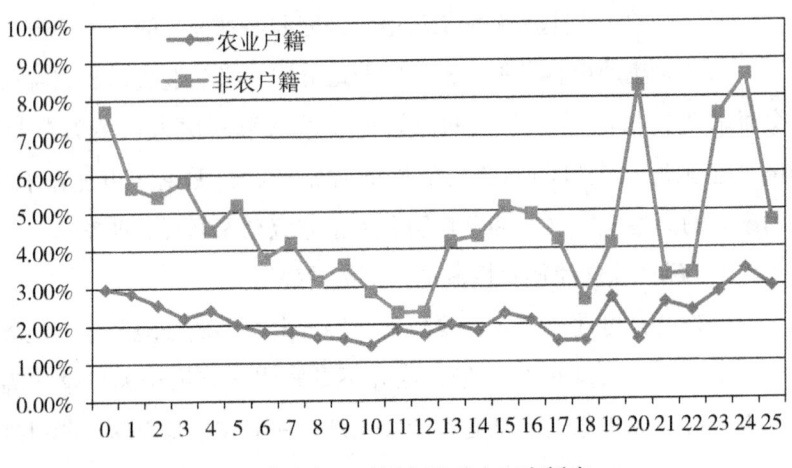

图 8　外出务工时间与流动人口离婚率

三、政策建议

流动人口离婚率高会引发一些社会问题，如冲击着传统家庭和婚姻，导致社会不稳定因素的增加，阻碍城市经济的进一步发展，不利于其子女教育和成长等。这些问题的解决，需要社会、政府和企业的重视和相互配合。

（一）完善基本公共服务均等化，鼓励流动人口家庭化迁移。

首先应进一步明确中央政府与地方政府之间在提供义务教育、公共卫生、生态环境保护等方面的事权，根据各类公共服务的不同性质和特点承担不同的责任,地方政府在提供公共服务时应注意将外来农业转移人口考虑其中。中央政府的财政转移应采用纵向转移与横向转移相结合的模式,缩小不同区域之间、不同城市之间获取公共服务的差异,尤其要注意保障流动人口能够获得与城市居民平等公共服务的权利,可以设立专项转移支付标准,加强监督检查和绩效评估,将流动人口纳入财政转移支付的覆盖对象中。

(二)构建发展型家庭政策,实现流动人口家庭功能再造。

从外部环境看,人口流动、经济社会转型对传统家庭功能带来了严重冲击,部分家庭功能弱化或者异化,急需新的途径来充实和弥补家庭功能的残缺。从现有社会运行的相关制度安排看,社会保障、收入分配往往以个人、就业为先决条件,针对困难家庭的扶助行为主要体现在民政领域,针对家庭的保障主要为补缺型家庭福利政策。

伴随人口流动性的增加,家庭能在多大程度上做出积极响应,应对外部风险,合理安排家庭生计策略,成为完善家庭发展政策的良好契机。参照国外成熟经验和当地实际,首先要明确促进家庭发展的责任主体,在计生部门或其他部门明确统一的家庭发展机构,减少多头管理造成的资源浪费和效率低下;其次要统筹各方资源,将现有分散在各个部门管控的资源梳理清楚,根据流动人口家庭实际情况确定资源投放,避免资源碎片化造成扶持效率低下、难以集中解决关键问题等不利局面;政策目标上要强调家庭发展能力的全面提升,不仅仅是解决困难家庭的基本经济支出,还要从家庭及其成员的长期可持续发展能力出发,进行以家庭为单位的智力投资;从保障水平上,要不断增强政策保障的普遍性,在处理好家庭发展政策与其他优惠扶助政策制约或冲突基础上,加大对流动人口困难家庭的支持,即不断改善流动人口家庭的发展水平与发展能力。

(三)完善社会网络支持,提高家庭化流动人口组织化程度。

一般来说,流动人口远离家乡进入一个几乎陌生的环境,他们失去了原本熟悉的社会关系网络。即便是家庭化流动人口大部分有亲人陪伴，但仍需要建立一个稳定的社会网络关系。在脱离熟悉的社会网络的同时，也脱离了流出地的管理，故而在一定程度上也失去了原本流出地提供的各种福利保障和服务。因此，有必要在流入地建立一个以个人关系网、社区及政府相结合的流动人口社会网络支持，一方面不仅可以引导流动人口积极参与社会事务，促进与当地人的互动，从而建立起完善的个人网络。另一方面也可以增加流入人口的社会保障与社会融合机制，减少家庭化流动人口在融入过程中遇到的问题麻烦。还需要积极提供关爱支持，村居、学校和社会各界主动为流动人口及其子女家人提供生活服务、情感安慰和社会保障，解决流动人口的后顾之忧，促进其家庭和谐幸福。

（四）完善随迁子女教育机制，解除流动人口家庭的后顾之忧。

中央对流动人口随迁子女受教育问题很重视，但各个地方法规不统一，彼此不协调，缺乏执行力。因此，要进一步完善关于流动人口子女教育的法律法规，通过立法支持流动人口子女受教育权的实现。明确流动人口子女在流入地平等接受教育的权利和义务，包括其学前教育、义务教育阶段和义务教育后的教育问题，为流动人口子女教育机制构建提供经验。教育服务就是维护流动人口子女受教育的权利，让流动人口子女平等享有当地的教育资源。流入地政府要严格执行教育"一费制"，禁止对流动人口子女入学乱收费，甚至采取"减、免、扶"等措施。可以通过"积分制"方式，让有突出贡献的农业转移人口有机会让其子女优先进入当地学校就读。同时，政府鼓励发展民办教育，服务于流动人口子女教育。

报告四

流动人口婚姻稳定性研究

大规模的劳动力城乡迁移，是改革开放以来中国社会最明显的特征。截至2015年年底，中国的流动人口已达到2.77亿。伴随着劳动力迁移规模的扩大，近年来中国离婚率加速上升。在1985~2013年的27年时间中，粗离婚率从0.55‰上升到2.57‰；离婚人数也从1985年的45.79万对上升到2013年的350万对，升高了7.6倍。厘清劳动力迁移过程对婚姻稳定性的影响，不仅可以丰富已有的关于劳动力迁移和家庭发展的理论，而且对决策部门应对流动人口家庭发展、社会融合和日益显现的高离婚率等社会问题有重要借鉴意义。

社会人口学相关研究认为，无论是跨国还是国内迁移都会对婚姻关系和婚姻质量有重大的负面影响，而且是导致离婚的最主要原因之一。但是在这些研究中，存在以下几个问题：一是所选择的迁入地的离婚率都要高于迁出地，这就很难解释是外出务工本身影响了离婚率，还是迁入地的文化影响了新迁入者的离婚率；二是在这些研究的计量模型中都没有剥离出那些夫妻感情本来就不好甚至是为了逃离这个婚姻而选择外出的群体，即没有考虑迁移选择性。目前研究并不能得出外出务工影响离婚率效应的结论，都只能说明流动人口群体的离婚率和未迁移离婚率的差异，这种差异是由外出务工导致的，还是准离婚人口选择了迁移，还需要进一步的调查和研究。

和以往研究不同，本文将迁移看作一个持续的过程，强调迁移选择性对流动人口婚姻状况的影响。农村人口不是同质的,他们自我选择迁移与否。外出务工是感情不好或者离婚后的夫妻更容易做出的一种选择,甚至是摆脱不幸婚姻的一种手段。外出务工作为一个过程,其本身对离婚率不一定有明显的影响。本报告利用2014年全国流动人口动态监测调查收集到的157535个流动人口样本,描述了已婚务工者的离婚形态,计量分析迁移选择性对流动人口婚姻状况的影响效应。

一、外出务工时间与婚姻稳定性

(一)结婚时间、外出务工时间与婚姻稳定性。

随着初婚至今时间的延长,流动人口的离婚率呈现逐渐上升趋势。从统计结果来看,在结婚的前十年,流动人口的离婚率快速上升,从0.22%上升到2.48%;之后进入缓慢上升阶段。我们在处于离婚状态人群基础上叠加再婚人群,有离婚经历人群的比重随着结婚时间的延长也表现为类似的趋势。与之相对应,外出务工时间较长的流动人口,初婚至今时间也会相对较长。如果根据以往的研究结论,迁移过程是影响婚姻稳定性的重要因素,那么随着外出务工时间的延长,流动人口处于离婚状态的比重应该相对更高,而本研究得出了恰恰相反的结论。

从数据分析结果来看,外出务工的前3年离婚率较高,随着外出务工时间的延长,流动人口的离婚率逐渐降低(见图1)。尤其是在外出务工的当年①,流动人口离婚率最高,处于离婚状态的比重为3.38%,有离婚经历人口的比重为4.96%,随后该比重开始持续下降,11年后下降到最低点,离婚状态人口的比重为1.63%,而有离婚经历的流动人口比重为3.10%,之后该比重都有小幅上升。考虑到外出务工10年

---

① 外出务工当年是以自然年来界定的,在1~12个月之间都有可能取值,由外出时月份来决定。

后，迁移过程对婚姻的影响效应在下降，这时期其他因素的作用应该更为重要。可见，外出务工过程对流动人口婚姻稳定性并没有带来明显的冲击，反而是随着外出务工的持续，处于离婚状态的人在减少。也就是说在初期，大量处于准离婚和离婚状态的人选择了外出务工，随着外出务工时间的延长，部分离婚者重新组成了家庭，再婚后就走出了离婚者的队伍。

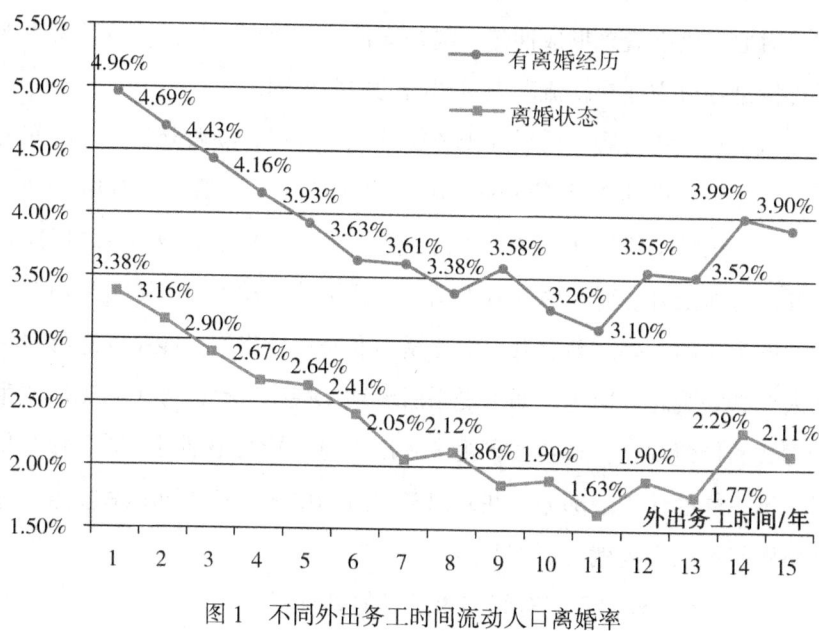

图 1　不同外出务工时间流动人口离婚率

分城乡户籍来看，农业户籍流动人口的离婚率相对非农户籍要低一些，但是两个群体随着外出务工时间延长离婚率变动趋势基本一致。农业户籍流动人口在第 1 年离婚率为 2.77%，在第 11 年时下降到最低 1.42%，下降了接近一半。非农户籍流动人口在流动第 1 年离婚率相当高，达到 7.16%，之后开始快速下降，在第 2～4 年时基本维持在 5.30% 左右，之后又开始波动下降，在第 12 和 13 年时下降到最低点 2.20% 左右。非农流动人口第 1 年离婚率是第 12 年离婚率的 3.25 倍。

(二)婚前婚后外出与流动人口婚姻稳定性。

如果外出务工过程影响婚姻状况,那么应该对婚后外出务工者的影响更为明显。数据分析结果显示,对于非农户籍流动人口,婚前外出务工的离婚率为2.0%,婚后外出的离婚率为6.4%;对于农业户籍流动人口,婚前外出务工的离婚率为1.4%,婚后外出的离婚率为2.5%。也就是说,婚前外出务工的人对于外部世界有了一定的认识,这些认识会影响他们的择偶标准。而婚后外出务工的人,新的环境接触和社会认识会对原有婚姻观念形成冲击。离婚案件统计数据也显示,流动带来的婚外情是导致农业户籍流动人口离婚的主要原因。

从变动趋势上看,婚后外出务工的流动人口,随着外出务工时间的延长,流动人口的离婚率快速下降,中间在第5和第8年有所波动上升,从外出第1年的3.37%,下降到外出第13年的2.04%,之后离婚率开始有所上升。对于婚前有外出务工经历的流动人口,随着外出务工时间的延长离婚率逐渐上升。对比婚前和婚后外出,更能反映迁移对流动人口婚姻观念的影响。如果是婚后流动,待到自己以外出务工后的生活方式和价值观念,重新去审视未外出之前选择的婚姻对象时,很容易得出不一样的认识。部分人在外出务工过程中还增长了见识和能力,那么婚姻匹配的失衡就会更加明显。

(三)不同外出务工时间和年龄段的离婚率。

在调查中共收集到外出务工时间为12个月及以内的样本9700份①,进一步分析在流动的第1年不同月份的离婚率。统计结果显示,见图2,在初次外出的前12个月内,流动人口的平均离婚率为3.3%,明显高于流动人口的平均离婚率2.4%。在外出的第1个月流动人口离婚率就达到5.8%,随后有所降低,但是基本围绕3.3%的离婚水平波动。基本可以认定,在外出务工的前12个月,这些婚姻家庭的解体不

---

① 在这里外出务工时间是初次外出务工之间时间,该时间并非自然年的12个月,而是外出务工累积时间。

可能是因为迁移过程的影响导致的,而是这些人在离婚后选择了外出。即使部分人是在外出务工后,不到一年时间就办理了离婚手续,也不会是外出务工过程导致的婚姻破裂。

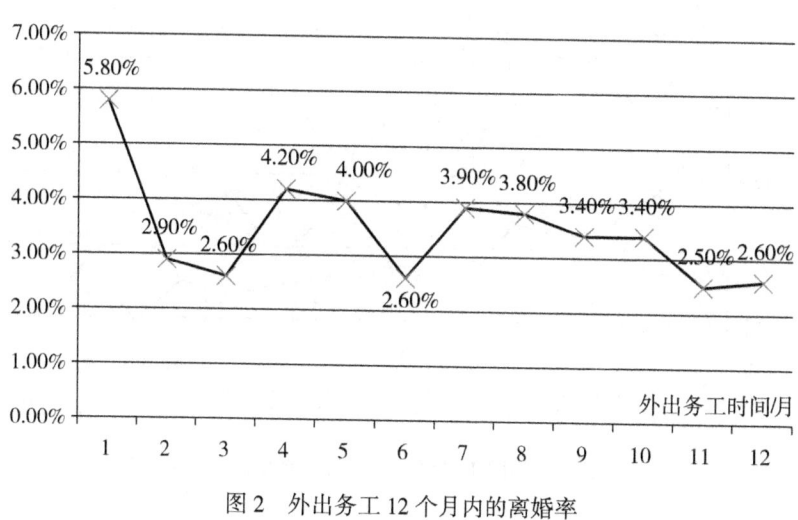

图2 外出务工12个月内的离婚率

年龄异质性是干扰迁移选择性和离婚率的重要因素。越近外出务工的流动人口,年龄相对越小,结婚时间相对较晚。我们将30~50岁的已婚流动人口划分为四组,每5岁一组。统计结果显示,见图3,不同年龄组流动人口的离婚率随着外出务工时间的延长,变动趋势基本一致,都是随着外出务工时间的延长离婚率在逐渐下降。另外,比较不同年龄组可以发现,较年轻组的离婚率相对更低一些,随着年龄的上升,各年龄组的离婚率存在向上升高的趋势。外出务工初期都有着较高的离婚率,但是随后较年轻组的流动人口离婚率快速下降。因为离婚后的年轻人,没有孩子的比重较高,容易选择外出务工,也容易再次找到合适的对象重新组成家庭。他们或者是回家相亲准备结婚,或者再次组成家庭,而走出了流动人口离婚者的队伍。

(四)外出务工时间与在外心理状况

已有研究主要从迁移带来的压力和紧张感,来解释迁移对离婚率的

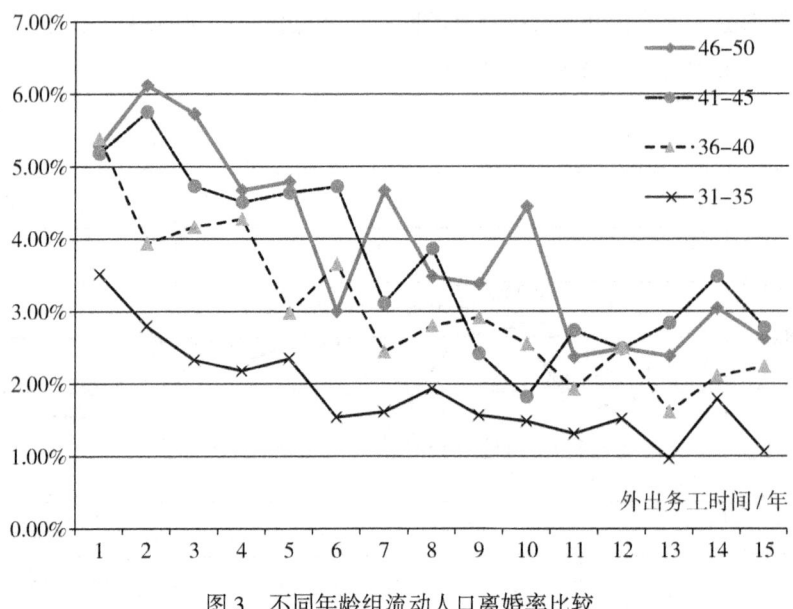

图 3　不同年龄组流动人口离婚率比较

影响机制（Frank et al., 2005；Boyle, Kulu, Cooke, et al., 2008；Caarls, Mazzucato, 2015），但是在具体调查和实证分析中并没有就迁移过程对迁移者心理感受的影响进行针对性研究。在本研究所使用的数据中，对流动人口的心理健康状况也设置了一组变量进行考察。我们从流动人口在城市务工和生活过程中所感受到的不安或烦躁、对生活无力感、沮丧和悲观绝望等四个维度来衡量。调查中设置的具体问题是"在过去 30 天中，您经常会感到以下情绪"，回答每一个问题时，请选出最能描述这种情绪的出现频率的数字"1. 全部时间；2. 大部分时间；3. 一部分时间；4. 偶尔；5. 无"。考虑到回答全部时间有相对不健康情绪的比重少，且该情况很特殊，我们用"'大部分时间'有某种情绪"来衡量被访者在外务工期间的心理健康状况。

数据分析结果显示，随着外出务工时间的延长，被访者在迁入地的紧张和不安感并没有随之上升。可以认为从不安、无力感、沮丧到绝望,这四类感受是逐层递进的,后者心理不健康程度甚于前者。对于相同外出务工时间,大部分时间感受到不安或者烦躁的比重最高,其次是感觉沮丧和无法掌握生活。但是随着外出务工时间的延长,大部分时间感受到不安或者烦躁的流动人口的比重呈现逐渐下降趋势(见图4),从初来务工前3年的2.32%,下降到13年后的1.14%,比重下降了2倍以上。对生活无力感的比重也从1.53%下降到0.81%;有绝望感的比重从1.10%下降到0.43%。至少没有数据表明,随着外出务工时间的延长,流动人口感受到的不安和压力在上升。应该是初次外出务工的人会感觉人生地不熟,会产生不安情绪,随着外出务工时间的延长,他们对工作环境和城市生活有了更多的了解和适应,不安和绝望的情绪会逐渐消解。所以,外出务工导致的心理压力状态并不能作为迁移者婚姻解体的原因。

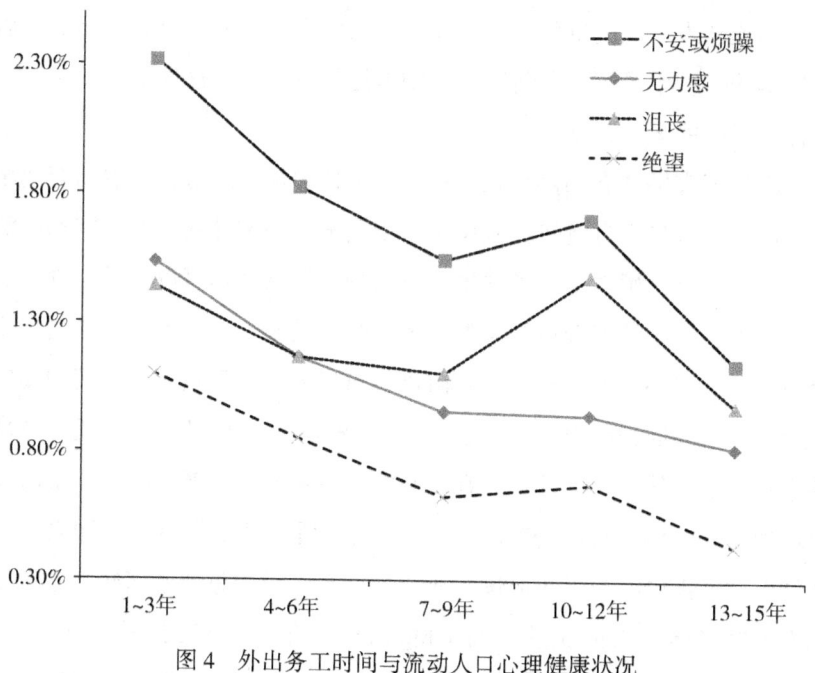

图4 外出务工时间与流动人口心理健康状况

二、外出务工时间对婚姻稳定性的影响

表1列出了logit模型的输出结果,构建了四个回归模型,第一个模型是以处于离婚状态人口的比重为因变量,第二个模型则是以有离婚经历人口的比重为因变量;第三个和第四个模型都是以处于离婚状态人口比重为因变量,第三个为农业户籍流动人口,第四个为非农户籍流动人口。回归结果显示,对于处于离婚状态的离婚率,在控制其他变量的影响后,无论是农业户籍还是非农户籍,外出务工时间对离婚率的影响系数都是显著为负的,并且两者都在0.001统计水平上拒绝原假设。在15年以内,外出务工时间每增加1个百分点,流动人口的离婚率就会降低17.7个百分点。也就是说流动人口在外务工时间越长,处于离婚状态的流动人口比重也就越低,反映外出务工是部分准离婚状态的人脱离婚姻的一种手段。可以断定,劳动力迁移本身的选择性也是提高迁移群体离婚率的重要因素。

将处于离婚状态和再婚状态的流动人口叠加在一起,设置为有离婚经历的流动人口,是将研究假设进一步放宽。一部分处于离婚状态的流动人口,一旦再婚就走出了离婚状态人群,再婚样本可以补足这部分流失。另外,再婚状态会持续累加,随着时间的延长再婚人口只会增加不会减少,所以外出务工时间越长由该值指代的离婚率只应比真实的离婚率更高。但是回归结果显示,在15年内外出务工时间对离婚经历概率的影响系数依然是负向的,且在0.001统计水平上显著;外出务工时间每增加1%,离婚概率下降12.3%。总之,研究结论显示,流动人口的离婚率并不随着外出务工时间的延长而升高,反而是处于离婚状态以及和有离婚经历人口的比重都在下降。15年是一个非常长的时间跨度,流动人口应该对城市当地的生活和工作环境有了很好的适应,之后再发生婚姻破裂只能是迁移之外因素带来的影响。

从结婚时间来看,初婚至今时间对流动人口的离婚率有着显著的正向影响,即初婚时间越长离婚的概率也越高。该结果正好和外出务工时间形成相互的映衬。一般来说初婚时间越长的流动人口在外务工时间也会越长,即使外出务工时间对流动人口离婚风险没有影响,离婚率也应该随着外出务工时间的延长而上升,但是回归结果恰恰相反。这也从另外一个角度佐证了,外出务工过程导致离婚风险上升的结论不能轻易接受。

表 1　　　　　　外出务工时间与流动人口离婚率

	M1 离婚状态 15 年	M2 离婚经历 15 年	M3 农业户籍	M4 非农户籍
外出务工时间对数（<15 年）	-0.195*** (0.018)	-0.131*** (0.014)	-0.196*** (0.020)	-0.178*** (0.036)
是否有儿子				
有 1 无 0	-1.166*** (.039)	-0.872*** (.031)	-1.306*** (.045)	-0.728*** (.075)
初婚至今时间对数	0.891*** (0.028)	0.775*** (0.021)	0.849*** (0.033)	1.017*** (0.054)
被访者文化程度（以小学及以下为参照)				
初中	0.080 (0.053)	-0.003 (0.040)	0.049 (0.056)	0.760 (0.168)
高中及以上	0.162* (0.064)	-0.043 (0.050)	0.157* (0.072)	0.144 (0.168)
被访者性别				
男 1 女 0	-0.197*** (0.037)	-0.165*** (0.029)	-0.149*** (0.044)	-0.331*** (0.074)
被访者户口性质				
农业 1 非农业 0	-0.551*** (0.047)	-0.609*** (0.038)	—	—

续表

	M1 离婚状态 15 年	M2 离婚经历 15 年	M3 农业户籍	M4 非农户籍
迁入地离婚率				
高 1 低 0	0.672***	0.492***	0.701***	0.565***
	(0.039)	(0.030)	(0.045)	(0.078)
常量	-4.341***	-3.672***	-4.737***	-4.753***
	(0.127)	(0.100)	(0.130)	(0.275)
样本量	55047	55047	47402	7645
Nagelkerke R^2	0.104	0.082	0.091	0.121

注：*$p<0.05$ 显著，**$p<0.01$ 非常显著，***$p<0.001$ 极为显著

分析结果还显示，在控制了其他因素的影响后，子女中有男孩对流动人口离婚风险有显著的负向影响。具体来看，子女中有男孩，流动人口的离婚率会降低 68.9%。并且，该变量对于离婚状态还是有离婚经历的离婚率都有着负向作用，且都在 0.001 统计水平上显著。可能的解释是在生育男孩以后丈夫会承担更多照顾子女的家庭责任；另外由于中国传统的重男轻女观念，有男孩的婚姻更为稳定。

文化程度越高的流动人口离婚率相对越高。比较小学及以下文化程度的流动人口，高中及以上文化程度对流动人口离婚率有正向影响，但是仅限于农村户籍的流动人口。相比于小学及以下文化程度，高中及以上文化程度流动人口离婚概率提高了 17.6%。男性流动人口较之女性流动人口离婚率更低，这个结论很可能是处于准离婚或者离婚状态的女性选择性迁移造成的。女性离婚后选择外出务工的比重更高，所以结果显示男性变量对流动人口离婚风险的回归系数为负。

分地区来看，迁入到东北和西部地区等高离婚率地区的流动人口的离婚率，都比中部和东部等低离婚率地区要高。迁入到高离婚率地区的离婚概率是低离婚地区的 1.96 倍。流动人口的离婚率和迁入地当地居

民的离婚率基本保持一致的特征。也就是说，全国各地的劳动力流入到高离婚率地区，流动人口群体的离婚率也会上升。这也回应了我们在前文中提出的质疑，以往调查研究中使用的数据都是低生育地区居民迁移到高生育率地区，就很难识别出是迁移过程影响了迁移者的婚姻还是迁入地文化发生了作用。

三、结论与建议

（一）迁移选择性是提高流动人口离婚率的重要因素。

针对目前研究较多的外出务工对流动人口婚姻稳定性的影响，本研究从迁移选择性视角，利用全国流动人口动态监测数据进行了重新解释。以往研究将外出务工作为一个即发事件，而在本研究中我们关注外出务工的过程。研究发现，迁移选择性也是提高流动人口离婚率的重要因素。迁移选择性不仅基于收入水平、年龄、文化程度等因素，婚姻状况更会导致不同的迁移选择。处于离婚状态的人更容易外出务工，并且随着外出务工时间的延长一部分已经再婚的就逐渐退出了流动人口队伍。在调查统计上就表现为，在外出务工的前3年，流动人口的离婚率较高，随着外出务工时间的延长处于离婚状态的流动人口比重逐渐降低。可见，外出务工是部分准离婚状态的人脱离婚姻的一种手段，也说明劳动力迁移本身的选择性也是提高离婚率的重要因素。

（二）随着外出务工时间的延长，流动人口的离婚率持续下降。

考虑到一部分再婚的流动人口可能走出了流动人口群体，我们将处于离婚状态和再婚状态的流动人口叠加在一起，构建一个有离婚经历人口比重指标，该指标显示同样的规律：随着外出务工时间的延长，有离婚经历流动人口的比重逐渐减少。分年龄组考察也显示出类似的特征，越年轻的流动人口，离婚率相对越高；但是随着外出务工时间的延长，不同年龄组别流动人口离婚率都呈现下降趋势。当初婚和初次外出务工时间进行比较，将流动人口划分为婚前和婚后流动，我们发现对于婚前流动群体，随着外出务工时间的延长，流动人口离婚率持续上升；而对于婚后流动群体，随着外出务工时间的延长，流动人口离婚率持续下降。两者表现为截然相反的趋势。

（三）已有研究高估了外出务工对流动人口及其家庭的负面影响。

随着全球化的加深以及城市化的快速发展，劳动力的跨国或跨区域迁移日益频繁，人口流动已经变成社会常态。越来越多的流动人口或者新市民汇聚在城市，学术界也开始关注外出务工对流动人口及其家庭的负面影响，比如流动人口带来的犯罪率、失业率和离婚率上升等。但是流动人口自身的迁移选择性特征，使得在评估外出务工过程对流动人口及其家庭影响效应时，问题变得更为复杂。如果根据以往的研究结论，外出务工过程是影响婚姻稳定性的重要因素，那么随着外出务工时间的延长，处于离婚状态的流动人口比重应该相对更高，而本研究得出了恰恰相反的结论。但是本研究并不是想证明外出务工对其婚姻稳定性没有影响，而是说明在存在基于婚姻状况的迁移选择性背景下，简单的统计描述或者计量分析很难得出外出务工的影响效应。本报告证实确实存在婚姻的迁移选择效应，那么对于流动影响离婚率的研究结果，显然被大大高估了。

（四）政府需要在基本公共服务领域对流动人口提供家庭支持。

自由流动空间的开放不仅仅提高资源配置效率，为城市经济发展提供了大量劳动力，而且开拓了婚姻选择性的自由。如在本研究中所发现的，外出务工无疑是人们摆脱不幸婚姻的一种手段。但是家庭幸福是社会稳定的基础，离婚对于所有家庭成员都会带来伤害。外出务工队伍中单亲家庭的增多尤其值得政府部门的关注。城市政府应该在基本公共服务领域加强流动人口家庭的社会支持，保障流动人口子女入学入托问题，为困难的单亲家庭提供住房补贴和福利性社区看护服务。

六、流动人口卫生计生服务管理专题

报告一

湖北流动人口健康素养现状

2016年10月下旬，中共中央、国务院印发了《健康中国2030规划纲要》，并发布通知，要求各地区各部门结合实际认真贯彻落实。该《规划纲要》在序言中指出，健康是促进人的全面发展的必然要求，是经济社会发展的基础条件。实现国民健康长寿，是国家富强、民族振兴的重要标志，也是全国各族人民的共同愿望。众所周知，健康素养的习得与具备对于健康产出的形成具有重要影响。世界卫生组织研究表明：健康素养是预测人群健康状况的较强指标，与发病率、死亡率、健康水平、人均期望寿命、生命质量高度相关。课题组利用2016年湖北省流动人口动态监测数据对进入湖北省的流动人口的健康素养进行了分析。

一、健康素养概念的使用与分析设计

《全民健康素养促进行动规划（2014—2020）》指出，"健康素养是指个人获取和理解基本健康信息和服务，并运用这些信息和服务做出正确决策，以维护和促进自身健康的能力。健康素养不仅是衡量卫生计生工作和人民群众健康素质的重要指标，也是对经济社会发展水平的综合反映"。

需要指出的是，关于健康素养具体度量指标的选取设计，在国内外有着较大的差异。国外的度量指标更加侧重于对健康相关材料的阅读理解能力以及通过包括阅读、沟通等方式获取信息进而完成指定任务的能力。而国内在选取设计健康素养的具体度量指标时，则通常按照"知—信—行"的顺序，更加侧重考察个体对健康知识的储备、健康行为的养成和健康技能的掌握。在2015年版的《中国公民健康素养——基本知识与技能》中，其所包含的66条健康素养指标即分为"基本知识和理念"、"健康生活方式与行为"和"基本技能"三个部分。

《2016年全国流动人口卫生计生动态监测调查流动人口问卷（B）》中，第五部分引入了一组"健康素养"问题。比照既有的健康素养概念和考察指标可知，这组问题比较全面地覆盖了健康素养的主要内涵。所不同的在于两点，其一是并未完全直接将健康素养指标转化为问题，而是引入了遵循其理念的其他问题；其二是以专门的题型尝试引入了考察健康信息获取能力的指标。

本研究的基本分析设计包括两点。第一点是按照"基本知识和理念"、"健康生活方式与行为"和"基本技能"的标准对问卷问题进行分类（见表1）。

第二点是对于问卷各类型问题进行分数赋值。"健康素养"的相关问题共有四类52道。为后续分析需要，对各类题型题目数量及分值设计做出说明。判断正误题8道，每题赋值1分，满分为8分；单项选择题25道，每题赋值2分，满分为50分；多项选择题15道，每题按照完全正确的选项数量赋予分值，满分为43分；情景题中的3道单项选择题每题4分，1道多项选择题7分，满分19分。以上各题均按照，选对得分，选错不扣分，多项选择选对一个选项得1分的原则积分，整体满分为120分。值得特别指出的是，情景题更接近于健康素养阅读理解能力的原意，故每题的分值设置加倍，以增加其在整体中的权重；其中的多选题，完全正确时需选取两个选项，按照选对一个得3分，两个全选得7分，选错不扣分的方式积分。

表1　　　　　　　　　　健康素养问题分类

类别	题号
基本知识和理念 （计21题，47分）	A2, A5, A6； B1, B2, B5, B7, B8, B9, B11, B12, B22, B23； C1, C3, C5, C6, C7, C9, C11, C13；
健康生活方式与行为 （计18题，34分）	A1, A3, A4, A7, A8； B4, B10, B13, B14, B15, B18, B20, B24； C2, C4, C10, C12, C15；
基本技能 （计9题，20分）	B3, B6, B16, B17, B19, B21, B25； C8, C14；

注：未包括4道"情景题"。

二、健康素养水平及其影响因素分析

基于问卷特征，本研究中所指的健康素养由四个部分组成，分别为基本知识和理念类健康素养、健康生活方式与行为类健康素养、基本技能类健康素养和信息获取与学习类健康素养。本研究将"具备健康素养"的标准调整为调查得分达到总分的85%，即102分水平。

（一）健康素养总水平较低，落实于生活实践的健康素养类别水平最高。

按照业已说明的积分策略和健康素养水平设定，流入湖北省的流动人口具备健康素养的总水平为40.2%（见图1），尚处于相对较低水平。三类健康素养中，保持"健康生活方式与行为"的水平最高，且高于其他两类较多，说明在流入人口健康素养水平整体偏低的前提下，越贴近日常生活实践的健康素养内容越容易深入人心。

（二）完成义务教育对健康素养提升具有重要意义。

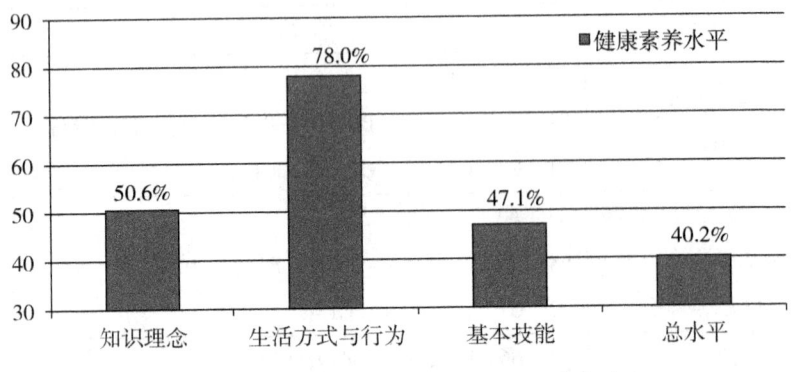

图 1　流入人口各类健康素养水平及总水平

在诸多个人特征之中，受教育程度对健康素养造成的影响最为明显。受教育程度为小学及以下的人群中，具备健康素养人群的比重仅为32.1%，而其他各受教育程度类别的同一指标均达到或超过40%。同时，在完成九年义务教育的人群中，健康素养水平并没有随着受教育程度的逐步提高而上升，而是保持在一个相对稳定的水平上（见图2）。可见，完成义务教育对于健康素养的具备具有重要的意义。

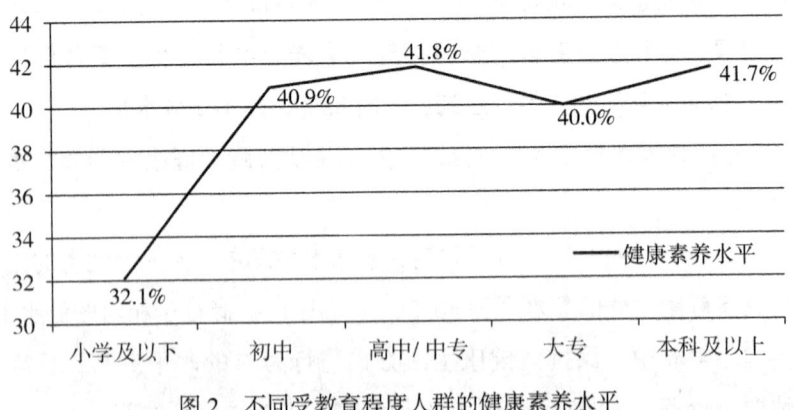

图 2　不同受教育程度人群的健康素养水平

（三）家庭角色转变将改变流动人群健康素养。

流动人群的健康素养水平与其是否与家庭一起流动关系密切，这集中体现为与父辈一起流动的人群的健康素养水平明显低于未与父辈一起流动的人群（见图3）。三类健康素养的水平在是否与父辈一起流动的问题上，呈现出显著的不同。显然，受访者在举家流动中，会在生活中受到父辈的诸多照顾，也由此减少了其在日常生活中的诸多实践经验，因此，知识理念类素养水平是两类人群差异最小的，而基本技能类素养水平则差异最大。

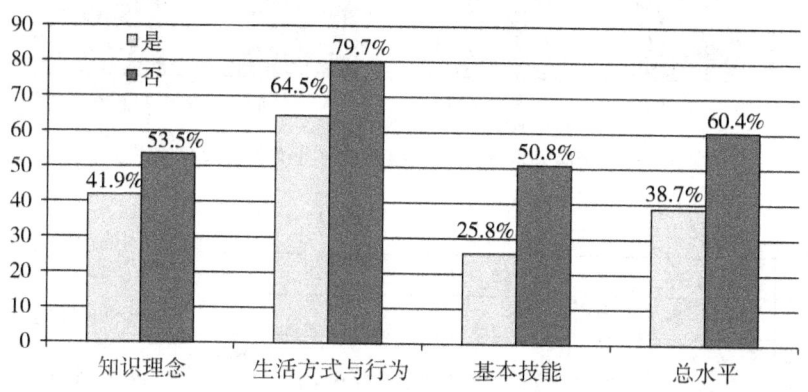

图3 是否与父辈一起流动对健康素养水平的影响

（四）不同来源地区人群的健康素养优势项目不同。

来自不同地区的流动人群之间存在着较为明显的健康素养水平差异，其总水平与经济社会发展梯度相一致，东部最高，中部次之，西部最低。但在分类比较中，各地人群所呈现的优势项目各有不同，其梯度层次却并未完全与我国经济社会发展的三大地带相对应（见图4）。

（五）健康素养水平随流动时间延长整体呈上升趋势。

随着累积流动时长的逐步增长，湖北省流入人口的健康素养总水平，除个别时长阶段外，呈现出整体上升的趋势（见图5）。在整体上升之中，知识理念类健康素养水平和基本技能类健康素养水平都有两个阶段性峰值；而生活方式与行为类健康素养水平则随流动时间的延长而呈现出下降趋势,鉴于此类健康素养更多落实于生活实践,这种趋势可能与不同流动时长所扮演的家庭生活角色有关。

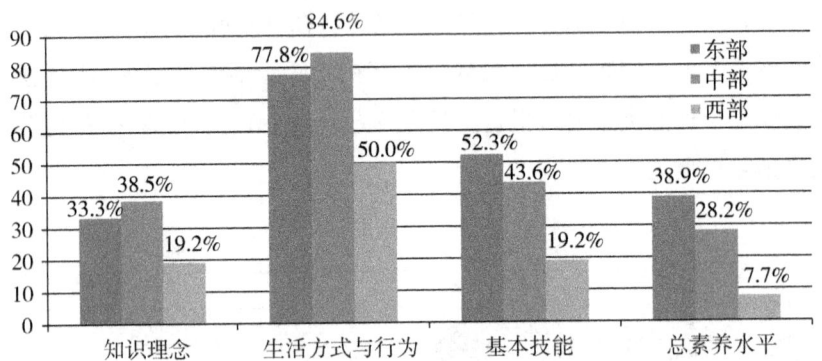

图4 不同来源地区流入人口健康素养分类水平及总水平①

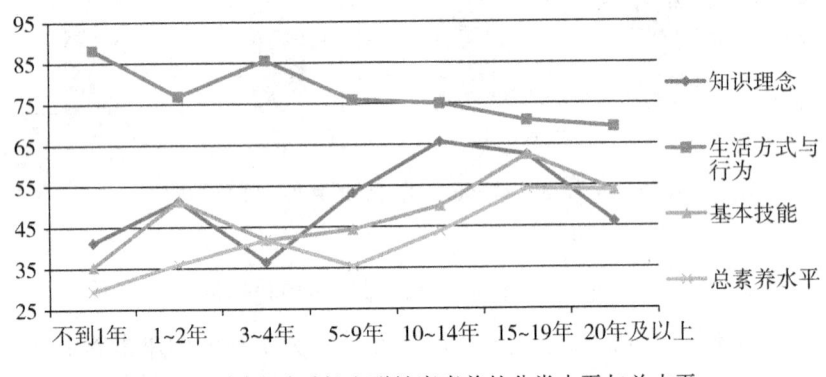

图5 不同流动时长人群健康素养的分类水平与总水平

(六)自身健康状况、健康意识的提高能够带动健康素养水平的提高。

健康素养的具备,特别是知识理念性健康素养的具备,与个人对自身健康状况的重视程度、健康意识的水平密切相关。事实上,自身健康

---

① 此图中中部地区不含湖北省本身,辽宁省作为东部地区,数据中无吉林、黑龙江两省人群。

意识水平与外界健康知识理念的提供之间的互动提升，正是健康素养水平评估的关键价值所在。数据分析显示，越是重视自身的健康水平的人群，其健康素养水平也越高。以在流入地区建立健康档案为例，已经在本地建立了健康档案的人群中，健康素养水平为44.4%，而没有建立档案或"说不清"是否建立健康档案的人群中，健康素养水平仅为20%。

动态监测问卷中，列举了各种流入居民可见的接受健康教育的渠道并逐项询问是否从中获取了健康信息。数据结果显示，随着健康教育接受渠道数量的增加，受访人群的健康素养水平也不断升高（见图6）。此外，此次调查的数据还显示，与常见的"只有体质不好的人才更重视健康知识"的传统认识不同，流入居民对自身健康素养水平的重视已经普遍化了，更科学更完整的健康概念已经深入人心。

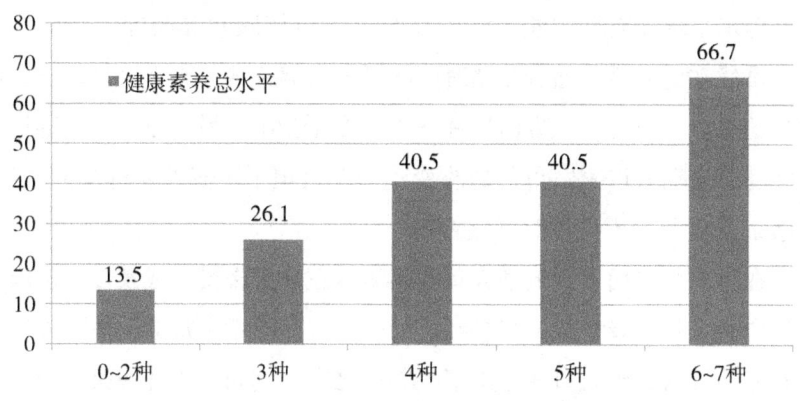

图6　不同数量健康教育接受渠道的健康素养总水平

三、流动人口健康素养状况存在的问题分析

在流动人口健康素养水平所呈现的特征当中，也隐藏着流动人口健

康素养养成中的诸多不足。这些不足，或者素养缺失，有一些是固有的，也有一些是流动本身造成的。

（一）流动人口健康素养养成缺乏主动性。

流动人口在健康素养养成方面尚缺乏主动性，对生活中能够直接遇到的健康素养问题就比较了解，而对于生活中不能或较少遇到的健康素养知识就了解较少。质言之，流动人口的健康素养主要是在生活中"被迫"养成的，而不是来自主动学习。即使是在能够直接遇到的生活领域，流动人口健康知识获得的主动意识也仍然不足，能够在食品药品相关问题上到达必要素养水平的人群仅占全体的25.1%。这一素养水平明显偏低，意味着流动人口对食品药品的使用还存在着极大的不谨慎。

（二）流动人口健康素养养成缺乏终身性和成长性。

流动人口健康素养的养成主要在义务教育阶段完成，在此之后，健康素养水平再没有明显提高，说明流动人口健康素养的养成缺乏终身性。虽然在此之后，随着流动时间的延长，健康素养水平会呈现出整体增长的态势，但是，一方面这种增长幅度比较小，另一方面，这种增长还伴随着流动人口家庭角色的改变，即在负担了更多的家庭义务之后，健康素养水平"不得不"随之提高。

在另一个层面上，流动人口健康素养还缺乏必要的成长性。健康素养的内涵也是随着科学进步和经济社会发展而不断丰富的，而这种丰富没有能够进入流动人口的健康素养养成之中。例如，心理健康已经成为健康的重要内容，对于儿童心理健康的问题，人们十分重视，极少有人判断错误；但是对于自身的心理健康，特别是自我调节能力，受访者就比较容易在几个影响因素中发生遗漏，说明他们对自身健康的认识缺乏必要的进步。

（三）传染病相关知识的不足仍然对公众健康构成重要威胁。

在传染病相关知识方面，仍有超过20%的流动人口不具备必要的健康素养。其中，尤以来自餐饮、保洁等服务性行业的受访者和来自建筑业的受访者为最多，前者占比为30%，后者占比为20%。虽然流动人口传染性疾病相关的健康素养水平整体较高，但此点仍然十分值得保持警惕。餐饮、保洁等服务性行业的工作性质决定其从业人员日常接触的人群数量庞大，而建筑业的从业者则是流动人口中流动性极高的人群，这些特征使得其一旦成为传染病源人群，将对社会公共健康造成巨大冲击，甚至在一定的时间和地域范围内影响社会稳定。

（四）湖北省流入人口的健康素养水平明显低于流出人口，将形成健康知识宣传和卫生资源压力。

前述部分的分析主要是针对湖北省的流入人口进行的，本部分主要对湖北省流入流出人口的健康素养水平进行比较。值得指出的是，与前述问题不同，此点问题不是流动人口所固有的，而是大规模人口流动带来的。

流入人口的健康素养水平明显低于流出人口，将在两个方面对湖北省健康资源的分配造成新的压力。第一，更低的健康素养水平意味着更高的疾病发生率，可能给湖北省的卫生服务资源带来新的压力，影响流动人口公共卫生服务均等化的实现。第二，流入人口健康素养水平相对较低，有可能拉低湖北全省常驻人群的健康素养水平，从而在省内形成更大的健康知识教育普及需求。

（五）流动人口的健康信息获取能力不足。

此次的健康素养调查专门设置了情景题，即要求受访者阅读一段有关健康知识的文字，然后围绕文段提供的信息来完成后续问题的回答。前已述及，这类问题的设置，超越了国内发布的《中国公民健康素养——基本知识与技能》所涵盖的内容，而涉及了对于流动人口健康信息获取与学习能力的考察。因此，对情景类各问题的专门分析是有必要的，现将各问题的正确率列为表2。此类题目对于健康信息获取与学习能力的考察主要集中在前两题。相对较低的正确率说明，流动人口的健康信息获取与学习能力仍然较低。

表 2　　　　　　　　情景类题目的正确率

题号	正确率（%）
第一题（D01）	59.5
第二题（D02）	54.8
第三题（D03）	98.1
第四题（D04）	86.5

注：第三题为多选题，表中所列正确率为该题完全正确的比率。

四、政策建议

（一）提高健康知识宣传普及工作的针对性和介入性。

健康素养的具备与流动者是否完成义务教育、与健康知识具体内容是否更为贴近生活实践有着密切的关系，因此在未来的健康知识宣传普及工作中，应更加注意与义务教育阶段学校合作，以之为平台，从知识获得的根源上着力；应更加注意与实际生活经验相结合，尤其应注意生活经验不足的人群，宣传的切入点也应该更多从具体生活当中寻找。

针对流入人口，应将健康知识的宣传普及工作渗透到流动人口管理的各个环节中去，特别是流入时间较短的人群和完成生育后再次外出的人群，应在其第一次办理相关流动手续时，即开展教育普及工作，并对其流动情况加以跟踪。由于健康知识的获取和吸收都具有相当的主观性，因此，应在多样化宣教手段的同时，增加手段的介入性和内容的成长性。即改变只有乐于关注相关宣传的人群才能获得相关知识的情况，使之更能引起所有人群的关注，从而达到普遍提高流动人口健康素养的目的。

（二）将健康素养引入流动人口健康管理当中。

健康素养对于居民健康产出具有显著的影响，从而可以对公共卫生资源的占用具有一定的预示作用，因此，应将流动人口健康素养评估作为一个正式常设的项目引入流动人口的健康管理与跟踪中去。在不显著降低工作效率的前提下，可以在流动人口首次建立健康档案时，即对其是否具备健康素养进行评估，并将相关信息与其他身体状况测评指数共同管理。如此，由于健康素养还能够考察个人对于健康信息的获取与理解能力以及在相关沟通中的表达与接收能力，除了可以更全面记录流入人口的健康状况和对湖北省医疗资源的潜在占用情况，如果数据开发得当，还可能识别可能发生"医闹"的重点高危人群。

（三）在流动人口集中的行业中保持并加强对传染性疾病防治的宣传力度。

服务业和建筑业是流动人口在流入地最为集中的两大行业，理应在传染性疾病相关的健康知识的宣传普及中获得足够的重视。必须认识到，流动人口具有显著的流动性特征，成为传染性疾病潜在的巨大的载体人群和传播人群，因此，流动人口应当被作为传染性疾病防治的重要目标人群。

报告二

湖北各地市流动人口健康教育状况评估

  流动人口健康教育是流动人口公共卫生服务的重要环节，对提高流动人口健康素养、利用健康信息服务提升自身健康水平起到关键作用。2014年国家卫生计生委、中央综治办、国务院农业转移人口办、民政部和财政部联合发布《关于做好流动人口基本公共卫生计生服务的指导意见》，以及同年国家卫生计生委发布《全民健康素养促进行动规划（2014—2020年）》，都强调精准有效开展流动人口健康教育服务，保障流动人口公平享有国家基本公共卫生和计划生育服务。

  本研究利用2016年湖北省流动人口卫生计生动态监测调查数据，对省内14个市州的流动人口健康教育状况进行评估，重点分析各市州在流动人口健康档案建立和健康教育开展的情况。理清省内各市流动人口健康教育的现状和差异，以及分析健康教育存在的问题，对进一步深入流动人口健康教育、提高流动人口公共卫生服务水平有借鉴意义。

一、湖北省流动人口健康教育整体状况分析

  （一）湖北省流动人口健康教育评估数据库整体情况介绍。

  2016年湖北省流动人口卫生计生动态监测共调查5000个样本，分布在省内14个市州，其中武汉市样本量最多为3267人，占总人数的

65.3%。样本量排名2~5位的分别是十堰市（414人，8.3%）、宜昌市（328人，6.6%）、襄阳市（254人，5.1%）、恩施州（159人，3.2%）和荆州市（143人，2.9%）。其他市州的流动人口数量分别是：黄冈市（113人，2.3%）、黄石市（69人，1.4%）、荆门市（69人，1.4%）、省直辖（47人，0.9%）、咸宁市（45人，0.9%）、孝感市（45人，0.9%）、鄂州市（25人，0.5%）、随州市（22人，0.4%）。

本次调查的样本中，流动人口男女比例相当，以80后已婚新生代流动人口为主，受教育程度集中在中学水平，大部分为非本地户籍农业户口。平均流动次数为1.3次，半数左右为省内跨市流动，主要流动原因为务工经商。大部分流动人口就业身份为自营劳动者和雇员，集中在批发零售、住宿餐饮和居民服务业。半数左右与就业单位签订劳动合同，未签订劳动合同比例高达38.8%，表明流动人口就业的不稳定性风险仍然较高。就业流动人口月平均收入为4022元，但男性月平均收入比女性高出33%，反映出流动人口就业市场依然存在较大的性别差异。流动人口医疗保险参保率较高达到89.1%，养老保险参保率仅为48.6%，失业保险、工伤保险、生育保险、住房公积金的参加率均较低在10%左右，说明流动人口在国家政策引导下医疗保险参与率较高，离全覆盖水平差距不远，而其他社会保险的参与率较低，与流动人口就业性质有较大关联。

（二）湖北省流动人口健康档案建档率较高。

提供流动人口健康教育的首要步骤是在流入地为流动人口建立健康档案，将流动人口纳入当地居民服务管理范畴，给予同等的市民待遇。在本次抽样调查的5000个流动人口样本中，有4151人在流入地建立了居民健康档案，比率达到83%；387人听说过居民健康档案但暂未建立，比率为7.7%；198人没有听说过居民健康档案也未建立，比率为4.0%；另外还有264人不清楚是否建立居民健康档案，比率为5.3%。总体来说流动人口居民健康档案基本建档率达到83%，整体建档率较好，但离2020年流动人口规范化电子建档率80%的规划尚存在一定差距。

（三）流动人口对不同类别健康教育的接受情况差异明显。

在流动人口现居住社区提供的 9 项健康教育中，过去一年流动人口平均接受了 5 项，其中一项都没有接受过的有 204 人，比率为 4.1%；接受了 9 项的有 623 人，比率为 12.5%。

9 种健康教育中，流动人口的参与率差距较大，见表 1。其中参加比例最高的是生殖与避孕/优生优育，说明流动人口基本计生服务落实较好。健康教育参与率较高的还有营养健康知识教育，达到 73.5%，说明社区对营养健康知识的推广宣传较好，同时流动人口对身体基本营养健康的关注也较高。性病/艾滋病防治教育的接受比率达到 66%，表明流动人口接受公共卫生安全教育、对高危传染病的认识比率基本较好。职业病防治健康教育的参加比率仅有 45.5% 说明对流动人口就业安全宣传的力度不够。而精神障碍防治教育接受比率仅为 26.9%，说明社区对流动人口精神健康的关注严重不足。

表 1　　流动人口接受健康教育的类别分布比例

健康教育类别	接受比例
职业病防治	45.5%
性病/艾滋病防治	66.0%
生殖与避孕/优生优育	85.0%
结核病防治	47.0%
控制吸烟	65.1%
精神障碍防治	26.9%
慢性病防治	57.2%
营养健康知识	73.5%
防雾霾	43.1%

（四）流动人口健康教育获取途径多样化。

在8种方式的健康教育推广中,现居住社区平均使用了4种途径。其中接受比例最高的是传统派发宣传资料和宣传栏,见表2。健康知识讲座、电子屏显示、面对面咨询方式也较易接受。流动人口通过社区医生、社区网站和社区短信/微信接受健康教育比例较低,一方面说明流动人口接受新的信息传播方式途径有限,另一方面社区和流动人口之间的电子信息沟通渠道、流动人口与社区医生联系方式尚未完善。

表2　　　　　流动人口接受健康教育的途径分布比例

健康教育途径	接受比例
健康知识讲座	68.2%
宣传资料	94.5%
宣传栏	94.1%
面对面咨询	51.7%
社区网站咨询	11.0%
社区医生传授	34.7%
社区短信/微信	21.9%
电子显示屏	54.8%

二、流动人口健康教育水平评价指标体系构建

为了全面评价各地区流动人口健康教育水平,根据上一部分分析的三个层面:流动人口健康档案建立水平、健康教育实施水平和健康教育推广水平,确定各层次和各维度相应的权重,建立评价指标体系,具体测度不同地区流动人口的健康教育水平。

流动人口健康档案建立水平根据建档率来衡量,建档率即为各市州该层次的得分。健康教育实施水平根据各市州流动人口分别在9种健康

教育的接受比例加权平均得分。健康教育推广水平根据各市州流动人口分别在 8 种健康教育宣传途径的接受比例加权平均得分。结合专家打分法和层次分析的权重计算法则，认为各层次和各项指标的重要性基本相当，故对各层次和各维度权重进行平均分配，具体评价指标体系和权重分布见表3。

表 3　　　　流动人口健康教育水平评价指标体系

目标层	子准则层		评价指标层	
	名称	权重	名称	权重
流动人口健康教育水平	健康档案建立水平	1/3	健康档案建档率	1
	健康教育实施水平	1/3	职业病防治接受比例	1/9
			性病/艾滋病防治接受比例	1/9
			生殖与避孕/优生优育接受比例	1/9
			结核病防治接受比例	1/9
			控制吸烟教育接受比例	1/9
			精神障碍防治接受比例	1/9
			慢性病防治接受比例	1/9
			营养健康知识接受比例	1/9
			防雾霾教育接受比例	1/9
	健康教育推广水平	1/3	健康知识讲座接受比例	1/8
			宣传资料接受比例	1/8
			宣传栏接受比例	1/8
			面对面咨询接受比例	1/8
			社区网站咨询接受比例	1/8
			社区医生传授接受比例	1/8
			社区短信/微信接受比例	1/8
			电子屏显示接受比例	1/8

根据指标体系和权重的设计，各项指标的测算得分位于 0 到 100 之间，得分的高低反映出健康教育水平的高低。为了更好地对湖北省内不同地区流动人口健康教育水平进行评价衡量，根据五分法将得分划分为 5 个区间来进行评判，分别是：［0，50）健康教育水平极差，极度不均衡；［50，60）健康教育水平较差，较不均衡；［60，70）健康教育水平一般，基本均衡；［70，80）健康教育水平中等，比较均衡；［80，100］健康教育水平高，十分均衡。

三、不同地区流动人口健康教育水平评估结果

为了进一步了解湖北省内不同地区流动人口健康教育开展实施情况以及各市州之间存在的差异，本部分根据前文已经建立的评价指标体系及权重对湖北省各市州流动人口健康教育水平进行综合测算。

（一）全省流动人口健康教育整体处于一般水平，各市州健康教育水平不均衡。

依据流动人口健康教育水平评价指标体系计算出的各市州流动人口健康水平得分见表4，全省健康教育水平平均得分为 64.7 分，整体水平一般，达到基本均衡。各地区中，随州市流动人口健康教育水平最高，获得 89.8 分，在健康档案建立水平、健康教育实施水平和健康教育推广水平三个层面得分较均衡，反映出十分好的水平。第二个梯度是荆门市、襄阳市、恩施州和黄石市，这 4 个市州得分均在 70~80 分，表明其较好的水平，但健康教育实施水平和推广水平有待进一步提高。第三个梯度是武汉市、孝感市、宜昌市，这 3 市得分均在 60~70 分，表明其基本推行了健康教育，水平一般，健康教育的实施和推广有待大力提高。第四个梯度是黄冈市、省直辖、荆州市、十堰市和咸宁市，这 5 市得分均在 50~60 分，表明其健康教育水平较差，健康教育的实施和推广需要大力重视和加强。鄂州市的健康教育水平最差，得分仅有

47.3分，且发展十分不均衡，健康教育实施和推广需要高度重视和加强。

表4　　　　　　　　流动人口健康教育水平得分表

	健康档案建立水平	健康教育实施水平	健康教育推广水平	流动人口健康教育水平
随州市	100.0	81.3	88.1	89.8
荆门市	98.6	62.5	64.8	75.3
襄阳市	96.1	64.2	56.4	72.2
恩施州	90.6	58.4	63.0	70.7
黄石市	98.6	59.5	53.5	70.5
武汉市	83.7	59.5	55.4	66.2
孝感市	100.0	44.0	39.4	61.1
宜昌市	78.4	48.8	55.8	61.0
黄冈市	73.5	51.5	53.9	59.6
省直辖	89.4	41.9	40.8	57.4
荆州市	92.3	30.4	41.1	54.6
十堰市	57.7	51.8	50.9	53.5
咸宁市	100.0	19.1	35.2	51.4
鄂州市	100.0	14.8	27.0	47.3
平均	83.0	56.6	54.6	64.7

（二）各地区内部各项健康教育指标得分程度不一，健康档案建档率高于健康教育实施水平和推广水平。

1. 各地区健康档案建档率平均水平较好，流动人口规模较小的市州建档率高。

按照流动人口现居地所在市区分类的居民健康档案建档率，省内各市州存在较大差异，见表5。流动人口的居民健康档案建档率最高的是鄂州市、随州市和孝感市，均达到100%，反映出三市较好的建档效率。建档率在90%以上的市州有黄石市、荆门市、襄阳市、荆州市和恩施州。建档率在80%以上的市州有省直辖和武汉市。宜昌市和黄冈市建档率在70%以上。建档率最低的是十堰市，仅为57.7%。

表5 按居住地所在市区分布的流动人口居民健康档案建档率

		您是否在本地建立了居民健康档案				合计
		是，已经建立	没建，没听说过	没建，但听说过	不清楚	
现居住地所在市（地区）	鄂州市	100.0%	0.0%	0.0%		100.0%
	恩施州	90.6%	5.7%	0.0%	3.8%	100.0%
	黄冈市	73.5%	9.7%	8.0%	8.8%	100.0%
	黄石市	98.6%	0.0%	0.0%	1.4%	100.0%
	荆门市	98.6%	0.0%	0.0%	1.4%	100.0%
	荆州市	92.3%	1.4%	2.1%	4.2%	100.0%
	省直辖	89.4%	4.3%	6.4%		100.0%
	十堰市	57.7%	14.7%	8.2%	19.3%	100.0%
	随州市	100.0%	0.0%	0.0%	0.0%	100.0%
	武汉市	83.7%	2.8%	9.5%	4.0%	100.0%
	咸宁市	100.0%	0.0%	0.0%	0.0%	100.0%
	襄阳市	96.1%	0.4%	1.2%	2.4%	100.0%
	孝感市	100.0%	0.0%	0.0%	0.0%	100.0%
	宜昌市	78.4%	6.7%	7.9%	7.0%	100.0%
合计		83.0%	4.0%	7.7%	5.3%	100.0%

建档率在100%的三个城市流动人口规模较小，超高的建档率反映出三市对流动人口基本卫生服务的重视和落实。省内65.3%的流动人口分布在武汉市，给武汉市流动人口基本卫生服务带来了较大的压力和

挑战，83.2%的建档率反映出武汉市流动人口较好的服务水平。建档率在80%以上的市州中，黄石市、荆门市、省直辖三地流动人口规模较小，襄阳市、恩施州、荆州市流动人口规模处于中等水平，较高的建档率反映六市州对流动人口基本卫生服务的落实。宜昌市和黄冈市流动人口规模处于中等水平，两市流动人口基本卫生服务水平离规划目标差距不大，还有待加强。十堰市流动人口规模全省第二，占比率为8.3%，较低的建档率一方面反映出该市对流动人口健康工作的重视不够，另一方面反应出较大的流动人口规模给十堰市流动人口服务管理带来较大压力需要进一步协调解决。

2. 各地区健康教育接受情况平均水平较差，部分经济发展情况较好市州流动人口健康教育接受项数少。

省内流动人口平均接受了5项（总共9项）健康教育，但各市州流动人口接受健康教育项数的差别较大，具体见表6。其中人均GDP排名第10的随州市整体情况最好，平均达到了7.27项；平均值超过5项的市州有襄阳市、荆门市、黄石市、武汉市和恩施州。鄂州市和咸宁市流动人口健康教育整体平均水平最差，平均不到2项，而鄂州市人均GDP在14个市州中排名第3，咸宁排名第8。由此可见，流动人口接受健康教育的项数和比例并非和各地的经济发展水平直接关联，各地对流动人口健康教育的重视程度是关键因素所在。

表6　按居住地所在市区分布的流动人口健康教育接受总项数分布

现居住地所在市（地区）	均值	样本量	标准差
鄂州市	1.36	25	1.142
恩施州	5.25	159	3.131
黄冈市	4.64	113	2.326
黄石市	5.35	69	1.794
荆门市	5.62	69	2.568

续表

现居住地所在市（地区）	均值	样本量	标准差
荆州市	2.74	143	2.344
省直辖	3.79	47	1.577
十堰市	4.66	414	2.723
随州市	7.27	22	1.921
武汉市	5.35	3267	2.689
咸宁市	1.70	45	1.114
襄阳市	5.78	254	1.747
孝感市	3.96	45	1.863
宜昌市	4.40	328	2.928
总计	5.09	5000	2.714

不同类别健康教育在各市州流动人口中的实施情况差别也十分明显，具体见表7。（1）生殖与避孕优生优育教育整体开展情况较好，随州市流动人口接受比率达到100%。其次是襄阳市、宜昌市、武汉市、恩施州、黄冈市、荆门市接受比率均超过80%。孝感市最低为51.1%。（2）营养健康教育整体开展情况良好，其中最好的是随州市，流动人口接受比率达到100%，其次是武汉市达到80.1%，最差的是咸宁市仅为13%。（3）性病/艾滋病防治教育整体开展情况良好，其中最好的是随州市，流动人口接受比率达到100%。其次是襄阳市达到85.4%。鄂州市比率最低仅为4%，咸宁为11.1%。（4）控制吸烟教育整体开展情况良好，其中最高的是黄石市，流动人口接受比率为94.2%，其次是荆门市、省直辖、随州市，比率均超过80%。最差的是鄂州市，没有开展流动人口控制吸烟教育。（5）慢性病防治教育整体开展情况一般，其中最好的是随州市，流动人口接受比率为81.8%，最差的是咸宁市仅为6.5%。（6）职业病防治教育整体开展情况一般，其中最高的随州市，流动人口接受比率达到86.4%。其次是襄阳市、恩施州和十堰市，

均超过50%。鄂州市尚未开展流动人口职业病防治教育，而咸宁市的接受比率也仅为8.7%。(7) 防雾霾教育整体开展情况一般，其中最好的是武汉市，流动人口接受比率为51.6%，而鄂州市、咸宁市尚未开展此项教育。(8) 结核病防治教育整体开展情况一般，其中最高的是荆门市，流动人口接受比率为69.6%，最差的是咸宁市和鄂州市，均不到5%。(9) 精神病障碍防治教育整体开展情况较差，其中最高的是随州市，流动人口接受比率为77.3%。咸宁市尚未开展此项教育，而省直辖、孝感市、鄂州市开展情况均较差，比率在5%以下。

表7　　流动人口对不同类别健康教育接受比率　　（单位:%）

	职业病防治	性病/艾滋病防治	生殖与避孕优生优育	结核病防治	控制吸烟	精神病障碍防治	慢性病防治	营养健康	防雾霾
鄂州市	0.0	4.0	68.0	4.0	0.0	4.2	29.2	24.0	0.0
恩施州	56.0	68.6	83.6	69.2	67.3	35.4	64.8	61.0	20.1
黄冈市	40.2	54.0	82.3	45.1	64.6	16.8	67.3	77.0	15.9
黄石市	43.5	75.7	75.4	52.2	94.2	14.5	69.6	75.4	34.8
荆门市	47.8	79.7	81.2	69.6	89.9	40.6	65.2	55.1	33.3
荆州市	17.5	42.0	74.8	19.6	27.3	16.1	26.6	37.1	12.5
省直辖	34.0	63.8	61.7	17.4	87.2	2.1	23.9	78.7	8.5
十堰市	51.1	59.2	76.8	55.3	67.1	16.7	57.4	59.1	23.9
随州市	86.4	100.0	100.0	77.3	86.4	77.3	81.8	100.0	22.7
武汉市	46.3	67.6	86.9	47.7	65.6	29.4	60.2	80.1	51.6
咸宁市	8.7	11.1	77.8	2.2	52.2	0.0	6.5	13.0	0.0
襄阳市	57.5	85.4	95.3	57.5	78.3	30.3	52.0	72.8	48.4
孝感市	37.8	52.2	51.1	28.9	71.1	2.2	48.9	64.4	39.1
宜昌市	38.1	63.7	87.5	32.0	53.0	25.0	46.6	61.3	32.3
平均	45.5	66.0	85.1	47.0	65.1	26.9	57.2	73.5	43.1

（三）各地区健康教育推广情况平均水平最低，大部分市州流动人口电子化健康教育信息沟通渠道不畅。

省内流动人口平均接受了 4.4 项（总共 8 项）健康教育推广途径，但各市州流动人口接受健康教育项数的差别较大，具体见表 8。其中随州市最好，平均达到了 7.02 项；平均值超过 5 项的市州有荆门市和恩施市。鄂州市和咸宁市流动人口健康教育宣传接受途径整体平均水平最差，平均不到 3 项。

表 8 按居住地所在市区分布的流动人口健康教育接受途径的项数分布

现居住地所在市（地区）	均值	N	标准差
鄂州市	2.17	19	0.737
恩施州	5.05	138	1.593
黄冈市	4.30	109	1.389
黄石市	4.27	69	1.047
荆门市	5.17	68	1.772
荆州市	3.28	133	1.637
省直辖	3.28	46	1.021
十堰市	4.07	389	1.693
随州市	7.05	22	0.654
武汉市	4.43	3193	1.748
咸宁市	2.82	45	1.209
襄阳市	4.52	253	1.397
孝感市	3.13	45	1.026
宜昌市	4.46	305	1.904
总计	4.36	4833	1.740

不同类别健康教育推广接受途径在各市州流动人口中的实施情况差别也十分明显，具体见表 9。（1）健康知识讲座整体开展情况良好，其

中最高的在随州市,流动人口接受比率达到100%。其次是恩施市、黄冈市、武汉市、襄阳市、荆门市,均超过了70%。最差的是咸宁市,仅为11.1%。(2)宣传资料派发整体开展情况较好,其中在黄石市和随州市开展情况最好,流动人口接受比率均达到100%。大部分市州比率均超过90%,最差的是荆州市比率为76.7%。(3)宣传栏整体开展情况较好,其中在黄石市和随州市开展情况最好,流动人口接受比率均达到100%。其大部分市州比率均超过80%,最差的是荆州市为76.7%。(4)面对面咨询整体开展情况良好,其中在随州市开展情况最好,流动人口接受比率达到100%。其次是恩施市达到75.4%。最差的是鄂州市,尚未开展流动人口健康教育面对面咨询。(5)社区网站咨询整体开展情况十分差,其中随州市流动人口接受比率最高也仅为22.7%,鄂州市和省直辖尚未开展此项宣传。(6)社区医生传授方式整体开展情况较差,其中最高的在随州市,流动人口接受比率为86.4%,鄂州市尚未开展此项宣传。(7)社区短信/微信整体开展情况较差,其中最高的在随州市,流动人口接受比率达到100%,但鄂州市、省直辖市尚未开展此项宣传。(8)电子显示屏整体开展情况一般,其中最高的在随州市,流动人口接受比率为95.5%,鄂州市尚未开展此项宣传,也有可能由于样本量较小。

表9 流动人口对不同类别健康教育推广途径接受比率 (单位:%)

	健康知识讲座	宣传资料	宣传栏	面对面咨询	社区网站咨询	社区医生传授	社区短信/微信	电子显示屏
鄂州市	36.8	94.7	84.2	0.0	0.0	0.0	0.0	0.0
恩施州	79.1	99.3	95.7	75.4	7.2	82.7	14.5	50.0
黄冈市	77.1	96.3	95.4	45.0	16.5	29.4	25.9	45.4
黄石市	54.3	100.0	100.0	60.9	5.8	32.9	4.3	69.6
荆门市	70.6	97.0	98.5	73.1	22.1	37.3	34.3	85.3
荆州市	37.6	76.7	76.7	40.6	6.0	24.1	24.6	42.1

续表

	健康知识讲座	宣传资料	宣传栏	面对面咨询	社区网站咨询	社区医生传授	社区短信/微信	电子显示屏
省直辖	56.5	93.3	87.0	26.7	0.0	6.7	0.0	56.5
十堰市	59.8	91.5	93.8	39.2	11.6	29.6	16.7	64.8
随州市	100.0	100.0	100.0	100.0	22.7	86.4	100.0	95.5
武汉市	76.6	95.8	97.2	53.3	9.8	41.2	18.2	51.0
咸宁市	11.1	97.8	95.7	26.7	2.2	28.3	8.7	11.1
襄阳市	75.1	99.2	97.2	62.1	9.9	20.9	12.8	74.3
孝感市	53.3	77.8	97.8	24.4	2.2	11.1	4.4	44.4
宜昌市	63.3	94.1	85.6	56.1	20.3	22.3	55.4	49.2
平均	71.9	95.0	95.4	52.5	10.5	37.6	20.3	53.2

四、流动人口健康教育存在的问题分析

随着卫计委对流动人口公共服务的不断重视和推进，我省流动人口健康教育水平在逐年提高，但其中流动人口接受健康教育的种类和途径差异较大，流动人口内部和各市州之间健康教育发展不平衡，具体问题如下：

（一）流动人口规模少、人均 GDP 高对各市州健康教育水平存在正面影响，但各市州对流动人口健康教育重视和投入的影响更为显著。

各市州中，流动人口健康教育水平最好的随州市，流动人口规模最少，人均 GDP 位于中下水平。流动人口健康水平较好的荆门、襄阳和黄石三市，流动人口规模占比较少，人均 GDP 处于全省中等水平。武汉市人均 GDP 最高，流动人口规模最大，其流动人口健康水平一般位于中间位置，一方面表明大规模流动人口给武汉市流动人口健康教育带

来较大压力和困难，另一方面说明其对流动人口健康教育的投入存在不足。对比恩施州和鄂州市，后者的人均 GDP 是前者的 3 倍多，而前者的流动人口规模是后者的近 6 倍，排名第 4 的恩施州的流动人口健康教育水平比排名最后的鄂州市高出近 50%，说明鄂州市虽然经济发展情况较好，但因为流动人口规模较小对流动人口健康教育的重视和投入都严重不足。

（二）流动人口接受健康教育的种类不平衡，精神障碍防治教育尤为缺乏。

流动人口基本卫生计生公共服务推广较好，生殖与避孕/优生优育教育参与比率高。但流动人口多从事一些职业病高发的行业或者是传染病高发人群，对其开展的职业病防治和性别/艾滋病防治教育还不足。特别是近年来流动人口因精神障碍对社会公共安全造成威胁影响的事件屡屡发生，而流动人口精神障碍防治教育接受比率仅为 26.9%，部分市州甚至几乎未开展此类教育，极其不利于流动人口的精神健康。

（三）流动人口接受健康教育的信息化途径不通畅，社区网站、短信微信平台搭建比较滞后。

流动人口接受健康教育主要是通过传统的宣传资料派发和宣传栏告示，这些方式在信息传播的时效性上有所欠缺，相较于电子化的信息传播途径成本也较大。能不受时间地点限制传递健康教育知识的方式，例如社区短信/微信和社区网站咨询的普及率十分低，说明社区和流动人口之间的电子化沟通渠道并不畅通，一方面说明社区在健康教育信息化渠道平台建设方面投入不足，另一方面也说明流动人口对于如何通过电子设备获取健康信息并未完全知悉，需要社区工作人员进行引导宣传。此外，能较为直接生动传授健康教育知识的方式，例如社区医生传授、面对面咨询和健康知识讲座的推行力度不足，一方面因为组织配备相应的人力、物力资源需要社区较大投入，另一方面说明社区确实需要依据当下流动人口的需求开展健康教育，需要不断更新调整具有针对性。

（四）流动人口个人特征差异导致健康教育水平差异，流动人口健康教育缺乏针对性。

流动人口在受教育程度、户口性质、婚姻状况、是否签订劳动合同、参加了哪些社会保险和医疗保险等方面差异明显，而这些个人特征也使得流动人口在建立健康档案和接受健康教育两方面存在较大差异。

在流动人口健康档案建立方面，女性、初婚、参加了医疗保险和工伤保险、流动次数越多的流动人口健康档案建档率更高，说明参加了医疗保险和工伤保险的人，对健康状况较为关心，特别是女性与卫生计生公共服务部门联系较多也促使其建立健康档案。在流动人口健康教育方面，男性、未婚、受教育程度越高、流动次数越少、未签订劳动合同的流动人口接受健康教育的概率更高，说明男性更具有接受教育的意愿，受教育程度高促进流动人口更愿意接受健康教育，流动次数少的流动人口在融入新环境时更愿意接受新环境的变化。而未签订劳动合同说明流动人口在流入地工作生活状况暂未稳定，是社区健康教育的重点关注对象，其也希望通过参加社区教育活动来更好地融入社区生活中。以上两方面的差异，说明目前流动人口健康教育欠缺针对性，暂未根据流动人口个人特征差异推行更有效的健康教育服务。

五、加强流动人口健康教育的对策建议

流动人口健康档案的建立是流动人口基本公共卫生服务的基本支撑，流动人口健康教育又是提升流动人口素养、提高流动人口对基本公共卫生服务的利用水平的重要途径。各市州应针对各自在健康教育类别上的欠缺和健康教育推广途径中的不完善，加强推进更有效的健康教育。

（一）各地区重视流动人口健康教育，建立流动人口健康教育激励奖惩机制。

从各地区流动人口健康教育水平评价结果来看，随州、恩施等地虽

然经济水平在省内位于中等偏下水平，其流动人口健康教育水平却较好；而咸宁、鄂州等地流动人口规模少、经济水平较好但其健康教育水平却较低，充分暴露出流动人口健康教育工作推广的力度不够。因此，应该根据各地区的流动人口规模、经济发展水平、人均流动人口健康教育投入支出和流动人口健康教育水平等多项指标来订立完成目标，建立流动人口健康教育激励奖惩机制，综合考核各地区流动人口健康教育完成情况。对于流动人口健康教育完成情况较好的地区给予奖励，特别是经济水平不发达地区；对于经济水平较好而流动人口健康教育完成较差的地区，给予惩改订立新目标要求。同时，将完成较好地区的方法经验进行分享，有利于各地区之间的交流学习，共同提高流动人口健康教育水平。

（二）加快完善流动人口规范化电子健康档案的建立。

目前我省流动人口居民健康档案的初建档率达到83%，但离规范化的电子健康档案还存在较大差距。同时省内各市流动人口建档率差别较大，部分市州因面临流动人口带来的服务管理压力未及时调整工作效率而出现建档率低的问题。因此，应该加快完善流动人口规范化电子档案的建立，重视流动人口档案管理的重要性，依托电子政务的发展，建立健全规范化的管理制度和监督考核机制，全面落实流动人口电子健康档案。

（三）加强流动人口心理健康教育和传染病教育。

随着流动人口的年轻化和知识化，其对健康知识的需求内容在不断发生变化。在健康教育的内容方面，流动人口的性病/艾滋病防治教育还需要进一步加强，预防公共卫生风险。充分重视流动人口精神障碍防治教育，增设社区心理咨询机构，起到有效的心理关怀和预警，防范因心理问题造成的社会危害。同时借助社会组织和用人单位的资源，共同开展流动人口职业病防治的教育、结核病防治教育、吸烟控制等健康教育。

（四）着力推进流动人口健康教育信息化平台建设。

在电子政务日益发达的今天，信息化的沟通交流方式的多样性不断改变政府部门和市民之间的信息传递渠道。在流动人口健康教育的途径方面，各市州政府和社区应积极搭建公共信息平台，通过健康教育的网站建设、微博和微信公众号等方式的宣传推广，借助电子信息方式拓展健康知识的传播范围和速度。同时，通过培训和引导，提高流动人口对电子信息的接收和识别能力。

（五）加大财政支持、吸纳社会资源共同保障健康教育的落实。

为了全面有效地开展流动人口健康教育，应将流动人口纳入当地计划生育经费投入的总人口基数计算。流动人口所需的计划生育基本公共服务应按常住人口规模规划经费需求总额，由现居住地采取各级财政分级负担的方式一并予以安排，并参照流入地流动人口近年的数量变化趋势和分布情况预算，确保各项健康教育能落实到位。同时通过资源整合和组织领导，督促企业和相关利益方承担相应的社会责任，激发社会组织共同参与流动人口健康教育，形成良性的财政投入和成本分摊机制以及流动人口服务管理成本的社会分摊机制。

报告三

农业转移人口基本医疗保险异地对接研究

  农业转移人口基本医疗保险的异地对接对保障农业转移人口的参保权益、推进医保整合建设、推进我国农业转移人口市民化等方面起着重要作用。然而由于我国医保体系固有缺陷、区域利益分割、地方政府自我保护主义和行为扭曲等因素的阻碍,绝大多数农业转移人口难以实现异地就医。提高统筹层次、完善体系建设、建立补贴机制、重塑激励体系是实现农业转移人口基本医疗保险异地对接的未来出路。

一、农业转移人口基本医疗保险异地对接的必要性

  作为我国劳动力市场的主要组成部分,农业转移人口为我国的工业化和城镇化建设做出了巨大贡献。截至 2013 年年底,我国农业转移人口的数量已经达到 2.69 亿[①]。但由于城乡间行政壁垒的限制,农业转移人口长期处于游离乡城的两栖生活状态,无法享受与当地城镇居民同等条件的公共服务,难以真正融入城市。这种"伪城镇化"状态在农

---

  ① 国家统计局:《2013 年国民经济发展公报》,http://www.stats.gov.cn/tjsj/zxfb/201401/t20140120_502082.html。

业转移人口异地就医方面尤为突出。

在城市务工过程中，劳动强度较高、工作环境恶劣的职业特性对农业转移人口身体产生了严重损耗，医疗保险成为降低农业转移人口的健康风险、缓解健康恶化导致的经济压力的理性选择。① 但农业转移人口在各地高频率流动时，现有的医疗保险体系却无法满足农业转移人口的医疗需求：现行医保制度下，农业转移人口无法参与打工地政府提供的医疗保险，必须回到家乡治疗才能享受到新农合的补偿，异地产生的医疗费用无法实现报销，即使农业转移人口转化为城市户籍，新农合与城镇医疗保险体系的医保关系亦不能实现转接。这种医疗保障制度的分割阻碍了农业转移人口的自由流动，让农业转移人口承担着巨大的健康风险和沉重的经济负担。

推进农业转移人口医疗保险异地转接是增强农业转移人口城市融入水平的重要内容。而党的十八大报告提出统筹社会保障体系建设中要以"适应流动性"作为重点，亦为研究农业转移人口基本医疗保险异地对接提供了良好的背景土壤。可以说，实现农业转移人口异地医疗保险对接是对农业转移人口流动性医疗需求的满足，也是增强农业转移人口城市融入水平、推进我国城镇化进程的重要举措。

二、农业转移人口基本医疗保险异地对接过程中的困境及原因

由于农业转移人口基本医疗保险不能实现有效对接，受往返成本、误工成本和程序繁琐等因素的影响，除非迫不得已，大部分农业转移人口都不愿回乡治疗，"小病拖，大病熬，熬不过就回乡"是农业转移人

---

① 秦立建，周德水. 农业转移人口基本医疗保险异地转接的影响因素分析［J］. 农村经济，2015，09：71-76.

口异地就医困境的真实写照。据 2015 年湖北省流动人口医疗专题调查分析显示，4.6% 的农业转移人口生病时选择自己硬扛；37.5% 的农业转移人口选择买药自我处理；37.5% 的农业转移人口就近到小诊所或社区医院就医；仅 2.8% 的农业转移人口去二甲以上医院就诊①，其中，费用太高（69.43%）、没有去医院看病习惯（9.56%）、没钱看病（7.30%）是农业转移人口拒绝正规医院的主要原因。

（一）医疗保险体系无法适应农业转移人口的流动性需求。

我国的医疗保险体系为我国的社会发展做出了突出贡献，但现行以信息化、高速化、复杂化为标志的超高速发展社会下，农业转移人口的流动性特征对医疗保险体系提出了更高的要求。医疗保险体系需要与时俱进，才能与现行农业转移人口高频率流动的特征相适应。

1. 统筹层次程度偏低造成了医保体系的碎片化。

目前，我国新农合以县为单位统筹，城镇职工基本医疗保险和城镇居民医疗保险则以地级市为单位统筹②。当农业转移人口高频率流动时，医保体系统筹层次与农业转移人口的高流动性就容易产生摩擦：新农合难以树立全国统一的运行机制，只能实行属地管理和事后报销，但各省各地的报销标准、报销比例、诊疗项目目录、诊疗药品目录各不相同，报销证明和报销手续的繁琐与报销周期的冗长，最终产生了一系列的不便。

2. 城乡二元壁垒阻碍了农业转移人口的自由流动。

在城乡二元制度的分割下，城乡医保体系存在较大差异。农业转移人口主要以新农合形式参与基本医疗，新农合和居民医保都实行个人与政府共同缴费的方式，按年定额终身认缴，只设统筹基金无个人账户；城镇职工实行个人与单位共同缴费，退休时累计缴费年限达到 25 年后

---

① 遂宁市进城农业转移人口就医现状调查报告，2014，07，湖北省统计局. http://www.sc.gov.cn/10462/10464/10591/10592/2014/7/3/10306984.shtml.

② 吴少龙，淦楚明. 基本医疗保险关系转移接续研究：制度比较分析的视角 [J]. 甘肃行政学院学报，2011，04：37-45，126-127.

无需缴费，采取统账结合的方式，这种设计无形中加剧了转接的困难。① 目前城镇化进程中，城乡二元制度壁垒正积极破除，城乡医疗保险体系实现统筹已经成为一种发展的必然趋势。

3. 统一协调部门和信息网络缺位降低了异地转接效率。

我国医保体系尚未达到欧美国家统一信息网络的发达程度。目前，参保的外出务工人员如需在务工地就医需要先回户籍地办理转诊手续，跨省医疗甚至还要回到户籍地才能报销。由于农业转移人口高流动性和统一信息网络的缺位的矛盾，导致了异地报销信息审核周期冗长、异地医疗事后结算、异地医疗必须属地报销等一系列低效率的情形，目前，选择回乡治疗享受新农合的农业转移人口不到五分之一。在全国层次的统筹机制、协调部门尚未出现的情况下，面临统一信息网络的缺位，一旦出现农业转移人口的地域流动、户籍转变、非从业人员与从业人员间的身份转换等情形，职能分割、制度分割、地域分割产生的低效率风险就尤为突出。

（二）区域间存在利益分割矛盾。

1."大数法则"引起了转出地对医保转移的抵制。

医疗保险基金可持续发展的关键在于利用参保的大数法则和积累法则，实现风险共担。农业转移人口多为青壮年劳动力，并且在市场机制运作下，健康状况较差、劳动生产率低的农业转移人口逐渐被劳动市场淘汰，留下的农业转移人口群体大多身强力壮、患病率较低，人均医疗支出明显低于老年人。对于流出地而言，这部分农业转移人口属于新农合参保人群中的"优质群体"，大数法则下流出地应该大力提高农业转移人口的医疗保险参保率，从而达到平衡新农合参保结构，降低医保基金风险的目的。农业转移人口医保转移破坏了大数原则，让流出地新农合参保群体结构中青壮年比例不断降低。在没有补贴制度的前提下，转

---

① 李玉水，阚小冬．福建省基本医疗保险体系适应流动性的研究［J］．社会保障研究，2014，04：58-61.

出地不愿意放弃这部分群体缴纳新农合的既得利益，出于规避基金风险的目的会降低实现农业转移人口医保转移的愿意。

2. 城市梯度产生的基金风险降低了转入地的接收意愿。

农业转移人口一般都是从经济欠发达地区流向发达地区，这种地域间的城市梯度意味着医疗保险待遇水平的差异。流入地经济发达、公共服务供给水平较高，而流出地政府对医疗保险基金的补贴水平较低、农业转移人口和企业的缴费水平也较低，因此医疗保险基金账户结余不多。① 因此，无论统筹基金是否能够进行转移，对于流入地来说，都意味着要付出大量的成本以弥补医疗保险的账户差额。并且，由于农业转移人口流动性较高，完成医保关系接续后，很可能意味着农业转移人口并没有为医保基金账户做出足够贡献，转入地就需要为农业转移人口承担健康风险，这进一步加剧了转入地医保基金的赤字风险。转入地出于自我保护主义，不可避免地选择设置高门槛或者推迟处理来规避风险。

转入地设置的高门槛容易产生排斥效应。在现行的农业转移人口基本医疗保险异地对接的实践中，参保成本最低如深圳，即农业转移人口直接纳入第三档，缴费基数为上年度在岗职工月平均工资，缴费标准为单位0.4%+个人0.1%，那么按照2014年在岗职工月平均工资4918元，每月仍需要缴费27元。虽然这解决了农业转移人口在异地不能享受医保服务的问题，但较之于一般新农合每年30~50元的缴费标准，依然存在明显差距，由此产生的"门槛"容易将众多农业转移人口排斥在外，让农业转移人口医疗保险的异地对接难以顺利实现。

3. 利益摩擦中非正式就业农业转移人口群体被选择性忽视。

如前所述，农业转移人口医疗保险转接存在着一定的利益摩擦，其中非正式就业的农业转移人口群体没有签订正式合同，难以依靠企业的帮助转入城镇医疗保险体系，由此产生的矛盾更为明显。目前，随着农

---

① 秦立建，郝宇彪，王学文. 农业转移人口基本医疗保险异地转接的基金风险控制［J］. 社会科学研究，2015，03：39-43.

业转移人口基本医疗保险异地转接的重视程度不断提升，各地如北京、上海、深圳、成都均对农业转移人口基本医疗保险的异地转接进行了实践探索。如北京，直接将正式就业农业转移人口纳入转入地城镇职工医疗保险体系；如上海①，则降低缴费水平，规定有单位和无单位外来从业人员都按照缴费基数 12.5% 的比例缴纳综合保险费，纳入本市常用户籍的综合保险；如深圳②，则弱化的医疗保险的公务员、户籍职工和农业转移人口分类，将医疗保险体系划为三档，农业转移人口直接纳入第三档，缴费基数为上年度在岗职工月平均工资，缴费标准为单位 0.4%+个人 0.1%+地方补充医疗单位 0.05%。但大部分省份城市关注的对象仅是那些在正规企业签订就业的一小部分农业转移人口，而规模更大、难度更高的非正式就业农业转移人口群体却被选择性忽视，这与农业转移人口流动性、非正式就业为主的特征不符。农业转移人口群体中非正式就业农业转移人口群体的需求没有得到解决，农业转移人口基本医疗保险异地转接难以真正落到实处。

（三）地方政府行为扭曲和激励不足。

1. 考核的显性指标设计弱化了制度的激励作用。

受政绩考核指标经济化、量化的影响，加之"分灶吃饭"下地方财政收入的激励与约束，地方政府的工作重心往往关注与经济增长密切相关的显性政绩方面，而对公共服务质量选择性忽视。人口的参保率、医疗保险的覆盖率、财政对农村医疗保险的人均补贴水平这些均是衡量政绩的突出指标，受到当地政府的强烈关注。面临农业转移人口基本医疗保险的异地转接问题时，对于转入地而言，异地转接的实现属于公共服务质量的提高，而这些非显性政绩难以有效衡量，甚至是一个投入巨大的无底洞。如果选择不认定，对于转入地没有任何损失；对于转出地

---

① 上海市外来从业人员综合保险暂行办法. 2006-03-01, 中国劳动人事网. http：//www.cnpension.net.

② 解读 2014《深圳市社会医疗保险办法》. 2014 年 1 月. http：//bsy.sz.bendibao.com/bsyDetail/608847.html.

而言，本地农业转移人口缴纳的新农合已经成为已实现政绩，并且农业转移人口在外务工不为当地经济做出贡献。地方政府的过度经济化解读让地方政府制度执行缺乏激励，势必会导致农业转移人口基本医疗保险的异地对接不可避免地走向失败。

2. 地方政府的自我保护主义降低了制度执行效果。

地方政府是公共服务的供给主体，农业转移人口作为游走在流入流出地的特殊群体，实现农业转移人口医疗保险对接意味着地方政府责任的交接。对于流入地政府来说，与农业转移人口相比，本地人口对医疗保险基金的贡献时间更长、贡献程度更大，因此地方政府更偏向于提高本地人口的公共服务质量；另一方面，转入地将医疗保障服务的供给责任让渡给了当地政府，作为发达地区的流入地政府需要额外承担高额的财政支出和利益剥削，一旦医疗保险基金入不敷出，流入地财政的兜底责任还将导致财政的赤字风险。在此情况下，地方政府的自我保护主义降低了对农业转移人口的接收意愿，影响了农业转移人口医疗保险对接的制度执行效果。

3. 创新风险与创新成本的规避心理降低了政府改革活力。

实现农业转移人口基本医疗保险制度的异地对接，意味着对现有医疗保险体系的重塑和新制度的建立，最后才能得出成功的实践经验。这种制度创新势必意味着地方政府需要承担较高的创新成本和创新风险，地方政府为了沿用固有经验、减少制度创新成本和减少制度改革风险，在没有中央介入的情况下，常常不愿意自主进行先行实践，而是希望由其他经济发达地区先行创新，最终直接进行成功实践经验的复制与修改。地方政府对于创新成本、创新风险的规避心理，大大降低了地方政府的改革意愿和创新活力。

三、农业转移人口基本医疗保险异地对接的对策及建议

（一）提高统筹层次，适应流动性需求。

统筹层次低是农业转移人口医疗保险关系转移矛盾的根本原因，统筹区域的划分为医保基金圈定了带有浓厚地域色彩的"势力范围"，只要统筹边界依然存在，那么农业转移人口跨区域流动导致的利益摩擦、转换成本、标准差异、报销手续繁杂等问题就会难以根除。对此，需要逐步提高统筹层次，将统筹层次逐渐上升至省（市）级乃至全国范围。具体而言，提高统筹层次应该从统一待遇水平、统一医保标准入手和统一医保信息系统三方面入手。

1. 整合医保体系，设置灵活可选择的保障体系。现行户籍制度改革下，城乡二元体制壁垒逐渐被打破，城乡户籍逐渐转为居民户籍。在户籍制度改革的情况下，应推进医疗制度的协调整合，打破省内的地方行政区划界限，逐渐设置灵活可选择的保障体系。改革后的保障体系分档设置缴费基数和缴费比例，由参保人群根据自身收入水平自主选择参保档次。

2. 医疗保险标准设置由统一机构科学制定。应该由统一的专业机构设定各省的医疗保险体系标准。避免各省随意升降筹资待遇标准；科学厘定统筹费率，加入动态分析，根据国民收入适时调整筹资标准；鉴于异地就医人员类别多样，可学习欧盟的跨国就医人员分类方法，分类选择报销比例和报销模式①。

3. 设立统一的信息网络管理系统。为了保证异地就医便捷，实现异地就医的互联网结算，医疗和医保机构应该运用统一的信息网络管理系统，并且采用全国统一的标准化表格，以记录和处理患者的基本信息、缴费记录、医疗情况以及费用等内容，并且在不同人群、相关机构中使用，实现互认，同时，统一信息编码标准，为异地就医提供技术保障②。

---

① 王雪蝶，曹高芳. 我国基本医疗保险异地就医结算问题研究——基于费用控制的视角［J］. 山东社会科学，2015，10：139-143.

② 王虎峰. 全民医保制度下异地就医管理服务研究——欧盟跨国就医管理经验借鉴［J］. 中共中央党校学报，2008，06：77-82.

(二）建立补贴机制，化解区域利益矛盾。

农业转移人口医疗保险关系转接阻力较大的主要原因在于，区域经济发展不平衡导致基金缺口风险的出现，弥补差均、化解区域利益矛盾是实现医保关系有效衔接的关键。化解区域利益矛盾的可行性方式，主要有以下三种方式。

1. 建立补贴机制和推进机构以促进筹资公平。具体措施可以由中央财政建立农业转移人口医疗保险关系转接调剂金，要用于弥补流入地和流出地之间医疗筹资等级的差异，并且在中央设立农业转移人口医保统筹基金调剂机构，作为常设机构专门负责区域间的差均结算划转，从而达到缓解区域间利益分割矛盾的目的。

2. 采用合理的折算方式以促进区域间的合作。在全国统筹尚未实现的情况下，应该出台一套统一的制度框架，规定不同区域间账户的折算方式。其一，在各地缴费年限完全不能互认的情况下，可以根据农业转移人口在当地所做的贡献，采取折算的方式，先认定部分年限，再全部认定。① 其二，在农业转移人口纳入城镇职工医疗保险体系时，可以将农业转移人口作为特殊群体单列出来，类似于深圳、上海的实践，降低农业转移人口的缴费基数和缴费比例，从而联系实际降低门槛。其三，对于涉及统筹账户的转移，目前统筹基金完全不能转移，未来能否通过折算转移可待商榷。

3. 转出地和转入地之间建立农业转移人口就医费用共担机制。这种方法是针对于医疗保险基金转移的复杂性设置的。具体设想中，农业转移人口只涉及医疗关系的异地转接，但已经缴纳的医疗保险基金并不随之流动。农业转移人口在所在地享受医疗保险，治病花销由其曾经缴费的地区根据其在该地区的缴费年限来分摊责任比例，由全国统一经办机构划拨费用，最终由各地消化。这种机制运行的有效性在于全国统一

---

① 熊吉峰. 农业转移人口医保转移接续中的区域利益分割与化解对策——以东莞仙桃籍农业转移人口为例［J］. 开发研究，2011，04：94-97.

的信息系统与运行制度的建立,而这种共担方式按照农业转移人口对各地的贡献分散了健康风险,并不涉及地区间基金的差额补贴,具有较强的可行性。

(三)重塑激励体系,强化地方政府支持。

在农业转移人口医疗保险异地转接中,地方政府绝对承担着义不容辞的责任。为了促使地方政府的行为改变,国家层面在确定农业转移人口异地医疗体系改革的方向后,需要更好地使用指导地方政府行动的两个工具:财政制度和以国家发展目标为导向的地方官员政绩考核制度。

1. 变化绩效考核方式和指标。地方政府应当摒弃自身行为的简单化逻辑,改变目前以 GDP 为主要考核指标的政绩考核体系,将农业转移人口异地医疗体系建设纳入政绩考核指标,真正实现"以人为本"的施政理念。在绩效考核方式方面,要改变现在主要由上级考核下级的方式,应建立自上而下和自下而上相结合的考核方式,在地方政府绩效考核中引入公众参与机制,改变地方政府"唯上不唯下"的行为倾向,真正满足农业转移人口医疗需求,推动农业转移人口异地医疗体系建设。

2. 财政制度改革。财政制度改革可以使地方政府将注意力从关注经济增长转向解决农业转移人口异地医疗等社会发展问题。中央政府和上级政府应当加大对地方政府社会服务支出的转移支付力度,设立农业转移人口异地医疗转接的专项补贴基金,解决地方政府财力不足、激励不足的问题,应当建立严格的专款专用制度,确保上级转移支付用于农业转移人口医疗体系建设。

报告四

无缝隙政府理论视角下流动人口计划生育服务与管理

随着我国社会经济的迅速发展，城市化进程的快速推进，城乡等区域之间流动人口数量也日益快速增加，这对公共管理与服务提出了更高的要求，特别是对计划生育服务与管理等工作也提出了更高的挑战。如何改善流动人口计划生育服务与管理工作，使社会人口更好地适应经济社会发展，日益受到各学者的广泛关注。已有研究在探讨完善和提升流动人口计划生育服务与管理工作方面时，较少考虑政府公共部门组织变革等因素。

本报告基于5999份2013年湖北省流动人口动态监测数据，从无缝隙政府管理理论的视角来探求提升和完善流动人口计划生育服务与管理工作的有效途径，在分析流动人口计划生育服务与管理现状及不足之后，本文从卫生计生部门与流动人口之间、各政府部门之间、卫生计生部门与其他组织之间建立无缝隙关系，来探索流动人口计划生育与管理无缝隙化的实现。

一、流动人口计划生育服务与管理的困境及存在的问题

（一）流动人口计划生育服务与管理的困境。

1. 流动人口规模大，流动性强。

根据湖北省卫计委提供的数据显示，2011年和2012年湖北流动人口数分别约为787.9万人和830万人，分别占常住人口的12.8%和13%。流动人口不仅规模大，而且流动性强，加大了流动人口计划生育与服务工作的难度。

2. 流动人口年轻化，育龄人口比重高。

湖北省流动人口动态监测数据显示，2010年新生代流动人口占流动人口一半以上，约1.18亿人，约占总流动人口的51%，2011年、2012年80后新生代流动人口都已超过总流动人口的一半，流动人口的平均年龄约为28岁，呈年轻化特点。流动人口的年轻化，正处于生育旺盛期，这一人群既是计划生育服务与管理工作的重点对象，也是难点对象。

3. 婚育观念尚未转变，婚育信息难掌握。

城乡观念差别较大，城区群众养儿防老的观念已经淡化，但是农村养儿防老、儿女双全的意识仍然较为强烈。据调查，在不考虑政策因素的条件下大多数育龄妇女认为生育两个孩子最为理想，其中80%左右的育龄妇女认为最好一男一女。另外，社会性别歧视仍然存在。在现实社会中，女性仍处于相对弱势的地位，在升学、就业、选举、报酬、晋职、退休等许多方面，还存在着事实上的男女不平等。这种现象助长了想方设法违法生男孩现象的产生。

流动人口人员流动性大，一方面造成信息掌握不及时，另一方面因信息更新量大，来了要登记，走了要删除，部分计生人员为省事不及时登记。

4. 两地共管机制难形成。

由于全国各地计划生育政策、计划生育工作水平及考核手段不一样，共管机制理论上设计较好，但实际操作中存在一些问题，共管机制难以形成。其原因有客观的，如有些社区没有电脑，流动人口对接系统无法进行信息交流等。也有主观上的原因，如双方计生人员的责任心等。如流动人口生育证明,应由户籍地办理,居住地配合催办。若户籍地与居住地计生人员工作责任心都强则生育证明办得较好,若有一方计生人员责任心不强,该项工作则流于形式。

(二)流动人口计划生育服务与管理中存在的问题。

1. 流动人口中享受计划生育服务率较低。

表1中,在所提供的五项服务中,流动人口享受到免费健康教育和告知服务地址电话的人数比重较高,分别为79.0%和59.3%,然而未能享受到这些服务的比重也较大,他们分别为14.3%和28.4%;而在晚婚晚育休假、计划生育手术后休假和享受优先优惠等卫生计生服务与优待方面,有一半以上的流动人口未能享受到,其人数比重又分别为57.0%、54.7%和59.0%,流动人口计划生育服务与管理水平有待提高。

表1 本地享有计生服务状况

	免费健康教育	晚婚晚育休假	计生手术后休假	享受优先优惠	告知服务地址电话
有	79.0%	1.8%	3.1%	17.5%	59.3%
否	14.3%	57.0%	54.7%	59.0%	28.4%
不需要	6.7%	41.2%	42.2%	23.5%	12.3%
合计	100%	100%	100%	100%	100%

数据来源:2013年武汉市流动人口动态监测调查数据。

2. 流动人口子女性别比失调严重。

根据2013年武汉市流动人口动态检测调查数据可知,流动人口亲生子女数为1人的,比重最大,且其子女性别比为195:100,远高于全国平均水平;流动人口亲生子女数为2人的和3人的,其子女性别比分别为52:100和45:100,又远低于正常水平,接受调查的武汉市流动人口子女性别比为108:100,又略高于国际正常水平;而根据统计数据计算可知，2013 年武汉流动人口子女平均性别比约为 135：100，流动人口子女性别比严重失调，给城市计划生育服务与管理工作带来又一大难题（见表2）。

表2　　　　流动人口亲生子女数量及子女性别比

	频率	百分比	男	女	性别比
0	70	4.0	0	0	0
1	1047	59.5	659	338	195
2	586	33.3	201	385	52
3	55	3.1	17	38	45
4	2	0.1	0	2	0
合计	1760	100.0	877	813	108

数据来源：2013 年武汉市流动人口动态监测调查数据。

3. 重管理、轻服务。

调查发现，不少领导干部对流动人口计划生育的认识仍然局限在管住流动人口超生上。为了"管"住流动人口，围绕办证、查环、查孕等，出现了办证手续复杂、收取押金、孕检次数多等问题，不少人口计生部门把对流动人口管理和服务的重点放在超生罚款上。由于限于管理模式还不健全，户籍地与现居住地互相推诿的现象比较普遍，跨省流动人口办证难的问题突出。这些现象和做法，既增加了流动人口的流动与就业成本，也增加了政府的管理成本，与社会管理公共服务的政府职能要求不相适应，不利于在市场经济条件下更好地促进人口流动。

4. 管理结构碎片化，尚未形成有效的部门联动管理机制。

目前，湖北省尚未建立"一盘棋"的流动人口计划生育服务与管理的综合工作机制，部门之间与地区之间难以统一协调和配合。虽然，中央推行了流动人口计划生育服务与管理的双向管理模式，但在实践过程中还是出现了配合难、信息交流难的情况，由于两地配合带来信息收集难，问题解决的周期过长，造成很多情况下流入地和流出地难以及时掌握流动人口避孕节育状况。流动人口向户籍地报告避孕节育情况中，没有报告的占25.2%，没要求报告的占22.7%，两者之和约占有效调查数据的47.9%，再加上两地信息交流需要一定周期，这样将难以及时了解流动人口避孕节育信息，也就难以提供及时有效的计划生育服务与管理。

5. 流动人口计划生育服务与管理缺乏完善的考核机制。

从横向来讲，由于流动人口的流入地和流出地存在一定社会经济发展水平的差异，以相同的工作标准来考核、相同的工作标准来要求，将会出现不符合两地实际的情况，若实施差异化的考核标准、工作标准，虽然方便了两地管理和考核工作，但又将会加大流动人口计划生育服务与管理工作的难度；从纵向来讲，卫生计生部门上级对下级的考核存在矛盾，以武汉市为例，其流动人口计划生育服务与管理实行居住地通报、居住地负责，大大降低了居住地报告流动人口计划生育违规的积极性，其考核有悖于考核设计的初衷。如此种种因素，必将影响流动人口计划生育服务与管理的有效考核，也将造成监督不畅，难以有效激励两地流动人口计划生育相关工作。

6. 卫生计生部门与其他部门之间存在协作问题。

由于目前各政府部门职能专业化分工，各部门的工作以本部门的工作为向导，部门之间各自为政、政出多门、功能重叠、相互推诿、效率低下，虽然也有地方构建部门联动工作，如武汉市的"三长责任制"的流动人口管理模式，但由于具体操作机制和相关的配套制度、公共经费及理念尚不完备，实际效果并不理想。还如，武汉市地方卫生计生部门与其他部门相比，缺少充足的基层工作专员，而同样是应对流动人口的管理，完全可以统一协作管理，却政出多门，人力资源配置重叠，部门之间存在协作缝隙。

二、无缝隙政府理论下流动人口计划生育服务与管理等工作完善

拉塞尔·M.林登的无缝隙政府理论是适应公民社会、信息社会的要求的公共部门再造理论,它将顾客导向、竞争导向和结果导向为创建无缝隙政府改革的重要内容,同样可以为我国计划生育服务与管理工作提供理论支持,对提高我国流动人口计划生育服务与管理水平和迎接更为困难的挑战具有有益的指导作用。

(一)建立卫生计生部门与流动人口的无缝隙关系。

1. 实行单一的属地化管理方式。

统一流动人口与当地户籍地人口的流入地生育政策,实行均等化的计划生育服务与管理,强化流入地计划生育服务与管理责任,减轻户籍流出地计划生育服务与管理负担,逐步改变以往双向管理中的"双不管"现象,并且户籍流出地只履行提供流入地相关信息的职责,这样既可以改变双向管理情况下以《流动人口婚育证明》为主线的高成本、低效率的政府工作模式,使流入地集中人力、物力、财力开展计划生育服务与管理工作,为当地提供更加优质和高效的计划生育服务,不断满足流入地内流动人口与流入地户籍人口的计划生育服务要求,提高计划生育管理服务质量;同时也将减少流动人口因双向管理所带来的额外的时间与货币成本。

2. 调动流动人口参与计划生育服务与管理工作的积极性。

建立实用有效的公民参与形式,如新闻媒体和电子政务等,一方面,加大计划生育服务与管理等政务公开力度,便捷流动人口获取全面的计划生育服务与管理信息,加深流动人口对卫生计生部门的认知,加大流动人口对计划生育服务与管理工作的认可,增强流动人口对计划生育部门的信任,让其成为计划生育等政府部门提升服务、改善管理的外

在动力和评价机制。

通过有效的利益向导，引导流动人口积极参与和配合卫生计生部门的服务与管理工作。如广州市实行的流动人口积分制入户制度，将计划生育列为该制度中一项重要内容，通过入户这一利益导向，调动了流动人口履行计划生育义务的积极性，大大密切了流动人口与居住地政府之间的关系。

（二）建立卫生计生部门内部的无缝隙关系。

1. 提高计划生育工作人员的公共服务水平。

要提高计划生育工作人员公共管理与服务水平，首先，使计划生育部门内部人员的需求得到满足，以保证其工作的积极性、创造性；其次，注重提升计划生育工作人员公共服务素质，以提高其公共服务能力；再次，加强队伍建设，根据现实服务管理对象，及时恰当调整队伍规模，以满足当下公共服务与管理工作需要；最后，加强绩效考核，使卫生计生部门更加注重流动人口计划生育服务与管理工作的结果，做到以结果为向导，引导卫生计生部门工作与流动人口计划生育需要的契合。如上海市的"目标管理责任制"，以目标结果为导向，强调责任与服务，使卫生计生部门的服务与管理工作更加贴心于流动人口。

2. 简化流动人口计划生育服务与管理工作流程。

将流动人口计划生育与管理有关工作流程同时进行，改变原来的按序进行，加快实行工作结果，使卫生计生部门工作人员在进行服务员管理工作中，及时发现问题、解决问题，及时将相关建言反馈给卫生计生部门的领导者。例如，改变以往的流入地和流出地的双向管理模式，实行单一的属地化管理模式，向户籍地报告流动人口避孕节育状况这一工作流程或可取消，将会大大减轻流动人口和两地卫生计生部门的负担。

（三）建立卫生计生部门与其他部门的无缝隙关系。

1. 加强政府各部门之间的联合，实现政府综合治理。

流动人口计划生育服务与管理工作具有艰巨性、复杂性，单凭卫生计生部门力量是难以做好的，更难以有效地克服流动人口计划生育服务与管理难题。必须加强公安、民政、工商、社保、卫生计生委等政府部门的内部联合,建设部门信息共享平台,统筹服务与管理工作,实现政府对流动人口的综合治理。如武汉市的"三长责任制",它强调多部门协作,共同负责的原则,以工商局长、公安局长以及计划生育委员会主任为主体,劳动、城建和卫生等部门共同参与的工作方式,综合管理流动人口。

2. 整合流动人口信息资源,建立统一完善的信息共享管理平台。

目前,信息日益成为推动经济发展和改善社会管理的重要战略资源。卫生计生部门必须通过电子政务等多元化形式,及时、准确地获取流动人口计划生育服务与管理相关信息,为计划生育服务与管理工作争取宝贵的决策时间,提高政府回应流动人口计划生育服务与管理相关方面的利益诉求;加强卫生计生部门与其他政府部门或者非政府部门的协作关系,实现各阶段的信息共享,以利于共同满足流动人口公共服务的需求。例如,湖北省为提高人口信息资源利用率,创办了湖北省人口基础信息共享平台,该平台将卫生计生委、公安、劳保、民政、工商等部门人口信息进行整合,从而使得各部门之间人口信息得到互联、互惠,这对于改善湖北省流动人口计划生育服务与管理工作将起着推动作用。

3. 加强卫生计生部门与社区、流动人口自治组织之间合作。

在我国,社区治理是社会自治的重要形式和有效方式,加强卫生计生部门与社区自治组织的合作,完善流动人口的计划生育服务与管理的社区化服务管理模式。在依托社区现有经济社会资源的基础上,卫生计生部门还应配置与社区相应的机构、工作人员和经费,建立健全计划生育服务与管理的组织机制,完善对流动人口的激励惩处机制,注重转变流动人口的生育理念;引导和支持流动人口的人口计生协会自治组织的建立健全,卫生计生部门应与其他公共部门一道,共同为流动人口计生协会自治组织的建立健全创造有利环境,能使流动人口计生协会成为与政府部门协调合作的组织。

报告五

推动户籍制度改革，提升流动人口管理效率

如何通过对现阶段户籍制度进行改革，实现由总量控制为主向总量调控与结构优化并重转变，在改革现行户籍制度的同时，做到优化发展环境，提高对外来流动人口的管理的质量和效率，进而实现人口与经济、社会的协调发展，是我们必须认真思考的问题。

一、湖北省流动人口管理的现状与难题

据省计生委统计，2010年我省流动人口830.01万人，占常住人口的14.5%；其中，跨省流动人口564.36万人，占流动人口总量的68.03%。2011年我省流动人口接近1200万人，其中流入人口首次突破400万。另据2012年湖北省流动人口动态数据显示，我省流入的流动人口主要有以下特征：男性占51.7%，女性占48.3%；持有《流动人口婚育证明》的占66.5%，没有的占32.4%，其他的占1.1%；就避孕节育报告情况来看，没有向户籍地报告的占24.9%，已经报告的占53.3%，其他情况占25.8%；流入时间上，2000年及以前就流入的占6.9%，2001至2010年流入的占60.4%，2011年和2012年流入的占31.6%；打算在本地长期居住的只占65.3%。当前，我省流动人口管理

遇到了一些困难：

（一）完善信息网络协作，破解流动人口动态管理困难。

常住人口登记信息系统尚未实现全国联网，不利于办理暂住人口登记办证、核实申报人真实身份以及实行双向管理、追踪管理。有的地方尚未建立流动人口、出租房屋计算机管理系统，有的虽已建成系统但不能及时录入暂住人口信息和上网比对，且暂住人口信息管理系统不能延伸到基层管理站点，不适应当前流动人口治安管理工作的形势和要求。

（二）推动人口有序迁移、合理分布，引导人口流向困难。

就全省的流动人口分布来看，武汉市的流动人口在全省占据了很大的比例。流动人口过度集中于中心市区，一方面会造成城市资源跟不上人口的需要，另一方面也会造成城市交通拥挤、社会治安混乱等负面状况，合理引导流动人口是推动区域平衡发展、改善人口管理的必要措施。

（三）大力推进基本公共服务均等化，提高流动人口享受公共服务水平困难。

基本公共服务包括保障基本民生需求的教育、就业、医疗卫生、社会保障等领域的服务，当前我省流动人口数量庞大、流动性强、均等化服务政策不完善，这些不良状况很大程度影响了流动人口享受基本公共服务政策的优惠。

（四）畅通诉求表达渠道，维护好流动人口合法权益困难。

我省流动人口整体教育水平偏低，据2012年湖北省监测数据显示，教育程度上，普遍偏低，初中及以下的占73.3%，高中或中专程度的占21.1%，大专及以上的占5.6%；此外，自我法律保护意识也较为薄弱。当合法权益遭受损害时，往往不能有意识地通过法律等有效措施来维护自己的合法权益。如何提高流动人口的法律意识，如何为这一群体提高法律服务水平使得他们的利益得到诉求，也是管理过程中的一大难题。

二、现行户籍制度在流动人口管理工作中的弊端

现行的户籍制度在实际流动人口管理中表现出的弊端主要有以下几点：

（一）以常住人口为管理对象的户籍制度，无力管理大量的外来人口。

常住人口是一个较为稳定的人口群体，户籍管理的重点一直放在他们身上，无论是管理体制还是工作方法，长期以来形成了一套稳定的系统。暂住人口则是一个很强的人口群体，因此在管理体制上很不适应。其一，暂住人口分布面广，基本情况难以掌握，其活动规律又不同于常住人口，如果照搬现成的常住人口管理办法很难行得通；其二，缺乏必需的管理人员、管理措施和管理网络。过去户籍部门依靠居民主动前来申报，而现在的房东和房客是经济关系，大多不肯申报，户籍部门难以一一查询。其三，在指导思想上没有把管理暂住人口的工作摆到与常住人口同等重要的位置上。因此，混杂在外人员中的不法分子趁着搞活经济、人口大流动的当口，流窜各地作案。当前，很多地方仍未实行以居住地登记户口的制度，造成大量人走户口不迁等问题。随着经济的快速发展，人口流动特别是农村剩余劳动力跨地区的流动大量增加。这些人常年在外，在当地只能纳入流动人口管理，户口仍在原来的农村，形成了事实上的人户分离。

（二）现有户籍制度，不利于流动人口计划生育工作的多部门协作。

流动育龄人口的超生现象和主管部门对流动人口计划生育管理工作的难度加大。在管理工作方面，国家规定流动人口的计划生育管理工作由户籍地和现居地共同管理，以现居住地为主，但由于现居住地必须依赖户籍地相关部门提供流动人口的家庭及人口基本信息，这势必会加大

两地计划生育和相关部门的工作量和工作难度。

（三）流动人口的人户信息不一致，基本信息不准确。

很大一部分流动人口长期在外工作生活，而其户籍信息及其人口基本信息资料则在原户籍，造成人户信息的地理分离。同时这种分离必然对人口流动过程中产生的其他社会信息如职业、居住等产生负面影响，难以在户籍信息中得到及时更新，造成人口信息不准确。

（四）户籍制度改革政策不统一，跨省迁移对接困难。

近年来，各地相继出台了户籍制度改革措施，但各省市的改革政策都有所不同，给全国人口统计跨省市迁移落实等带来麻烦。如有的地方取消了户口性质，公民迁移到其他地方后户口性质如何确定，户改政策出台后，相关的配套措施没有及时跟上，有的地方追求城市化，实施城市"人口膨胀"计划，而相关的就业、低保、退伍安置、计划生育等措施没有跟上，影响和制约了人口的有序流动。

三、加快推动我省户籍制度改革的步伐

为了适应新的发展形势，就迫切需要我们从改革、发展、稳定的大局出发，牢固树立"以人为本"的指导思想，用科学发展观统领人口管理工作，加快户籍制度改革，实行开放式的城市管理体制。

（一）建立全省统一的人口管理信息系统平台。

打破各部门之间存在的人口信息障碍，整合公安居住证信息、户籍人口信息，出租屋综管办的流动人口信息，以及计生、社保、就业、住房、教育、诚信等人口信息，建立一个实有人口信息库，将全省实有人口纳入统一管理平台，提高流动人口智能化管理和服务水平。此外，还可以依托全国建立城乡统一的社会保障制度，进一步丰富和完善身份证管理内容，探索实施身份证与社会保障"一证通"制度。即个人身份证号码同时具备个人社会救济和养老、疗、失业、生育等个人社会保障

号码的作用，具有多种功能和较大容量，如身份证号码输机后，会建立各种信息库，并可随时根据管理需要变更、查询。

(二) 打破"人户一致"的静态管理模式，向动态化转轨。

长期以来，户籍管理强调"人户一致"的原则。大量事实证明，在我国还不具备开放城市户口的现阶段内，必然出现程度不同的人户分离现象。它对吸收农村多余的劳动力，活跃市场经济，发展商品生产起着积极作用。如果一味坚持人不离户，户口跟人走的做法，势必与搞活经济、发展社会生产力的方向背道而驰。因而，承认人户分离的合理因素，跳出静态管理框框，转向动态化管理，是户籍制度适应社会主义商品经济新秩序的必由之路。

(三) 增辟"社保+居住"新型入户渠道。

应该以稳定就业和实际居住为前提，对于不超过一定年龄、在湖北参加社保且居住达到一定年限，或在湖北拥有房产、且在湖北参加社保达到一定年限的外来流动人口，准予以个人身份在公安部门申请办理入户手续。这样就相当于新辟入户渠道，简化入户程序，将为外来流动人口提供更有利的入户条件和机会，为实施阶梯式落户政策奠定基础。此外，复旦大学教授陆铭提出，以"土地换户籍"的办法来改善流动人口管理问题，即允许农村宅基地所对应的建设用地指标成为可以入市交易的资产，让跨省进城务工的农村人口将其拥有的建设用地指标带到其就业所在地，并借助集体议价或专业的金融平台，以合理的价格换取当地城镇户籍、社会保障、公共服务。

(四) 统一户籍制度改革政策，成立独立的流动人口管理部门。

建立全省统一的户籍改革政策，避免各地政策的不同给全国人口统计跨省市迁移落实带来的麻烦，确保就业、低保、退伍安置、计划生育等政策与户改政策的协调配套，引导流动人口跨区域有序流动，维护好流动人口的合法权益。另一方面，流动人口涉及计生、教育、社保等各个方面，各个部门之间协调沟通成本较高，在原部门中抽调相关工作人员成立新的独立的流动人口管理部门，可以使原有部门间的沟通障碍内部化，有效地节省管理成本，提高管理效率。

报告六

基于移动互联网络实现流动人口管理模式创新

现行户籍制度框架的中国城市人口管理却面临着前所未有的挑战。一方面,随着我国流动人口管理模式从防范型、控制型到服务型的转变,接收地政府必须发挥好公共服务供给者的职能,户籍制度改革、消除流动人口的就业制度的歧视性政策以及完善流动人口的社会保障制度成为政府的主要工作;另一方面,现有的流动人口登记制度却难以与政府的职能需求相配,传统的暂住证、居住证等登记制度,难以适应工作地点和居住地点频繁变动的流动人口,主观层面上也容易引起流动人口的排斥,不利于流动人口的统计与管理。

在以往针对流动人口登记体系研究的思路上,本报告引入移动网络数据的技术背景,构建通过手机移动客户端构建政府与运营商的连接网格模型。模型的设想将进一步重构流动人口登记制度体系,从根本上打破"户籍属地管理"的界限,将所有流入本地的人口全部纳入居住地管理系统进行统一管理,并且创建管理信息平台,整合多方资源,探讨"政府—运营商"式的城市流动人口管理模式的未来发展思路。

一、旧模式存在"流动人口管理失灵"现象

随着流动人口服务型管理模式改革的深入,我国政府现有的流动人

口管理体制表现出体制缺陷、部门沟通不畅等"流动人口管理失灵"问题，严重阻碍了流动人口社会保障制度服务的完善。

（一）政府管理体制的缺陷加剧信息的失真性。

现有的政府管理体制导致流动人口统计信息失真性主要包括两个层次的过程。一方面，政府服务型管理机制尚未转变，流动人口出于自身利益的考虑，并不愿意主动接受政府流动人口的管束机制，因此在流动人口登记管理的过程中具备隐瞒自身真实信息的客观需求，从而导致流动人口与基层政府之间的信息沟通可能阻塞。另一方面，作为流动人口管理的主体，地方政府在承担统计数据和上报数据两项职能的同时，在理性"经济人"的行为路径下，同样关心自己在政治活动中的成本和收益。因此，地方政府为了追求利益最大化，将流动人口作为实现自身目标的外在要素而非天然的服务对象，并主要根据流动人口对实现其自身目标作用的大小来决定对他们的态度以及行为。然而，在属地化管理中，流动人口的大规模涌入常常伴随着有限资源上的分配冲突、工作量的增加等一系列矛盾，难免出现"不愿管、不想管"的主观情绪。对于流动人口现居住地的社区或基层计划生育管理部门而言，多一事不如少一事，不愿承担属地管理的责任，缺乏主动开展流动人口计划生育服务管理工作的积极性；对于流动人口来说，传统登记制度下，流动人口对计划生育工作人员缺乏信任、担心个人信息被泄露，刻意隐瞒不报、错报或不愿主动配合，造成信息获取困难。

（二）部门间的垄断割据导致信息的孤岛性。

长期以来，城市社区对于流动人口的管理表现出明显的"重管制、轻服务"倾向，忽视了流动人口正当的权利和服务需求。目前，流动人口管理逐渐由原来的"把控性"转向"服务型"，户籍福利逐渐淡化，流动人口的管理主体涉及公安、民政、工商、劳动等多个部门，公共服务内容也延伸至教育、医疗、养老等多个方面，各个部门的协调配合至关重要。然而，由于各部门利益的阻力，目前我国人口信息整合环节仍存在明显的断裂问题，部门间的垄断格局明显。在实际运作中，公安部门虽然享有采集信息的主导权,能够获取最贴近真实数据的流动人口信息,但由于行政体制和管理权限方面的原因,各部门之间缺乏良性互动,相互之间缺乏有效的信息共享,各部门间的协调互动机制难以建立。

二、移动网络技术优势是流动人口管理的突破口

现今捆绑在户籍制度上的福利不断被剥离,原本"属地式"管理转变为"普惠型"管理,提供服务实际上就是另一种形式的管理,而服务的提供则以完善个人信息为基本要求。流入地基层政府和社区落实人口登记的措施在不断完善,但总的来说管理方式并未完全由"静态"转向为"动态",信息收集的滞后性反映出的流动人口管理体制缺陷仍是政府进行高效管理的最大阻碍。面对政府部门信息收集效率严重滞后于城市人口流动速度的现状,应该尽快建立新的管理机制,以实现动态管理流动人口的目标,其中转变管理思路和组织体系是关键。

当今中国已经进入移动互联时代,人们对手机、网络的依赖程度远超过以往任何时代的加总,车站、码头、机场、地铁、商场等公共场所配备无线上网服务已是常态;北京、上海、广州、杭州、深圳等城市更是建立无线上网热点公共场所,将免费无线上网服务提升到建设"网络城市",进一步上升至创建"移动互联城市"、"智慧城市"。截至2012年2月底,中国已有30个省274个城市①的无线城市门户上线推广。无线上网是使用无线连接的互联网登录方式,其中最主要的一种方式就是WiFi,可以将个人电脑、手持设备(如PDA、手机、平板)等终端以无线方式互相连接。动态性作为无线网络的显著特点,运用到人口流动管理中,以信息化管理提升流动人口的服务需求水平,且以现行

---

① 数据来源于2013—2017年中国无线城市发展模式与路径规划分析报告。

手机的普及程度而言，无线上网逐步涵盖社会各个层级是可以预见的。数据的获取始终存在着周期长、主观性强等问题，然而，移动网络运营商却能获取海量、客观、实时的用户数据，能够反映人员的位置信息和流动情况。用户在享受无线上网服务的同时，手机终端与基站之间每480毫秒报送一次用户测量报告，即基站每天可记录平均每位用户高达5亿条用户实用信息，检测管理人员通过基站显示的报送信息为即时检测人员转移动向提供海量的数据支撑。移动网络管理以提供无线上网服务，通过利益诱导机制，满足流动人口的利益需求，吸引其注册登录，实现移动通信数据的采集，依靠政府对流动人口实施动态监控，保证从"静态"管理机制向"动态"管理机制的平稳过渡，不失为一项理想的选择。

与传统流动人口登记管理模式相比，移动互联网络管理的技术优势主要体现在以下三个方面：

一是获取的数据更为客观。与传统数据获取途径不同，移动网络公司基站接收到的数据，不可人为控制其数据传送内容和传送时间，用户实用记录直接通过基站信道输送至运营商数据处理系统，"一站式"完成数据发送、接收和统计分析。在时间和空间上分离数据收集和数据上报两项工作，将基层政府部门排除在数据收集的"屏障"之外，可以有效避免基层政府或行政管理部门为维护政绩或为达限定指标，出现的"虚报、瞒报"行为。

二是采集流动人口多重信息，发挥信息规模效应。现有政府部门之间人口统计信息处于相互"封闭"状态，而移动网络作为新型的人口信息采集手段，将"管理寓于服务"，以提供海量网络资源为载体的信息服务，吸引手机用户主动填写个人信息并注册登录；同时以政府管理为目的的人口信息统计平台，无形中为流动人口安全上网提供良好的信息保障。在网络连接状态下，流动人口的个人信息通过基站进入移动网络运营商，统一收集流动人口各种信息，经初步识别、整合和分析之后，公安、计生和教育等部门各自通过相应的渠道信息提取本部门工作所必要的人口信息,发挥人口信息规模效应,打破原有各部门之间信息沟通的壁垒。

三是全面覆盖人口流动信息采集盲区,从根本上保证信息的全面性与实时性。以武汉市为例,由于城市规模相对大,基站设置数量多,地域分布较广。手机客户通过实名验证登记上网,进入最为临近的基站辐射范围的区域内,基站检测到临近客户端的发送信号,进而支配移动客户端向其发送用户实名验证信息以及实时动态数据。与此同时,当用户在武汉市内流动的过程中,为了避免用户进入基站检测范围盲区,设置各基站唯一代码以及扇形信号辐射范围,囊括武汉市内各区,基站代码即反映基站所在武汉各区、乡镇及街道(见图1)。记录该用户移动网络数据最多的基站所在地即为该流动人员的暂住地,运营商将信息识

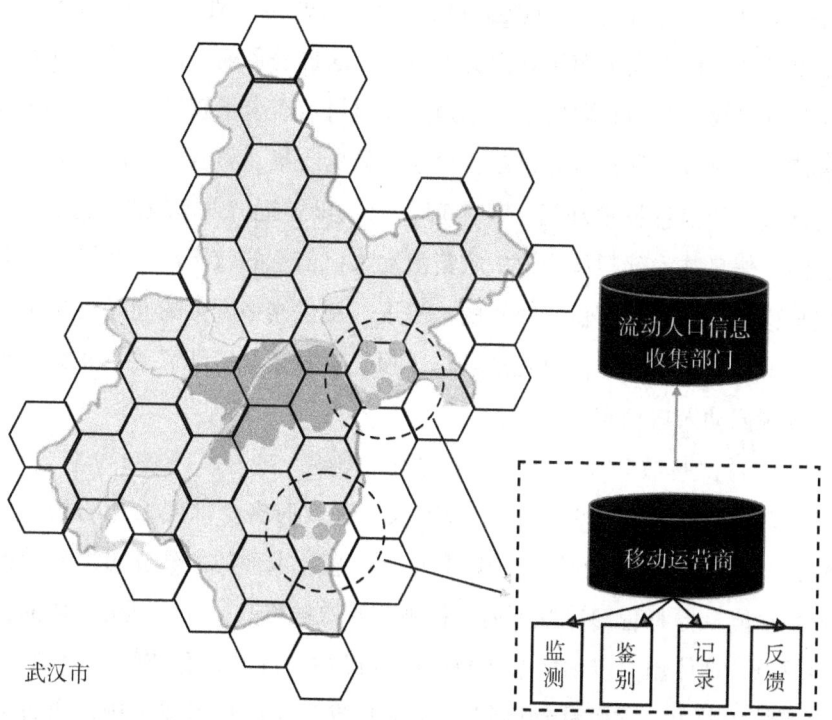

图1 基于移动网络的流动人口信息收集示意图

别、检测和记录后反馈至相关政府部门，进而将该人员信息传送至该暂住地管理部门，在最短时间内进行该人员计生、工商、子女教育等方面的信息收集。

三、创新流动人口管理模式基本思路

（一）建立信息技术部门，实现实时动态管理。

针对上述流入地政府部门为维持政绩出现的"瞒报、虚报"现象，建立信息技术部门是实现人口实时监管和提高服务落实度的必然选择。我国人口流动是一个复杂的动态过程，居住地和流出地共同构成交互式的社会网络，由于公共服务的缺失，流动人口主动进行登记的收益非常有限，再加上进行登记可能会面临生育行为处罚，两个方面共同作用，使得流动人口失去了信息登记的主动性，这也是目前人口省际流动信息通常难以第一时间获取的主要原因。而以目前需求量较高的移动通讯网络建立起有效的利益诱导机制，设立以数据收集、整合、分析、反馈为运行核心的信息技术部门，是实现我国人口登记"主动化"的关键性思路。信息技术部门作为集中收集流动人口信息的政府信息部门，在实现与移动网络运营商良好对接的前提下，提供网络服务的同时建立人口动态管理机制，通过信息化的统计手段，实时记录流动信息，真实有效地掌握流动人口动态信息。

（二）"打散"权力割据、重构组织框架。

现行流动人口管理模式是流动人口和政府多个部门之间的相互博弈，"瞒报、虚报"的情况难以避免。信息技术部门的建立可以将数据收集功能从原有管理体制剥离，打破原有数据集收集与管理为一体的基层政府管理体制，以切实落实数据的准确性为准则，有效规避"瞒报、虚报"的现象。在以移动网络为载体的流动人口管理体系中，通过流动人口信息的收集、整合，信息筛选后通过部门共享平台传递至各个部门，构建信息收集与管理分立的初步体系。一方面打破了原有信息收集机制的局限，将政府权力"打散"；另一方面，信息技术部门由地方政府直接管辖，从部门权力的行使方面看，能够完成与其他各管理部门信息的平稳对接，实现了政府权力的"对接"，是整合信息并完善政府各部门共享信息平台的渠道，促进政府各部门之间信息沟通的良性互动。

（三）强化多部门协作，共享人口信息库。

流动人口在各地流转过程中，政府部门以公安部门为主导，借助人口流动信息对流动人口进行最大效能的引导、调控和干预。随着人口管理相应服务机制的进一步健全，打破人口信息交流屏障，实现信息共享逐渐成为政府管理流动人口工作的新导向。目前，可以由信息技术部门组建多部门协作的人口基础信息库，其中包含流动人口基本信息和就业、医疗和教育等社会保障信息，通过共享流动人口管理和服务的数据资料，建立起部门间信息互通、资源共享、密切配合的流动人口服务管理工作新机制。总之，通过构建完善的人口基础信息库，强化多部门协作，保证公安、公司、劳动、计生等各个部门信息步调一致，实现相互之间信息对接的互联互通和共享共赢。

四、构建移动互联网络平台，创新人口统计机制

（一）建立"运营商—政府"合作机制，搭建交互式信息平台。

流动人口在不同基层政府行政区域之间转移具有高流动性，基层政府通常对在本管辖区域内滞留的时间超过6个月并且没有本地户口的人员视为本辖区的流动人口。本文中，移动互联网络运用到流动人口管理体系中，实际上是建立"运营商—政府"的合作机制，搭建各政府部门紧密协作的信息交互式平台。在移动互联网络的管理模式下，首先由移动网络运营商建立信息初步采集系统，负责实时记录，将单一、零散的信息进行有效整合，通过网络联结通道上传至政府信息技术部门数据

处理中心进一步解析。处理完成后将统计信息再传递至人口基础信息库，其他基层政府部门通过登录信息库，由信息技术部门内部的指令中心进行信息合理调配，导出各部门所需各项流动人口基础信息资料。总之，移动网络系统本身具有的交互性强、分布域广、响应速度快等特点是实现流动人口动态管理的突破口，也是政企建立合作机制的必要前提。除此之外，网络联结通道连接运营商的初步采集系统和政府信息部门技术中心，强化"运营商—政府"的合作机制，共建流动人口基础信息库，充分利用网络信息的时效性，加强各基层政府部门间的交流协作，进一步提升流动人口的管理服务水平。

（二）覆盖人口流动盲区，建立信息初步采集系统。

信息技术部门作为单独收集人口流动信息的部门，主要信息处理对象为基本信息资料和通讯资料，其中，基本信息资料主要指移动接收端用户姓名、身份证号、入网时间、入网地点、联系电话等，而通信资料指的是临近基站代码、手机归属地等漫游信息，两类信息的源数据均来自于移动网络运营商的信息初步采集系统。流动人口信息的初步采集首先通过移动网络全面覆盖人口流动盲区，当流动人口转移至相应的区（县）街道办，临近基站会在第一时间捕捉其相关上网信息，即手机在不同城市漫游过程中，自动在漫游所在地移动通信基站上留下的在该地使用移动网络所产生的原始数据。系统进行初步解析后，将原始资料按照流动人口基本信息和通信资料分别储存在信息初步采集系统的访问位置库和归属位置库中，定时或定期向信息技术部门数据中心自下而上依次传输数据。同时进入位置库的信息查验无误后可再上传至备份库进行存储，方便信息技术部门由于特定需要进行传送前的数据查验。简言之，信息初步采集系统的作用在于，完成流动人口网络通讯量的初步收集、保存，为政府信息技术部门提供必要的网络技术支持，为搭建互联互通、共建共享的人口信息交互式平台奠定坚实的基础。

（三）灵活配置网络联结通道，实现通讯信息双向流转。

移动网络运营商和信息技术部门之间的信息传输，通过建立信息技术部门与移动网络运营商数据联结通道的方式获取原始通信数据。在数据传输过程中，越过运营商与政府之间的"天然屏障"，在信号传输途中实现信息双向传递，通过灵活配置网络联结通道，建立双向反馈实现对正在使用网络的流动人口进行不间断管理。网络传输通道发送端是多层次的信息初步采集系统，而信息技术部门数据处理中心相当于网络传输通道接收端，接受未经处理的原始数据进一步分析比对与统计，充分发掘数据的潜力。当移动网络用户输入设置后的账号与口令，流动人口身份认证相关信息进入数据采集系统，鉴别请求成功后，指令回转至通道发送端，成功建立网络联结，原始资料开始进行传输。用户基本资料和通信资料原始信息经成功解析后，自动鉴别流动人口归属地信息，当检测数据信息与政府档案中的重点关注对象如假释、取保候审和补助救济等人员信息匹配时，立即发布反馈信息。为密切关注重点对象的具体动向，网络传输通道的发送端即支配基站增加数据输送频率，数据处理中心快速创建该流动人员其他信息索引并导入该人员其他相关信息资料，建立该人员临时信息表，紧密跟进该人员移动网络使用状况，有组织地、动态地储存大量关联数据，掌握其平时主要活动规律。简言之，信息技术部门处理中心与移动运营商联结运行机制以网络传输通道为基础，指令反馈为重点，其他信息查询、索引功能相配套，有效地引导、调控和灵活配置，将流动人口信息采集网络化，以信息化政务提升流动人口服务管理的水准和要求。

（四）优化指令实现信息对接，打破信息共享壁垒。

人口基本信息库作为承载海量流动人口信息的载体，在操作上具有一定的机密性，因此需要通过第三方控制，有效屏蔽错误的查询请求，及时发现可能潜在的威胁。指令中心作为信息技术部门的运行中枢，不仅在网络数据传输过程中通过下达指令保证信息的平稳对接，并且在由人口基本信息库向其他部门传送信息的过程中，通过优化指令实现信息的无障碍交流，提高人口基础信息库的响应速度，打破各部门信息共享的壁垒。具体过程表现在，进行查询和索引完毕后的信息进入人口基本信息库中上传至实时库，记录当日当时的人员流动信息，其他部门每日定时向信息技术部门发送入库权限请求，申请查看最新的人员流动信息。指令中心接收请求，继而向人口基本信息库发送查询指令，其他部门根据需要导出数据，进入相应部门管理信息平台。如办理居住证时所需新居民信息进入公安管理部门信息库，成年人用工信息进入劳动部门信息库，婚育信息进入计生部门信息库，房屋租赁人员登记和物业管理信息进入房管部门信息库等。各部门提取流动人口相关信息，对应跟进各项基本服务。另外，数据信息在实时库中的存储具有一定的实效性，储存时间超过三日即视为历史信息，由实时库上传至历史信息库保存。由于信息源由移动网络统一采集，保证信息来源和时间节点相同，其他政府部门可通过人口基本信息共享库根据特定目标进入历史库查询流动人口过往登录信息，追踪流动人口具体动向，避免部门之间共需信息的反复采集，提高信息的利用率，达到有效管理人口流动的目的。

虽然目前移动网络人口管理模式还面临"运营商—政府"合作机制不成熟和基站数据交换技术亟待革新等多方挑战。但总的来说，以移动网络为基础的信息化政务将会成为未来流动人口管理模式发展的新趋势。

报告七

流动人口计划生育协会组织建设研究

在党的十八届三中全会要求激发社会组织活力、创新社会治理的时代背景下，以泛长三角地区为例，对流动人口计划生育协会的类型特征、运行机制进行系统、深入的梳理，运用社会网络理论对流动人口计生协会所发挥的作用进行研究，为进一步推动流动人口计划生育协会规范、有序、可持续发展，积极发挥流动人口计生协作用，促进新时期流动人口服务管理工作健康发展，推进计划生育治理体系和治理能力现代化提供借鉴和参考。

一、泛长三角地区流动人口及其计生协会组织建设基本情况

（一）泛长三角地区流动人口基数大。

泛长三角地区包括上海市、浙江省、江苏省、安徽省、河南省、湖北省、江西省等六省一市，2013年末区域内常住人口4.25亿，占全国总人口的32%，流动人口9814万人，占全国流动人口总量的40%，其中流入人口4943万人，流出人口4871万人，区域内流入、流出人口总体持平。

（二）区域内人口呈现中部向东部大规模流动特征。

沿海的上海、浙江、江苏三个省市为净流入人口地区，2013年末上海市流入1091万人，流出人口不足10万人，净流入1081万人，占其常住人口比率接近50%；浙江省流入2322万人，流出406万人，净流入1916万人；江苏省流入1095万人，流出396万人，净流入699万人。上海、浙江、江苏三省市净流入3696万人。

区域内属中部地区的安徽、河南、湖北、江西等四省为净流出人口大省，净流出人口分别为1425万、726万、743万、730万人，四省净流出3624万人，与沿海三省市净流入人口持平。

（三）近年来区域内流动人口计生协会建设稳步推进。

截至2013年年底，泛长三角地区共建立流动人口计生协会15166个，流动人口计生协会会员约1800万人，占区域内流动人口总数比率接近19%。沿海的上海市、浙江省、江苏省共建立流动人口计生协会8326个，95%以上属于依托本地大型集贸市场、工厂、企业建立的流动人口计生协会。属于中部地区的安徽、河南、湖北、江西四省共建立流动人口计生协会6840个，其中有3493个属于在流出人口集中的外地建立的异地协会，占其流动人口计生协会总数的51%。

（四）协会会员呈网络式流动，在流入地聚集性强。

流动人口从农村流向城镇、从经济落后地区向经济发达地区流动，呈现出"老乡带老乡、亲朋带亲朋"的网络式流动特征鲜明，流动人口计生协会主要以有地缘、业缘关系的人群组成。流动人口呈网络式流动，有利于提高流动效益、降低流动成本，反映了市场有效配置劳动力资源规律。以湖北省为例，流动人口计生协会集中在东部、中部地区，流动人口计生协会会员户籍地为同一地区（县、市）的比率为85.3%，来自混合多地区的比率为14.7%；在流入地集聚性较强，58%的协会会员是居住在相同社区、街道，39.3%的会员是来自同一用工单位或者是同一行业。

（五）流动人口计生协会建设趋于规范。以湖北省为例，流动人口计生协会的组织机构、经常性活动逐步规范化。据统计，76.3%的流动人口计生协会已经拥有专门的办公场所,平均办公面积达到 35.88m²。流动人口计生协会经常性活动定期开展,34.1%的计生协会在 2014 年元旦到春节期间召开过会议,有 81.9%的流动人口计生协会有专人负责与流入地的计生部门联系,流动人口计生协会与流出、流入两地卫生计生部门联系紧密。活动经费有所保障,2013 年湖北省流动人口计生协会平均活动经费已经达到 12520.67 元。

二、流动人口计生协会类型及其适用范围

按流动人口地缘属性和协会组织架构来划分,泛长三角地区这些流动人口计生协会基本可划分为三大类型:异地流动人口计生协会(以下简称"异地协会")、本地流动人口计生协会(以下简称"本地协会")、共建流动人口计生协会(以下简称"共建协会")。

(一)流出地主导的异地协会。

异地协会是指流出地政府在流出人口较集中的外地建立的流动人口计生协会。异地协会的会员地缘属性单一,基本来源于同一流出地,即流动人口户籍地集中在同一县市或邻近县市,协会会长、秘书长、小组长等组织管理者都是这群流动人口内部选举产生的。流入地没有派人参加这种流动人口计生协会的组织管理,即异地协会以流出地管理为主,主要是流出地政府倡导的、流动人口自主服务管理的群众自治组织。发挥作用较好的异地协会诸如:湖北省襄阳市襄州区驻福建省福州市流动人口计生协会、湖北省麻城市驻江苏省太仓市流动人口计生协会、湖北省应城市驻黑龙江省哈尔滨市流动人口计生协会。

(二)流入地主导的本地协会。

本地协会是指流入地政府在辖区范围内流入人口较集中的专业经营市场、企业建立的流动人口计生协会。本地协会的会员地缘属性一般较复杂,流入人口大多来自五湖四海,协会组织管理主要依托专业经营市

场、企业管理人员为主。本地协会以本地政府管理为主，主要是流入地政府倡导、流入人口自主服务管理的群众自治组织。发挥作用较好的本地协会诸如：浙江义乌小商品批发市场流动人口计生协会、武汉市唐家墩蔬菜大市场流动人口计生协会、武汉汉西建材大市场流动人口计生协会。

（三）两地共同主导的共建协会。

共建协会是指流出地政府、流入地政府在流动人口集中地方共同建立的流动人口计生协会。共建协会是两地计生部门共同主导，两地协作、共同建立的流动人口群众自治组织。发挥作用较好的共建协会诸如：湖北省荆州市洪湖市与广东省广州市在白云区共建的流动人口计生协会，湖北秭归县驻浙江省玉环县流动人口计生协会，湖北省十堰市与陕西省西安市共建的流动人口计生协会。

（四）三类流动人口计生协会各有不同适用范围。

异地协会的适用范围主要是：流出地政府建立在流出人口较多、流入地管理力量不足的沿海经济发达城市。泛长三角地区中部四省所建异地协会比重超过50%，湖北省1123个流动人口计生协会中异地协会有893个，占流动人口计生协会总数的79.5%，这些异地协会主要集中在沿海经济发达的地区，能够将流动人口有关信息及时反馈到流出地政府部门、协助流出地政府对流动人口进行服务管理。

本地协会的适用范围主要是：大中型城市政府建立在辖区内流动人口集中的集贸市场、工厂、企业等场所。泛长三角地区的上海市、浙江省、江苏省所建本地协会比重超过95%，湖北省本地协会有211个，占流动人口计生协会总数的18.8%，这些本地协会能够将流动人口有关信息及时反馈到现居地政府部门、协助现居住地政府对流动人口进行服务管理。

共建协会的适用范围主要是：流出流入地携手建立在流入人口不多、流入地管理力量相对充足的中西部城市，东部沿海省份发展空间有待提升。相对另两类协会来说，共建协会发挥作用更大更好，但由于东部沿海省份流动人口较多、流动人口管理人员不足，东部沿海省份大多不愿意支持中西部省份来当地建异地协会，更难谈共建协会，建设共建协会难度大、要求高、投入精力多。泛长三角地区六省一市建立的共建协会数量都较少，湖北省共建协会 19 个，只占流动人口计生协会总数的 1.7%，这些共建协会能够较好地将流动人口有关信息及时反馈到流出地、现居地政府部门、协助现两地政府对流动人口进行有效服务管理。

三、流动人口计生协会的主要特点

（一）政府倡导是流动人口计生协会成立的前提，其发展也离不开政府的支持、指导。

从流动人口计生协会的形成、发展实践来看，这种组织是基层政府部门为解决在流动人口中落实计划生育政策的实际问题而自发创新的管理机制，后经各级政府计生部门总结提炼、推广经验，随着实践发展不断完善、发展起来，各级政府计生部门的倡导、指导、支持是一条贯穿其中的主线。换句话说，如果没有地方基层政府部门倡导，就没有一个流动人口群体会自发、自觉成立计生协会，流动人口计生协会成立、发展离不开政府部门的大力引导、支持和指导。以湖北省为例，2009 年以前，湖北省各地基层政府在全国各地建立了一些异地协会，但总体发展缓慢、困难较多，2009 年年底时任国家人口计生委主任李斌同志在福建省福州市考察了湖北省襄阳区驻蓉流动人口计生协会并给予高度肯定，引起湖北省对流动人口计生协会建设的高度重视，加强组织领导、加大推广力度，流动人口计生协会这种组织终于由"星星之火"迅速成"燎原之势"，遍布全国各地。

（二）政府指导与群众自愿、行政管理与群众工作相结合。

对基层计生部门来说，政府倡导主要体现在摸清当地流动人口流动情况,在流动人口集中地倡导筹建协会组织,动员在流动人口中有影响力、热心公益事业人士参与协会管理,组织流动人口按协会章程民主选举管理人员,协助召开协会成立大会、颁发协会管理人员任命书,协会成立后还要经常性地指导其开展活动,其中最主要的是要在流动人口中推荐好、动员好一个有影响力的成功人士担任协会会长。对于流动人口中有影响力的成功人士来说,担任流动人口计生协会会长虽然只尽义务、没有经济利益,但却是一种重要的社会地位、政治荣誉。从马斯洛层次需要理论上说,满足一般物质层面需求后,社会尊重需求是一种更高层次的需求,这比经济利益更有吸引力,湖北省流动人口计生协会发展的实践充分证明了这一点。各地在流动人口集中地推荐协会会长时,内部有实力的成功人士竞争热烈。对于一般的流动人口群众来说,愿意加入流动人口计生协会,这有利于在外地抱团取暖、抱团发展,更容易维护个人的合法权益和正当利益。

(三)流动人口协会建立主要依托企业、市场、流动党支部和商会为载体。

泛长三角地区的流动人口计生协会,无论是异地协会、共建协会还是本地协会,主要是依托工厂企业、集贸市场、流动党支部、行业商会为载体建立。以湖北省流动人口计生协会为例,在这几种方式中,依托工厂企业和集贸市场建立的流动人口计生协会最多,比率达到61.4%;其次是依托流动党支部建立的流动人口计生协会比率为26.3%;再次是依托商会建立的流动人口计生协会比率为12.3%。

四、流动人口计划生育协会的作用

从社会网络理论视角来看,各级政府部门流动人口服务管理机构所组成的行政管理、公共服务网络,是强关系网络,包括联结管理服务机构的全国流动人口计划生育信息管理网络,也是属于强关系网络,发挥着流动人口服务管理主阵地作用。流动人口计生协会是政府倡导下的流动群众自治组织，每个协会联系着一定数量的流动人口、联结着流出地、流入地卫生计生部门；众多的流动人口计生协会联系着众多的流动人口、基层卫生计生管理服务机构，也形成一种流动人口计生协会网络，由于协会对流动人口的组织化程度不高、管理较为松散，这种网络属于弱关系网络，它依附于、从属于行政管理服务强关系网络，发挥着对强关系网络的辅助、补充作用，同时在流动人口群体与政府管理部门之间架起了一座有效联系的桥梁，发挥着桥梁纽带作用。具体来说，有以下三个方面的作用。

（一）能将分散的流动人口有效组织起来，具有高效收集、传递信息的作用。

概括地说，流动人口计生协会能将一定范围内呈游离状态的分散流动人口组织起来，将流动人口从体制外管理转变为体制内管理。流动人口计生协会一方面能及时准确收集流动人口基本信息，向流入地、流出地卫生计生部门传递，另一方面也能将卫生计生部门的有关要求及时反馈、传递到流动人口之中。流动人口聚集在现居地，是一个相对封闭的群体，由现居住地政府派人去采集他们的信息，存在基本信任、语言交流等障碍，使得信息收集反馈效率低下，但由流动人口计生协会内部采集反馈信息就会很方便快捷，不存在基本信任、语言交流等障碍，有利于提高流动人口服务管理效率。

（二）具有协助政府有关部门开展流动人口服务管理的作用。

概括地说，流动人口计生协会是一个管理极其松散的群众自治组织，没有对流动人口执行卫生计生工作服务管理的权利和义务，但能协助卫生计生部门做一些人员组织、宣传引导等工作，能极大地提高卫生计生部门服务流动人口的效率。

对流出地政府来说，流动人口计生协会能协助对流动人口进行服务管理。流动人口还有相当部分的事项需要在流出地政府进行管理，流动人口计生协会征收社会抚养费、办理或换发《独生子女父母光荣证》、

《流动人口婚育证明》等。这些事项以往是由流出地政府到流入地集中办理，或者由流动人口返乡自行办理，而流动人口计划生育协会通过代流出地政府办理这些事项，方便流动人口的同时也减少流出地政府的行政开支，促进政府的职能转变。

对流入地政府来说，流动人口计生协会能协助对流动人口进行服务管理。流入地政府负有为流动人口提供卫生计生基本公共服务均等化的职责，要全面落实流动人口基本公共卫生和计划生育服务，流动人口计生协会可以协助政府组织流动人口参加儿童预防接种、传染病防控、孕产妇和儿童保健、健康档案、计划生育、健康教育等6类基本公共服务，可以在流动人口中开展卫生计生有关知识、政策宣传，免费发放避孕药具等活动，能有效减轻流入地政府的服务管理压力。

（三）具有维护流动人口合法权益作用，有利于流动人口更好地融入城市社会。

概括地说，流动人口计生协会对单个流动人口来说，具有人多力量大、与政府相关部门容易沟通协商的优势，维护流动人口合法权益更有效更方便，有利于促进流动人口社会融合。流动人口计划生育协会在流动人口与流出地、流入地政府部门间构建起了一座正常沟通桥梁、渠道，能够帮助流动人口解决在城市工作和生活中遇到的一些困难，例如帮助解决农业转移人口拿到被恶意拖欠的工资、流动人口子女在城市上学、介绍工作以及春节期间代购火车票等问题，能有效维护流动人口合法权益，促进流动人口更好地融入城市社会。

五、加强流动人口计划生育协会组织建设的相关建议

（一）发挥政府主导、倡导作用，大力推广建立健全异地协会经验。

在当前时期，建好流动人口计生协会尤其是异地协会，是加强流动人口区域协作的重要抓手和载体。从泛长三角地区流动人口异地计生协会建设来看，必须把握好以下几个重要环节。第一，政府的组织、引导是建立流动人口计生协会的前提条件，没有政府相关部门的高度重视和大力支持，流动人口计生协会不会自动建立、健康发展。第二，流动人口计生协会必须有一定的规模。对流出地来说，建立一个较理想的流动人口计生协会，以重点乡镇为龙头、辐射县市范围，规模要在500人以上。村组建立的流动人口计生协会规模太小，市州建立的协会规模太大、范围太泛导致管理服务难落实。第三，建立流动人口计生协会必须有一个载体。流动人口计生协会必须以企业、流动党支部、市场、商会或政府驻外办事处为依托。第四，必须推荐一名号召力较强、热心公益事业的成功企业主当会长。第五，有必要配备一名专兼职信息采集员。

（二）完善区域协作双向沟通机制，促进异地协会不断向共建协会转变。

流动人口计生协会，尤其是流动人口共建协会与流入地、流出地政府卫生计生部门联系密切，能较好发挥联系流动人口与政府部门之间的桥梁作用、更好地维护流动人口合法权益。如果能在区域协作的框架内加强流入地、流出地双向沟通机制，调动流入地卫生计生部门更多地参与异地流动人口计生协会服务管理工作，使异地协会转变为共建协会，就能更好发挥流出地、流入地、协会三方面作用，形成服务流动人口的强大合力。

（三）将流动人口信息平台延伸到协会，将协会密切联系流动人口优势转化为信息流、管理流、服务流。

加强流动人口计生协会建设，必须注重发挥信息化建设的作用，进一步降低流动人口卫生计生服务管理成本、提高工作效率，以及时、准确的信息引导服务落实。可以将流出地流动人口信息管理平台延伸到异地协会，依托流动人口共建计生协会直接为流动人口代为办理《流动人口婚育证明》等证件，发挥协会专兼职信息采集员作用，及时、准确采集流动人口基本信息，将涉及婚姻、孕情、出生等重要信息及时向流出地、流入地卫生计生部门上报，协助落实流动人口卫生计生基本公共服务、征收上缴社会抚养费、控制流动人口"非医学需要鉴定胎儿性别和非法选择性别终止妊娠"行为等工作。

（四）加强对流动人口计生协会组织的监督管理。

组建流动人口计生协会，目的在于发挥计划生育协会作为一个群众性组织密切联系流动人口和卫生计生部门的特色和优势，通过协会活动协助卫生计生部门做好流动人口卫生计生服务管理工作。政府有关部门要加强流动人口计生协会组织的监管和引导，积极引导流动人口实现"自我管理、自我教育、自我服务、自我监督"。尤其是各级卫生计生行政部门要做好对流动人口计生协会组织的引导、支持和监督，为其提供必要的人员、经费、物资支持，以及必要的管理指导。